사회과학
입문

사회과학입문

성균관대학교 사회과학대학 편

성균관대학교
출 판 부

글머리에

현대 사회는 세계화·정보화·개인화 등 또 다른 사회 변혁의 파고에 직면하고 있다. 급변하는 환경 속에서 이러한 패러다임들은 과거 어느 때보다 통찰력 있게 사회를 바라보는 자세를 현대인들에게 요구하고 있다. 그리하여 때로는 넓은 세상을 관조할 수 있는 망원경 혹은 미세한 사회 변화를 포착할 수 있는 현미경이 필요한데, 이러한 관찰의 도구로서 사회과학의 역할이 필요하다. 우리 사회가 어떻게 변화하고 있는지, 어떤 방향으로 가고 있는지, 또 우리 자신은 어떻게 대처하고 고민해야 하는지, 사회과학은 이에 대한 소중한 인식의 틀을 제공하기 때문이다.

급변하는 글로벌 경쟁 시대 속에서 대학도 이제 새로운 변화의 바람으로부터 자유로울 수 없다. 융합적인 마인드가 창의성을 촉발하는 원동력이 되듯이 이제 이 융합적인 마인드 없이는 새로운 시대의 요구에 화답할 수 없다. 최근 몇 년간 대학가에서도 학문의 칸막이를 넘어서고 융합적인 결과물을 창출해 내려는 움직임이 활발해지고 있다. 이러한 시기에 사회과학의 다양한 분야에 대한 기초 지식을 담은 이 책은 각 학문 분야의 특성을 이해하는 데 도움을 줄 것이며, 또한 우리가 어떠한 학문적인 융합을 도모해야 할지 방향성을 제시해줄 것이다.

시시각각 변화하는 사회 현상을 꿰뚫고 그 본질을 통찰해 내야 할 우리 대학생들에게 이 책이 사회과학에 대한 기초체력을 길러주는 조력자로, 사회과학 전반에 대한 개괄적인 영역들을 이해하는 데 유용한 참고서가 되길 기대한다.

2015년 8월 저자일동

차 례

1
기초 사회과학

01

사회학

유 홍 준
사회학과 교수

1. 사회학이란 무엇인가?

1. 사회학의 정의

'사회학'은 글자 그대로 '사회'에 대해 연구하는 학문이다. 영어로는 'Sociology'라고 쓰는데, 이는 "Socio + logy"에 해당하며, 이 역시 '사회에 대한 학문'이란 의미를 갖는다. 조금 더 자세히 설명하면, 사회학이란 개인의 '사회적' 삶에 대해 관심을 갖고, 개인들이 모여서 이룬 인간 집단과 사회를 연구하는 학문이다.

21세기 현대사회는 흔히 미래에 대한 가능성과 더불어 사회적인 긴장과 갈등이 동시에 존재하는 것으로 여겨진다. 이러한 현재의 세계는 어떻게 등장하게 된 것일까? 현재의 인간 사회는 과거와 어떤 차이가 있는 것이며, 미래에는 어떤 변화가 있을 것인가 등의 의문에 대해 과학적인 탐구를 통해 답을 구하려고 하는 학문이 사회학이라고 할 수 있다.

인간은 사회적 존재이다. 따라서 인간이 어떻게 사회를 이루고, 그 속에서 행동하면서 살아가는지를 연구한다는 것은 매력적인 일이다. 사회학의 관심 영역은 사람들이 길거리에서 다른 사람들과 마주쳐 지나가면서 보이는 미시적micro 행태에서부터 글로벌 수준의 거시적macro 변동 과정에 이르기까지 광범위하다.

우리 모두는 우리가 처해 있는 사회적 여건에 의해 영향을 받지만, 어느 누구의 생각이나 행동도 사회적 배경에 의해 완전히 결정되지는 않는다. 인간은 개성을 갖고 있고, 스스로 이를 만들어낸다. 이렇게 볼 때, 사회가 우리를 만드는 측면과 우리가 스스로를 만드는 측면과의 연계를 탐구하는 것이 사회학의 관심이다. 사람들의 행위는 개인을 둘러싼 사회를 구조화시키고 동시에 사회에 의해서 구조화되는 상호작용 관계에 있다.

2. 사회과학과 사회학

사회학은 사회과학의 한 영역에 속한다. 사회과학Social Science은 여러 가지 측면의 사회적 현상을 과학적으로 연구하는 학문을 통칭한다. 예를 들어, 사회과학에 포함되는 학문 영역으로 사회학, 정치학, 경제학, 심리학, 인류학, 사회복지학, 행정학, 신문방송학 등을 꼽는다.

사회과학은 자연과학과 비교해서 '물렁한 과학soft science'이라고 여겨지기도 한다. 자연과학은 물리적, 화학적 현상 같은 자연현상을 연구대상으로 하는 만큼 현상의 법칙성이 상대적으로 높다. 예를 들어, 물체의 자유낙하는 공기 중에서는 불변의 법칙이다. 이런 면에서 자연과학은 '견고한 과학

hard science'에 해당한다.

그러나 사회현상은 그렇지 않다. 무수히 많은 사람들이 어우러져 발생시키는 사회현상에는 어제의 법칙이 오늘은 전혀 다른 것으로 바뀌기 십상이다. 이런 점에서 사회과학이 과학적 연구를 한다고 하더라도, 그 연구 결과가 갖는 법칙성이 시간과 공간적으로 제한적이고 유동적이기 쉽다. 이런 점에서 보면, 사회과학의 '과학성'은 자연과학에 비해 뒤떨어진다고 할 수 있는 것이지만, 바로 이런 측면이 다양한 사회과학 연구를 자극하는 바탕이 되기도 한다.

사회학은 사회과학의 한 기초 영역이다. 사회과학에 해당하는 학문 영역 중에서 흔히 사회학, 정치학, 경제학, 심리학 및 인류학은 기초학문 내지는 순수학문으로 분류하고, 사회복지학, 행정학, 신문방송학 등은 응용학문으로 구분한다. 이러한 구분은 통상적이기는 하지만, 항상 정확한 분류는 아니다. 기초학문은 상대적으로 다른 사회과학 학문에 이론적 기반을 제공하는 성격이 강한 것이 사실이지만, 기초학문에서도 연구 영역에 따라 응용적 전문성이 높을 수도 있다. 예를 들어, 사회학에서 산업사회학을 전공하는 학자가 FTA가 노사관계에 초래하는 영향을 연구하기도 하고, 정치학에서 국제관계를 전공하는 학자가 북한 핵문제의 영향을 연구할 수 있다.

사회학은 연구 영역이 매우 포괄적이고, 근래에는 학제간interdisciplinary 통합의 성격이 강해지면서 여러 학문 분야에서 응용 가능성이 매우 높다. 그한 예로, 정치사회학, 경제사회학, 사회심리학, 사회정책, 조직사회학, 커뮤니케이션 등과 같은 연구 영역 혹은 과목이 모두 사회학에 속한다.

3. 사회학의 태동과 현황

사회학이 하나의 학문으로 형성되게 된 직접적인 배경은 18세기 후반부터 영국에서 시작된 산업혁명으로 인해 인류 사회가 이전과는 다르게 많이 변화한 점에 주목한 데서 찾을 수 있다. 즉 19세기 유럽에서, 전前산업사회에서 '산업사회'로의 변동에 따른 사회 전반의 변화에 학문적인 관심이 집중된 것이 사회학의 태동을 낳았다.

하지만 사회학의 태동은 그 이전에 시작된 셈인데, 그 기반은 소위 '홉스적 질서의 문제Hobbesian problem of order'에 있다. 잘 알려진 것처럼, 홉스는 인간의 본성을 개인적 욕심에서 찾았고, 이에 따라 인간 세계를 약육강식의 동물세계와 마찬가지인 '만인의 만인에 대한 투쟁 상태'로 묘사했던 '성악설'을 대표하는 학자이다. 그가 『리바이어던Leviathan』이라는 저서에서 밝히려고 했던 점은, 그럼에도 불구하고 인간 세상이 어떻게 '나름의' 질서를 유지하는지라고 볼 수 있다. 그러나 그는 이러한 인간 세상 질서의 본질을 명확하게 밝히는 데는 실패한 셈이고, 따라서 자신이 '리바이어던'이라고 이름 붙인, 정체불명의 바다 속 괴물이 질서를 가능하게 하는 것이라고 비유했던 것이다. 바로 이 괴물의 정체에 대한 이후의 지속적인 탐구가 바로 인간 세상 질서의 본질이 무엇인지를 밝히고자 하는 '홉스적 질서의 문제'에 대한 탐구이며 학문으로서 사회학의 태동 배경인 것이다.

이처럼 애초에 사회철학자들의 활동에서 출발한 사회학은 19세기 중·후반을 거치면서 하나의 독립적인 학문으로 정립되어 갔다. 그리고 이 과정에서 경제학이나 정치학 같은 기존 학문 영역으로부터 견제를 받고 갈등을 낳기도 하였다.

미국에서는 1895년에 시카고Chicago 대학에서 처음으로 사회학과가 창설되어 제도화되었고, 한국에서는 1945년에 서울대학교에서 사회학과가 최초로 창설되었다. 현재 우리나라에서는 전국 40개 대학에 사회학과가 개설되어 있고, 성균관대학교는 1976년에 서울에서 서울대, 고려대, 연세대, 이화여대에 이어 5번째로 학과가 설립되었다. 전국 사회학자들의 학술단체인 '한국사회학회'에는 현재 약 800명의 전문학자가 소속되어 활동 중이다.

4. 사회학의 주요 개념과 연구 영역

1) 사회학의 기본 개념

(1) 사회질서^{social order}와 사회변동^{social change}

사회학은 인간 사회와 그 사회 속의 개인들 간의 관계를 연구대상으로 삼는다. 사회와 개인의 관계를 연구한다는 것은, 사회학이 사회질서와 그 사회질서의 변화사회변동 문제를 다룬다는 의미가 된다.

우리의 생활 속에서 우리의 행동과 그 결과가 다른 사람에게 영향을 미치는 방식은 의도한 결과와 의도하지 않은 결과의 혼합이라는 관점에서 이해될 수 있다. 결과로 나타나는 사회적 재생산사회질서과 사회적 변형사회변동 사이의 균형을 연구하는 것이 바로 사회학의 과제이다. 사회적 재생산이란 어떻게 사회가 유지되는가를 지칭하는 것이며, 사회적 변형은 사회가 겪는 변화를 지칭한다. 사람들의 생각과 행동에는 일정한 연속성이 있기 때문에 상당 정도 질서가 유지되기도 하지만, 부분적으로 사람들이 변화를 시도하기도 하며, 부분적으로는 아무도 예측하지 않았거나 의도하지 않은 결과로 사회적 변화가 크게 발생하기도 한다.

(2) 사회적 행위social action와 상호작용interaction

인간은 사회적 동물이며, 다른 사람들과 함께 있으면서 자신의 생각과 의사를 행위action로 내비친다. 이러한 행위에 대해 상대방은 나름대로 반사적인 행위reaction를 하게 되는데, 이처럼 행위를 주고받는 것action+reaction이 바로 상호작용이다. 이러한 상호작용은 바로 인간 집단 형성의 기초가 된다.

(3) 사회적 관계social relation

상호작용을 주고받는 당사자들 간의 연계를 사회적 관계라고 한다. 사회적 관계의 구체적인 예를 들면, 부모–자식 관계, 친구 관계, 스승–제자 관계, 고용주–근로자 관계 등이 있다.

(4) 사회구조social structure

사회구조라는 개념은 사회학에서 가장 중요한 개념의 하나이다. 이는 '지속적으로 반복된 상호작용에 의해 유형pattern화된 사회적 관계의 전반적인 틀'을 의미한다. 다시 말해, 개인들이 행위를 지속적이고 반복적으로 주고받으면서 이루어진 사회적 관계가 일정한 패턴pattern 즉 어떤 규칙성 혹은 경향성을 보이면서 사회 전반에 확산되어 있는 것이 바로 사회구조이다.

사회구조라는 용어는 우리 삶의 사회적 배경이 사건이나 행위들의 무작위적인 나열로 구성되어 있지 않다는 것을 시사해준다. 사람들의 삶은 특이한 방식으로 구조화 혹은 유형화된다. 구조화된 사회는 사람들이 행동하는 방식에 있어서 다른 사람들과 맺는 관계의 규칙성을 보여준다. 그러나 사회구조는 사람들의 행위와 독립적으로 존재하는 건물과 같은 물리적인 구조는 아니다. 사회구조는 당신과 나와 같은 인간들에 의해 만들어진 구성물에 의해서 매 순간 재구조화된다.

우리들 대부분은 우리 자신의 삶의 익숙한 측면에서 세상을 본다. 그러나 사회학은 왜 우리가 이러저러한 방식으로 행위하는지에 대해 보다 폭넓은 관점이 필요하다는 것을 알려준다. 개인의 행위는 다른 사람들과의 상호작용을 통해 사회구조를 형성하지만, 일단 만들어진 사회구조는 상당한 정도로 개개인의 행위를 제약하는 경향이 있다.

앞에서 '사회적 행위'와 '사회구조'가 사회학의 중요개념에 해당한다는 것을 보았는데, 이 두 개념에 대한 사회학의 관심은 사회현상들에 대한 사회학의 미시적micro 분석과 거시적macro 분석의 차이를 드러내준다. 예를 들어, 전자가 길거리에서 스쳐 지나가는 사람들의 행위를 분석하여 사회의 질서에 대해 연구하려는 것이라면, 후자는 세계적 차원에서 진행되는 정보화 같은 사회적 과정에 더 관심이 있다. 이 두 입장은, 뒤에 다시 설명하겠지만, 개인의 개성과 창조적 행위에 더 큰 비중을 두는 입장과 개인에 대한 사회의 영향력에 더 큰 비중을 두는 입장으로 갈리게 된다.

(5) 사회체계social system

사회체계 혹은 사회체제라는 개념을 흔히 사회구조와 혼동해서 쓰는 경우가 많지만, 두 개념은 전혀 다른 것이다. 사회체계는 기능주의 관점에서 전개된 파슨즈Parsons의 '사회체계론'에서 사용된 용어로서, 사회를 유기체로 비유하는 입장에서 사용된 것이다. 따라서 사회체계는, 유기체와 마찬가지로 여러 부분 요소들로 구성되며, 이 부분 요소들이 유기체의 균형과 생존 유지에 기여하는 것과 마찬가지로, '여러 부분 요소로 이루어진 하나의 전체로서의 사회'라는 개념이다. 사회체계라는 용어를 사용하는 것만으로도 우리는 해당 이론이 기본적으로 기능주의라는 것을 확인할 수 있으며, 갈등론에서는 거의 사용하지 않는 개념이다.

(6) 지위status와 역할role

지위status 혹은 사회적 지위social status는 역할role 혹은 사회적 역할social role 과 쌍을 이루는 중요한 개념이다.

지위는 '한 사회나 집단에서 어떤 개인이 차지하는 위치'이다. 모든 개인 은 태어나 사회의 구성원으로 성장하는 과정에서 여러 가지 사회적 지위를 갖 게 된다. 그런데 그 지위들 중에서는 자동적으로 주어지는 것이 있는가 하 면 본인이 원하거나 노력해서 얻는 지위가 있다. 부모에게서 태어나면서 자 동적으로 주어지는 자식으로서의 지위, 형제나 자매로서의 지위 등은 '귀속 지위ascribed status'라고 부른다. 한편 친구를 얻게 되면서 생기는 친구로서의 지위, 대학교에 입학하여 생기는 대학생 지위, 직장에서의 직위 등은 본인이 성취를 통해 획득하는 것이라는 의미에서 '획득지위 혹은 성취지위achieved status'라고 부른다.

그런데 이렇게 갖게 되는 모든 지위에 대해서 주변의 사람들이나 일반인 들이 '기대하는 그 무엇'이 있는데, 이것이 바로 '역할'이다. 자식, 형제·자매, 친구, 학생, 직장인 등의 지위를 지닌 사람들에게 주변에서 적절한 것으로 기대하는 바가 바로 역할인 것이다.

2) 사회학 연구 영역의 다양성

사회학은 매우 포괄적이고 다양한 연구 영역을 담당하고 있다고 했는데, 구 체적으로 연구 영역의 다양성을 보여주기 위해 사회학개론입문 서적의 일반 적인 목차에 포함되는 주제를 열거해보면 다음과 같다.

문화·사회화, 상호작용, 일상생활, 세계화, 젠더(gender), 성성(sexuality), 몸, 건강, 질병, 가족, 여성, 범죄와 일탈행동, 사회적 불평등, 계층과 계급, 빈곤, 복지, 조직, 집단, 노동, 산업, 경제생활, 국가, 정부, 정치, 대중매체, 의사소통, 집합행동, 사회운동, 교육제도, 종교, 도시, 농촌, 공간, 인구, 고령화, 환경, 생태, 사회변동, 사회학 이론, 사회학 방법론

5. 사회학적 탐구의 방식과 기여

1) 사회학적 탐구 방법

사회학에서 사용하는 구체적인 탐구 방법은 매우 다양하지만, 크게 구분하면 세 가지 정도로 나눌 수 있다. 각 방법들에 대한 이해를 돕기 위해 '이혼율'을 예로 들어 설명해보자.

(1) 사실에 대한 기술^{description}

사회적 현상을 탐구하는 데 있어서 가장 기본적인 방법은 있는 그대로의 사실을 묘사 즉 기술하는^{describe} 것이다. 예를 들어, "2005년 한국의 이혼율은 ○○퍼센트이다."라고 하면 사실에 대해 기술한 것이 된다.

(2) 비교 및 발전론적 질문

우리는 사회현상을 분석하는 데 있어서 단순한 기술을 넘어서는 정보를 알고자 하는 것이 일반적이다. 이런 경우에, 시간의 경과에 따른 비교나 공간적으로 다른 집단에서의 상황을 비교 분석하는 것이 한 가지 방식이 될 수

있다. 예를 들면, "2015년 한국의 이혼율은 1995년에 비해 〇〇퍼센트가 증가한 것이고, 미국에 비해서는 〇〇퍼센트가 높은 것이다."라고 진술한다면 공간적인 비교 및 시간적인 발전에 따른 정보를 분석한 것이다.

(3) 설명explanation

일상생활에서 우리가 일반적으로 사용하는 설명이라는 용어와는 조금 구분해서, 사회과학에서 현상에 대한 '설명'이라고 하는 것은 '원인에 대한 해석, 즉 인과관계causality 분석'을 의미한다. 다시 말해, '왜why' 그런 현상이 발생했는지를 찾는 것이다. 예를 들면, "한국의 높은 이혼율은 여성의 사회적 지위가 높아진 때문이고, 이혼에 대한 사회적 편견이 줄어든 때문……"식으로 주장하는 것이 설명이다.

2) 사회학의 기여

(1) 사회적 상황에 대한 이해

사회학을 공부하고 사회학적 안목을 갖춘다는 것은 여러 사회현상에 대한 보다 객관적이고 과학적인 이해를 높이는 데 기여한다.

(2) 집단간 문화적 차이의 이해

사회학은 인간 사회와 집단의 다양한 삶의 방식에 대해 이해하려고 하기 때문에, 다른 집단의 삶에 대한 편견을 버리고, 문화적으로 이를 수용할 수 있는 자세를 갖추는 데 기여한다.

3) 정책의 효과에 대한 평가 및 비판

사회학은 정책이 의도한 결과뿐만 아니라 의도하지 않은 결과에 대해서도 분석하는 안목을 제공하기 때문에, 정책의 효과에 대한 비판적인 평가를 가능하게 한다.

2. 사회학적 관점의 발달

1. 초기 사회학적 사고

사회학은 서구에서 시작된 신생학문으로서 사회의 질서와 변동의 문제에 주로 관심을 갖는다는 사실은 앞에서 이미 지적하였다. 19세기는 유럽에서 산업혁명이 진행되면서 수세기 동안 비교적 안정적이었던 인간 사회에 급격한 사회변동이 초래되었던 시기인데, 이 시기에 사회학이 출현하였다는 것은 사회학이 산업사회에 대한 진단 및 처방의 일환으로 대두된 것이라 봐도 크게 틀리지 않는다.

이 시기에 과연 인간 사회는 어떻게 형성되어 나름대로의 질서를 유지하는 것인지, 산업혁명을 통해 새롭게 대두하고 있는 사회의 질서는 무엇인지, 사회는 어떻게 변화해 나갈 것인지 등에 관해 고민하고 연구했던 주요 고전 사회학자들——콩트Comte, 스펜서Spencer, 마르크스Marx, 뒤르켕Durkheim, 베버Weber 등——이 유럽 각국에서 활동하고 있었다. 이들에 의해 사회학의 기본적인 관점이 형성되었다고 해도 과언이 아니기 때문에, 이 학자들이 어떤 생각을 했으며, 이를 어떻게 이론화시켰는지를 소개한다.

1) 유럽에서 사회학의 발전

산업혁명이 시작된 영국과 프랑스혁명을 거친 프랑스에서 출발하여, 유럽 사회는 18~19세기에 대규모의 사회변동을 경험하게 된다. 새로운 경제질서와 정치질서가 형성되기 시작하면서 전통적인 사회질서, 생산방식, 사람 간의 관계, 삶의 양식에 근본적인 변화가 초래되었던 시기에 고전사회학자들의 활동이 이루어졌다.

(1) 콩트^{Comte, 1798-1857}

프랑스인 콩트는 사회학의 창시자라고 여겨지는데, 그 이유는 사회를 종합적으로 탐구하는 새로운 과학의 필요성을 주장하면서 그것을 '사회학 sociology'이라고 처음으로 지칭했기 때문이다. 그는 사회학을 사회의 질서와 진보변동의 법칙을 연구하는 학문이라고 하면서, 이러한 학문은 실증과학이어야 한다고 주장했다. 즉 사회연구에는 자연과학에서 사용하는 여러 가지 과학적 탐구 방법들이 사용될 수 있으며 또 사용되어야 한다고 보았다. 또한 관찰된 현상 간의 인과관계를 설명하는 것이 매우 중요하다고 보았다.

그는 사회학을 사회정학social statics과 사회동학social dynamics으로 구분하였는데, 사회정학이 사회의 질서와 안정의 문제를 탐구하는 분야인데 비해, 사회동학은 진보와 변동의 문제를 탐구하는 분야라고 했다. 사회정학에서 생물 유기체적 관점을 취한 그는 사회동학에서는 진화론적 관점을 강조하였다. 즉 사회정학에서 그는 각각의 사회단위예로 가족이나 계급, 공동체 등를 유기체의 요소 혹은 기관에 해당하는 것으로 보고, 이들이 전체 속에서 어떻게 조화를 이루고 있는가를 밝히려고 하였다. 그의 사회동학은 구체적으로 '진보의 3단계 법칙'으로 정리되었는데, 그는 인간 사회가 신학적 단계에서 형이상학적 단계를 거쳐 실증주의적 단계로 발전한다고 주장했다.

콩트는 사회학을 최후로 발전할 종합과학으로 간주하였고, 모든 과학들 중에서 가장 중요한 것으로 보면서, 사회를 규제하고 통합시키는 도덕적 합의에 관심을 두는 사회학이 인류의 복지에 기여해야 한다는 믿음을 가지고 있었다. 하지만 그의 사회학 이론을 현대의 관점에서 보면, 그렇게 실증적이었다고 평가하기는 어려울 것이다.

(2) 스펜서Spencer, 1820-1903

영국의 사회학자인 스펜서의 사회학은 사회유기체설과 사회진화론으로 정리된다. 그의 사회질서에 대한 관심은 분화differentiation와 통합integration으로 요약된다. 유기체의 경우처럼, 분화된 사회의 여러 부분들이 서로 달라지게 되면 될수록 그들은 상호의존적이 되고 통합되어야만 생존할 수 있기 때문에 질서가 유지된다는 것이다.

그는 유기체적 관점에서 한 걸음 더 나아가 생물학자인 다윈Darwin의 진화론을 인간 사회에 적용했다. 생물유기체가 단순 아메바에서 인간 같은 고등생물로 진화한 것처럼, 사회는 동질적인 부분들로 구성된 미분화된 형태로부터 점차 이질적인 것들로 이루어진 분화된 형태로 진화한다는 사회진화론을 주장했다.

스펜서의 고전 사회학적 이론 중에서 특히 유기체론은 이후 기능주의 사회학이 발달하는 데 상당한 영향을 미치게 된다.

(3) 뒤르켐Durkheim, 1858-1917

콩트의 주장은 또 다른 프랑스 학자인 뒤르켐에게 직접적인 영향을 미쳤다. 뒤르켐은 콩트가 과학적 사회학을 창설하려던 계획을 성공적으로 실행하지 못했다고 믿었으며, 콩트의 저작들이 너무 사변적이고 애매하다고 생각했다.

뒤르켕은 사회학이 과학적으로 되기 위해서는 '사회적 사실social facts'을 연구해야만 한다고 주장했다. 그는 사회가 '사회적 사실'이며 이는 '사물thing'과 같은 속성을 갖는다고 했다. 다시 말해, 사회는 단순히 수많은 사람들이 모여 있는 것이 아니라, 그 자체가 실재reality로서 전체성을 갖고, 독립적이며, 개인에 대한 구속성을 갖는다고 본 것이다. 따라서 사회학은 과학자들이 자연을 연구하는 것과 동일한 객관성을 가지고, 사회적 사실사회현상과 제도을 편견이나 이념 없는 과학적 태도로 연구해야 하는 것이라고 주장했다.

뒤르켕은 집합의식collective consciousness을 강조한 것으로도 유명하다. 그는 집합의식, 즉 사회의 구성원들이 공유하고 있는 신념과 가치들이 사회질서의 기초라고 주장했다. 집합의식은 그가 주장하는 '사회적 사실'의 전체성을 보여주는 대표적인 예인데, 집합의식은 그 자체로서 실체를 갖는다고 했다. 여기에서 개인들을 연결해주는 것이 바로 유대감 혹은 연대solidarity라고 보았고, 연대는 개인들을 연결시켜주는 일종의 '본드bond'에 해당한다. 그는 산업혁명 이전의 전통사회에서는 혈연이나 지연에 기반한 '기계적mechanical 연대'가 작용한 반면에, 새롭게 태동하는 산업사회에서는 개인들의 노동이 분화된 가운데 개개인이 생을 위해 상호의존해야만 되는 상황에서 발생하는 '유기적organic 연대'가 중요하다고 했다.

뒤르켕에 따르면, 근대세계의 변동은 매우 빠르고 격렬하기 때문에, 그가 '아노미anomie'라고 부른 문제를 발생시킨다. 아노미는 무규범 상태 즉, 규범이 무너진 상태를 의미하는데 특정한 사회조건에 의해서 목표나 목적이 존재하지 않는다는 느낌을 갖는 상태이다. 아노미와 관련된 뒤르켕의 유명한 연구 가운데 하나는 자살에 대한 분석이다. 흔히 자살은 순전히 개인적 행위로 여겨진다. 그러나 뒤르켕은 집단의 무규범 상태, 즉 아노미라는 사회적 요인이 개인의 자살 행동에 근본적인 영향을 끼쳤다는 것을 밝혀낸 것으로 유명하다.

(4) 마르크스Marx, 1818-1883

마르크스의 생각은 콩트나 뒤르켕의 생각과는 아주 다른데, 사회의 질서보다는 사회의 변동에 더 큰 관심을 두었다. 그의 저술은 다양한 분야에 걸쳐 있다. 마르크스의 저작은 사회학의 발전에서 중요한 것이지만, 마르크스는 자신을 '사회학자'로 여기지는 않았다. 대부분의 그의 저술은 자본주의에 대한 경제적 쟁점들에 집중하고 있다. 그러나 그는 경제적 문제들을 사회제도들과 연결시키는 데 관심을 갖고 있어서, 사회학적 통찰이 풍부한 연구결과를 낳았다.

그의 관점은 역사적 유물론唯物論에 기초를 두고 있다. 그는 사회변동의 주요 원천이 관념이나 가치가 아니라, 경제적 요인에 있다고 보았다. 이런 주장 때문에 그의 이론은 소위 '하부구조'를 강조하는 경제결정론이라고 여겨지기도 한다. 그런데 경제적 영향은 역사발전의 원동력을 제공하는 계급 간의 갈등과 연관되어 있다. 마르크스는 모든 인간 역사는 계급투쟁의 역사라고 주장했고, 이런 맥락에서 마르크스의 이론을 계급투쟁론이라고 부르는 것이다. 이런 점에서 그가 생산력과 생산관계가 모순적인 관계에 있다고 본 자본주의의 붕괴를 주장하고, 계급의 타파를 통한 인간적 사회의 건설을 시도했던 배경을 알 수 있다.

마르크스는 역사적으로 근대의 변동에 관심을 집중했고, 자본주의의 문제에 주목했다. 자본주의에서 자본을 소유하고 있는 사람들이 지배계급을 형성한다. 인구의 대부분은 생계수단을 소유하지 못한 노동자계급을 구성하고, 이들은 자본가들에 의해 제공되는 일자리를 찾아야 한다. 그래서 자본주의는 하나의 계급체계이다. 그런데 자본주의는 생산력의 중심인 노동자계급이 생산관계에서 자본가계급에게 지배받는 모순이 있다는 것이 마르크스의 주장이다. 이에 따라 자본주의에서 계급 간의 갈등은 일반적인 사건이며, 자본주의는 결국 사회주의 혹은 공산주의에 의해 대체될 것이라고 주장했다.

(5) 베버Weber, 1864-1920

베버의 저술들은 사회학뿐만 아니라 경제학, 법학, 철학, 역사학을 포괄하는데, 대부분의 저작은 근대자본주의의 발전과 관련되어 있다. 베버는 마르크스의 영향을 받았지만, 그의 견해에 대해 몹시 비판적이었다. 베버는 역사에 대한 유물론적 해석을 거부했고, 관념과 가치마르크스가 소위 '상부구조'라고 지칭한 것임가 경제적 조건 못지않게 사회변동에 큰 영향을 끼친다고 보았다.

베버의 가장 중요한 저술인『프로테스탄트 윤리와 자본주의 정신』에서 그는 자본주의가 왜 서구사회에서 먼저 일어났는가를 규명했다. 그는 부르주아 자본주의를 합리적인 노동과 생산조직을 통해서 이윤을 최대화하는 정신에 기초하고 있는 것으로 보고, 그러한 자본주의 정신이 프로테스탄트의 소명 사상 및 금욕정신과 밀접히 관련된다는 것을 밝혀냈다. 즉 프로테스탄트 교도들은 금욕과 절제의 윤리를 잘 지키면 내세에서 구원받을 수 있다는 동기에서 부지런하고 청빈한 삶을 살았고, 이것이 자연스럽게 돈의 증가 즉 자본의 축적을 이루게 하여 현대 부르주아 자본주의를 발전시켰다는 것이다. 그는 자본주의 연구를 위해 중국, 인도, 중동 등 여러 제국에 대한 폭넓은 비교연구를 했으며, 이러한 연구를 수행하는 과정에서 종교사회학에 공헌하기도 했다.

베버의 관심 가운데 또 다른 하나는 관료제bureaucracy에 대한 연구이다. 관료제는 위계구조로 이루어진 관료들에 의하여 규칙에 따른 직무수행이 이루어지는 대규모 조직이다. 행정조직, 대기업, 병원, 학교 등이 모두 관료제의 대표적 예이다. 베버는 관료제의 진보가 자본주의의 합리성을 뒷받침하는 시대의 필연적인 특징이라고 믿었지만, 관료제가 갖는 인간성 상실의 문제점을 '철장iron cage'이라고 간파하기도 했다.

베버는 사회학을 과학으로 부르는 데 있어서 뒤르켕이나 마르크스보다 훨씬 신중했다. 그는 자연세계를 조사하는 것과 같은 실증과학적 절차를 사용하여 사람들을 연구할 수 있다는 것은 잘못된 생각이라고 보았다. 인간은 생각하고 추론하는 존재이며, 자신의 행위에 의미와 중요성을 부여하므로, 인간 행동을 다루는 모든 학문은 인간 행위의 의미에 대한 주관적 해석 및 이해를 하는 것이 필요하다고 주장했다. 따라서 그는 사회학을 사회적 행위의 해석적 이해를 통해 그 행위의 과정과 결과를 인과적으로 설명하는 학문이라고 규정했다.

이렇게 보면, 베버는 사회 현상에 대한 거시적인 관심과 더불어 미시적인 이해를 동시에 시도하는 중요한 업적을 남긴 학자이다.

2) 미국의 초기 사회학

(1) 미드Mead, 1863-1931

사회학적 관점의 발달은 주로 유럽에서 시작되었지만, 20세기에 사회과학의 한 분야로서 전 세계적으로 확립되었고, 몇 가지 중요한 발전은 미국에서 이루어졌다.

시카고 대학에서 강의했던 미드는 인간 사회생활에서 이루어지는 상호작용에서 언어와 상징의 중요성을 강조했다. 이후에 그가 발전시킨 관점은 '상징적 상호작용론symbolic interactionism'으로 불리게 되었다. 미드는 전체 사회에 대한 거시적인 분석보다는 소규모의 사회과정 연구에 더 큰 관심을 가지면서 미시사회학의 발전에 기여했던 학자이다.

(2) 쿨리Cooley, 1864-1929

미드와 비슷한 시기에 그와 유사한 사회학적 관심을 갖고 미국 사회학의 발전에 이바지한 학자 중에 쿨리가 있다. 쿨리는 개인의 자아self가 타고난 그대로가 아니라고 생각했다. 쿨리는 사람들이 타인들과의 사회적 상호작용을 통해 타인이 자기를 보는 방식으로 자기 자신을 보게 되면서 나름대로의 자아를 궁극적으로 형성하게 된다고 보았다. 이러한 논의는 개인의 자기 성찰성을 강조한 것이며, 인간의 사회화 과정에 대한 중요한 시사점을 제공한다.

2. 현대 사회학의 이론적 관점들

사회현상을 바라보는 사회학적 관점은 매우 다양하다. 초기 이론가들로부터 시작된 관점의 다양성은 서로 영향을 주고받으면서 발전해 현대사회학 이론의 몇 가지 갈래를 형성하게 된다. 앞서 살펴본 콩트, 스펜서, 뒤르켐 등의 관점은 20세기에 들어와서 기능주의functionalism를 발전시켰고, 마르크스의 입장은 갈등론conflict theory으로 정립된다. 한편 베버나 미드, 쿨리 등의 관점은 상호작용론interactionism으로 발전했다.

그런데 여기서 기능주의와 갈등론은 사회 전반에 대한 설명에 관심을 갖는 거시macro 사회학에 해당하고, 상호작용론은 인간들이 어떻게 행위를 주고받는지에 기본적인 관심이 있다는 점에서 미시micro 사회학에 해당한다.

1) 기능주의

기능주의에서는 사회의 특성을 유기체에 비유한다. 각 신체기관이 모여서 유기체의 생존과 유지에 역할을 하지만 유기체는 그 자체가 하나의 전체인 것처럼, 사회 역시 전체로서의 특징을 갖는 점을 강조하는 거시사회학의 대표적인 관점이다. 이러한 기능주의적 관점은 콩트나 스펜서 및 뒤르켐이 가졌던 유기체적인 사회의 모습을 이어받은 관점이다. 기능주의적 관점에 따르면, 한 사회를 연구할 때 우리는 어떻게 사회의 다양한 '부분들' 혹은 제도들이 오랫동안 그 사회가 유지되고 연속성을 갖도록 결합하는가를 보아야 한다고 한다.

이런 관점이 기능주의functionalism라고 불리는 이유는, 사회를 구성하는 여러 부분에 해당하는 개인과 집단 및 제도가 전체 사회의 유지에 기여function한다는 점에 주목하기 때문이다. 따라서 기능주의는 전체 사회의 질서와 안정 유지를 위한 여러 사회적 부분들의 합의 혹은 동의consensus의 중요성을 강조한다.

하나의 전체로서의 사회에 대한 기능적 분석을 연구의 핵심으로 간주하는 기능주의적 관점의 발전에는 초기 인류학자들이 큰 역할을 했다. 세계의 서로 다른 문화 속에서 오랜 기간에 걸쳐 현지조사를 실시했던 인류학자들 중 대표적인 학자로는 브라운Brown, 1881-1955과 말리노프스키Malinowski, 1884-1942를 들 수 있다. 이들 두 사람 모두, 만약 우리가 한 원시부족사회 혹은 한 문화의 주요 제도들을 이해하려 하고, 왜 그 사회나 문화의 구성원들이 지금과 같이 행동하는가를 설명하기 위해서는, 그 사회를 '하나의 전체'로 보고 그 문화를 연구해야 한다고 주장했다. 예를 들어, 원시부족사회에서 일부다처제가 시행되고 여성이 돼지고기 몇 근이나 조개껍데기 몇 줌에 교환되는 상황은 서구인의 입장에서 보면 이해가 되지 않는 미개한 것이지만, 이러한 결혼관행이 그 부족사회의 친족제도나 정치적 역학, 종교적 신념 등과 밀접하게 연결되어 전통적으로 유지되어 온 것임을 알게 된다면 그 전체 사회의 유지에 어떤 기여를 하고 있는지를 나름대로 이해할 수 있다는 것이다.

이때 어떤 사회적 관습 혹은 사회제도의 기능을 연구하는 것은, 그 관습이나 제도가 사회 전체를 유지하는 데 기여하는 것을 분석하는 것이다. 다음에서는 현대 기능주의가 발전하는 데 중요한 기여를 한 두 명의 미국 사회학자에 대해 알아보자.

(1) 파슨즈Parsons, 1902-1979의 사회체계론

현대 기능주의를 집대성한 것으로 평가받는 파슨즈의 이론은 사회를 하나의 체계system로 파악한 점에서 체계혹은 체제이론으로 불리기도 한다. 그는 모든 인간사회를 역사적 시기나 공간적 위치를 불문하고, 보편적으로 설명할 수 있는 거시이론을 지향했기 때문에 흔히 거대이론grand theory가로 불리기도 하는데, 사회를 설명하기 위한 일반이론을 추구했기 때문에 그가 제시한 이론은 매우 추상적이고 어렵다.

그는 기본적으로 사회는 상호의존적인 여러 부분들로 구성되며, 이들은 전체 사회의 균형equilibrium을 유지하는 경향이 있다고 보았다. 따라서 어느 한 부분의 변화는 연관된 다른 부분의 변화를 유발하지만, 또다시 재균형을 낳는다는 것이다. 결국 그는 사회가 끊임없이 '움직이는 균형moving equilibrium' 상태 혹은 '항상성homeostasis'의 상태에 있다고 설명했다. 이런 점에서 기능주의자인 파슨즈의 주된 관심은 사회질서가 유지되는 기반이 무엇인가에 있었던 셈이며, 사회변동은 부차적인 관심사로서 변동 자체를 역동적인 균형 상태로 본 것이다.

파슨즈는 『사회체계Social System』라는 책에서 모든 인간 사회가 유지되기 위해서는 적어도 네 가지의 기본적인 기능이 필수적으로 요구된다고 주장했는데, 이것이 '사회체계의 기능적 필수요건'에 해당하는 AGIL모델이다. 네 가지 요건은 구체적으로 '적응adaptation; A', '목표달성goal-attainment; G', '통합integration; I', '잠재적 유형유지latent pattern-maintenance; L'이다. 거대이론을 지향했던 그가 사용한 용어들이 어렵고 추상적이지만, '적응'이란 인간 사회가 환경에 적응해야 한다는 것을 말하는 것으로서 경제체계에 의해서 그 기능이 수행되며, '목표달성'은 사회가 달성할 목표와 그 우선순위를 정하는 것이며, 이에 따라 자원을 동원하고 목적을 이루기 위한 노력을 하는 것으로서 정치체계에 의해서 그 기능이 수행된다. 한편 '통합'은 사회를 이루는 부분들 간의 조정이 필요하다는 것으로, 법이나 규범 같은 사회제도에 의해서 기능이 이루어지며, '잠재적 유형유지'는 사회의 기능이 수행되는 가운데서도 긴장이 발생할 수 있기 때문에 종교 같은 문화체계에 의해서 그러한 긴장이 처리될 필요가 있다는 주장이다. 이러한 네 가지 하위체계들은 상호의존 관계에 있어서 어느 한 하위체계의 변화는 다른 하위체계의 변화를 유발하며, 결국 균형과 재균형의 순환을 가져온다고 보았다. 그는 이와 같은 네 가지 하위체계sub-system들로 구성되어 균형을 이룬 사회, 즉 사회체제social system 를 사회학의 핵심적 연구대상으로 보았다.

파슨즈의 이러한 체계이론은 사회의 질서와 안정에 대해서는 잘 설명해주는 강점이 있지만, 혁명이나 전쟁과 같은 급격한 사회변동을 설명하는 데는 한계가 있다. 그의 이론이 현실 유지에 관심이 큰 보수적인 이론이라고 비판받기도 하는 이유는 이 때문이다.

(2) 머튼Merton, 1910-1989의 중범위이론

파슨즈의 제자인 머튼도 기능주의 발전에 핵심적인 역할을 한 학자인데, 파슨즈가 다분히 추상적인 거대이론을 제시한 것에 대해 비판하면서, 상대적으로 덜 추상적이고 현실세계의 분석이 가능한 사회학 이론이 필요하다고 주장한 점에서 그의 이론을 '중범위이론middle range theory'이라고 부른다. 여기서 중범위이론이란 지나치게 추상적인 이론과 달리 경험적으로 검증이 가능한 가설들을 중심으로 현실세계에서 조사될 수 있는 수준의 이론을 말한다. 그는 경험적인 자료의 근거가 없이 추상적인 개념들만으로 체계화시켜놓은 거시이론과 이론적 바탕이 없이 일상세계의 미시적인 분석만을 강조하는 경험주의 양자를 모두 거부하면서, 그 중간에 해당하는 중범위이론을 지향할 것을 주장했다.

이런 맥락에서 머튼은 기능function의 개념을 다양하게 구분했는데, 하나는 기능을 (순)기능과 역기능으로 구분한 것이다. 순기능이란 사회체계의 안정 혹은 존속에 긍정적인 결과를 가져오는 기능을 말하고, 역기능dysfunction은 부정적인 결과를 가져오는 기능을 말한다. 예를 들어, 과학기술의 발달은 인간에게 편리한 생활을 누리게 하기도 하지만 환경오염을 발생시키는 등의 부정적 결과를 가져오기도 한다. 머튼에게 있어서 '역기능'은 사회의 응집력을 위협하고 변동을 발생시키는 경향이 있는 사회활동의 여러 측면들을 지칭한다. 따라서 사회적 행동의 역기능적 측면들을 찾아보는 것은 기존 질서에 도전하는 사회생활의 여러 특징들에 초점을 맞추는 것을 의미한다. 예를 들어, 종교는 사회적 응집력에 기여한다는 점에서 기능적일 수 있지만, 종교 간의 충돌은 사회적 붕괴를 초래하는 주요한 역기능이 될 수도 있다.

한편 그는 사회제도의 기능을 명시적manifest 기능과 잠재적latent 기능으로 구분하기도 했다. 명시적 기능은 구체적 형태의 사회활동에 참여하고 있는 사람들에게 알려져 있으며, 그들에 의해 의도된 기능이다. 잠재적 기능은 참여자들이 알지 못하는 활동의 결과이다. 예를 들어, 현대 한국 사회에서 명절에 친척들이 모여서 제사를 지내는 것은 조상을 기리는 명시적 기능을 갖지만, 실제는 자주 만나기 어려운 친척들이 모여서 응집력을 증대시키는 잠재적 기능을 갖는다. 머튼에 따르면, 사회학적 연구의 한 가지 주요 부분은 사회활동과 사회제도의 잠재적 기능을 밝혀내는 것이다.

2) 갈등이론

갈등이론은 기능주의와 마찬가지로 거시사회학의 전통에 속하지만, 사회현상을 보는 기본 입장이 기능주의와는 전혀 다르다. 다분히 보수적인 성향의 기능주의와는 달리 갈등론은 급진적 성향의 이론이며, 따라서 현재의 사회질서에 대한 관심보다는 사회변동에 더 큰 관심을 두고 이를 보다 잘 설명하는 이론이다.

마르크스의 전통을 이어받은 이 관점은 사람들이 추구하는 부, 위세, 권력 등은 희소하기 때문에 이것을 획득하고 유지하기 위해서는 불가피하게 갈등이 발생한다는 것을 기본 가정으로 하고 있다. 사회질서가 사회 구성원들의 합의에 의해서 유지된다고 보는 기능론자들과 달리 갈등론자들은 사회질서는 권력power에 의해서 유지되고, 계급적 가치나 이해관계가 반영된 이익 추구의 수단이라고 본다. 따라서 사회질서의 기반은 힘에 의한 억압과 불평등이며, 이것이 계급분화, 갈등, 권력, 이데올로기를 낳는다는 점을 강조한다. 따라서 이러한 사회질서는 바람직하지 않은 것이며, 새로운 사회질서로의 변동이 요구된다는 점을 부각시킨다.

갈등론은 대체로 마르크스주의의 영향을 바탕으로 하고 있지만, 상이한 이론적 입장을 취하는 학파도 있다. 한 예로, 다렌도르프Dahrendorf는 마르크스가 계급 간 갈등을 사회의 본질로 본 것에 반해, 현대사회에서는 단순히 계급 간의 갈등뿐만 아니라, 개인이나 집단 간 이해관계, 권위의 차이 역시 중요한 불평등과 갈등의 기반이라고 주장하여, 이론적 정교화를 시도했다.

3) 상호작용론

상호작용론interactionism은 미시사회학의 대표적인 한 갈래이다. 상호작용론은 미시적인 관점에서 일상생활에서 일어나는 사람들 간의 상호작용 자체에 초점을 맞춘다는 점에서 상호작용론이라고 불린다. 그러나 상호작용론은 하나의 통합된 이론이기보다는 여러 이론들 즉, 상징적 상호작용론, 교환이론, 현상학적 이론, 민속방법론 등을 통칭하는 용어이다.

상호작용론이 이처럼 여러 갈래로 구분되지만, 사람들 간에 이루어지는 미시적인 상호작용의 본질이 무엇인가를 밝히면서 집단과 사회의 질서 및 변동의 본질을 탐색한다는 점에서는 공통점을 갖는다. 다음에서는 가장 대표적인 상징적 상호작용론symbolic interactionism에 대해 살펴보자.

기능주의나 갈등이론 같은 이론적 접근들에 비해서, 상징적 상호작용론은 개인을 창조적인 주체로 본다는 특징을 갖는다. 미드Mead에 의해 시작된 이 관점은 미국에서 기능주의적 관점과 경쟁해 왔다. 초기 구조주의의 경우와 마찬가지로 상징적 상호작용론도 언어에 대한 관심으로부터 태동했지만, 미드는 이를 더욱 발전시켰다.

미드는 인간이 '자아self'를 가진 존재이며, 이를 가능하게 하는 것은 '의식consciousness'이라고 주장했는데, 그 핵심은 인간이 상징symbol을 사용할 줄 아는 능력을 가지고 있다는 것을 강조한 점이다. 여기서 상징이란 인간이 대상을 표현하기 위해 사용하는 언어, 기호 혹은 개념이다. 예를 들어, '나무'라는 단어는 우리가 나타내고자 하는 대상인 나무에 대한 하나의 상징이다. 우리가 일단 그러한 개념을 습득하면, 우리는 눈앞에 나무가 없어도 머릿속에 나무에 대한 생각을 그릴 수 있으며, 이는 우리가 그 대상에 대해 상징적으로 사고하는 것을 배운 것이라고 미드는 주장한다. 따라서 이처럼 상징을 만들고 이용할 수 있는 인간들이 어떻게 상징을 교환하고 그 의미를 해석하여 공유하는지를 확인한다면 상호작용이 이루어지는 기반을 밝힐 수 있을 뿐만 아니라, 사회질서의 본질을 알게 된다고 미드는 주장한다.

상징적 상호작용론자들은 실제로 개인들 간의 모든 상호작용은 상징들의 교환을 수반한다고 추론한다. 우리가 다른 사람들과 상호작용할 때, 우리는 어떤 행동 유형이 그 맥락에 적절할까, 다른 사람들이 의도하는 것을 어떻게 해석할까에 대한 '실마리'를 항상 찾는다는 것이다. 상징적 상호작용론은 개인들 간의 상호작용의 세부 묘사와, 그리고 어떻게 그러한 세부 묘사가 타인들이 말하고 행동하는 것을 이해하는 데 사용되는가에 주목할 것을 요구한다.

그러나 상징적 상호작용론은 소규모의 사회적 현상에 지나치게 집중한다는 비판을 받곤 한다. 즉 상징적 상호작용론자들은 기능주의 같은 거시이론에서 강조하고 있는 비교적 대규모의 사회구조나 과정을 다루는 데 약점이 있다.

상징적 상호작용론으로부터 영향을 받아 발전한 관점으로 역할이론role theory이 있다. '연극학적 모델'이라고도 불리는 이 관점을 정립한 대표적인 학자인 고프먼Goffman은 미드의 추상적인 이론적 접근에 더해 일상의 사회생활 과정에서 일어나는 행위의 본질에 대한 수많은 통찰을 산출했다. 이외에도 상호작용론에 해당하는 관점에 교환이론이 있는데, 경제학의 영향을 받아서 상호작용의 본질을 교환관계로 파악하는 특징을 갖는다.

3. 사회학적 관점의 이론적 딜레마

사회학의 이론적 관점[1]에는 앞에서 정리한 기능주의, 갈등이론, 상호작용론 이외에도 구조주의, 갈등기능론, 현상학, 일상생활방법론 등 다양한 갈래가

---

1. '이론적 관점(혹은 접근, 입장, 시각)'과 '이론'은 다르다. 예를 들면, '기능주의'는 이론적 관점에 해당하고, 기능주의에서 나온 일탈에 관한 '아노미 이론'은 구체적인 이론인 것이다.

있다. 이처럼 사회학적 관점과 이론이 다양한 것은 인간 행동이 본질적으로 내포한 복합적이고 다면적인 특성을 반영한 것이고, 더불어 사회학의 관점이 도그마^{dogma}를 벗어나서 다양성을 반영하고 있다는 징표이기도 하다.

그러나 이처럼 다양한 이론적 관점이 공존하기 때문에, 몇 가지 이론적 딜레마가 있는데, 다음에서는 크게 세 가지 딜레마를 정리한다.

1) 인간 행위와 사회구조

첫 번째의 딜레마는 인간 행위 및 사회구조와 관련된다. 우리는 어느 정도까지 우리 자신들의 생활을 실질적으로 통제하는 창조적인 행위자들인가, 그렇지 않으면 우리가 행하는 것의 대부분은 우리의 통제 외부에 있는 사회적 힘의 결과인가? 즉 인간 행위와 사회구조의 딜레마는 인간 행위의 능동성과 창조성을 우선시해야 하는지 아니면 사회구조적 영향의 강제성을 더 상위에 놓아야 하는지 간의 입장 차이를 말한다. 이러한 관점의 차이는 사회명목론과 이에 대비되는 사회실재론의 입장 차이와 같은 것이다. 만약 사회구조의 영향을 중요시한다면 사회를 실재로 보는 관점이 되는 것인 반면에, 사회를 인간 행위가 갖는 미시적 중요성의 관점에서 바라본다면 사회는 명목적인 것에 불과한 것이 될 것이다.

이 딜레마는 사회학자들을 항상 분리해왔고 앞으로도 그럴 것이다. 상징적 상호작용론과 초기 구조주의의 입장은 인간 행위의 능동적이고 창조적인 측면을 강조한다. 반면에 기능주의와 갈등이론은 개개인의 주체성보다는 우리의 행위에 영향을 미치는 사회적 영향력이 갖는 구속적 속성 즉, 사회구조를 강조한다. 따라서 이 딜레마는 다르게 표현한다면, 사회학의 미시적 관점과 거시적 관점 간의 딜레마라고 할 수 있다.

2) 합의와 갈등

두 번째 이론적 딜레마는 인간 사회의 본질이 합의에 기반하는지 아니면 갈등을 바탕으로 하는지와 관련된다. 사회학의 관점들 중 특히 기능주의와 연계된 관점들은 인간 사회의 고유한 질서와 조화를 강조한다. 이러한 견해를 취하는 사람들은 사회를 이루는 부분 요소들 간의 합의를 사회의 중요한 특징이라고 간주한다.

한편 마르크스로부터 영향을 받은 사람들은 사회 갈등의 보편성을 강조한다. 그들은 사회가 본질적으로 분화, 긴장, 투쟁을 바탕으로 한다고 본다. 그들은 사람들이 서로 균형을 유지하면서 조화롭게 살려는 경향이 있다는 주장을 거부한다. 그들은 사회를 구성하는 부분들 간에 깊은 이해관계의 갈등이 존재한다고 주장한다. 따라서 이 딜레마는 사회학의 관점 중 기능주의와 갈등론 간의 딜레마에 해당하는 것이다.

3) 하부구조와 상부구조

이 딜레마는 근대 자본주의 산업세계 형성의 원동력이 하부구조경제적 요인에 기인하는지 아니면 상부구조관념과 의식에 기인하는지 간의 관점 차이를 반영하는 딜레마이다. 이것은 근대사회의 기원과 본질에 끼친 결정적인 영향이 무엇인지와 관련이 있으며, 비마르크스주의 접근과 마르크스주의 접근 간의 차이로부터 나온 것이다.

따라서 이 딜레마는 자본주의 근대사회의 등장에 대해, 그 본질을 경제 결정론적으로 본 마르크스의 입장과 프로테스탄트 윤리라는 종교적 관념의 중요성을 부각시켰던 베버의 입장 간의 딜레마라고 볼 수 있다.

3. 사회학의 연구 방법론

1. 사회학적 연구 방법의 전제

1) 과학으로서의 사회학

우리들은 누구나 사회인으로서 여러 가지 사회현상에 대한 나름의 생각과 입장을 갖고 있다. 다시 말해, 개인적 차이는 있더라도 사회에 대해 나름대로 많은 상식을 갖고 있다. 그렇다면, 사회학적 연구가 불필요하다고 볼 수도 있겠지만 우리가 알고 있는 사회에 대한 '상식'이 '과학적 연구'의 결과와 항상 일치하지는 않는다. 예를 들어, 요즘 경제적 이유나 이혼 증가로 인한 가족해체 현상이 늘어나는 것을 보면서, 전통사회의 안정적인 가족에 비해 현대사회의 가족해체가 심각하다고 생각하기 쉽다. 그러나 역사 통계자료 분석을 통한 과학적인 조사 결과를 보면, 과거 전통사회에서도 높은 사망률과 기근 등으로 인해 가족해체의 비율이 매우 높았다는 것을 알 수 있다.

따라서 우리가 사회 현상에 대해 알아보기 위해서는 과학적 탐구의 자세가 필요하다. 앞에서도 언급한 것처럼, 사회학이 과학이라는 것은 사회현상을 연구하는 데 있어서 체계적인 연구방법과 이론적 사고를 하고 증거에 따른 논리적 주장을 한다는 것이다.

그런데 인간의 행위와 그것이 어울려 형성하는 사회현상을 제대로 분석하기 위해서는 자료의 엄정한 분석에 기반하는 실증주의경험주의도 필요하지만, 인간 행위에 대한 주관적인 의미해석도 동시에 필요하다.

우리는 과학이 객관성을 유지해야 한다고 알고 있다. 그런데 어떤 연구자도 무슨 현상에 연구의 관심을 두느냐부터 시작해서, 본인의 주관이 어느 정도 개입되는 것을 피하기 어려운 것이 현실이다. 따라서 우리가 말하는 이때의 객관성이란 아무런 편견이 없는 관점의 완벽한 객관성을 말하는 것이라기보다는, 관찰의 방법과 주장에 대해 제3의 연구자가 비판적으로 평가하더라도 그들 간에 일치하는 정도가 매우 높아야 한다는 것으로 보아야 한다. 즉 객관성은 연구방법의 상호주관성inter-subjectivity을 의미하는 것이다.

사회학은 관찰이 가능한 대상을 지식 추구의 대상으로 삼으며, 정확하고 정밀한 지식을 추구하고, 상호주관적이면서도 오류화 가능성을 용인하며 가치중립적인 지식을 추구한다. 이를 위해 엄격하게 정해진 일련의 절차 혹은 연구방법을 사용한다. 이러한 방식으로 얻어진 지식은 일반인들의 지식 혹은 상식과는 근본적으로 달라서, 상당한 정도의 논리성과 체계성 그리고 일반성 등을 갖추기 마련이다.

2) 사회학적 상상력

미국 사회학자인 밀즈Mills는 사회현상을 분석하기 위해서는 '사회학적 상상력sociological imagination'을 가져야만 한다고 주장했다. 사회학적 상상력이란 친숙한 개인적 상황을 넘어서서 더 큰 맥락에서 현상을 파악할 수 있는 능력과 관점을 계발하는 것을 말한다.

사회학적 관점의 특징은 인간의 사회적 행위를 집단 내의 사회적 상호작용의 맥락에서 바라본다는 데에 있다. 사회학의 초점은 개개인이 아니라 개인들 간의 사회적 상호작용 또는 상호작용하는 집단에 있으며, 이러한 상호작용 혹은 집단은 사회 전체적인 조망을 필요로 하는데, 이러한 조망이 사회학 고유의 관점에 해당한다. 이러한 관점은 개인의 관점 혹은 경험과는 일치하지 않는 것이 보통인데, 사회학적 상상력을 통해 시야가 넓어지고 개인과 사회와의 관련성도 잘 파악할 수 있게 된다.

밀즈가 말한 사회학적 상상력은 사회현상을 보는 객관성과 더불어 역사적 맥락에 대한 통찰 및 다양한 문화에 대한 이해를 포괄한다. 예를 들어, 친구들 간에 커피 한 잔을 마시며 대화를 나누는 상황에 대해서도 글로벌 커피 생산과 유통 메커니즘을 둘러싼 공정무역fair trade에 대한 관심을 불러일으키거나 커피를 마신다는 것이 갖는 문화적 상징으로서의 의미를 새길 수도 있다는 점이다.

2. 연구 방법론

1) 질적qualitative 연구와 양적quantitative 연구

(1) 질적 연구

연구자의 직관과 통찰에 기반하여, 관념적으로 이론화를 하는 연구를 말한다. 기존 문헌에 대한 이론적인 분석 연구가 대표적인 경우이다.

(2) 양적 연구

연구 대상에 대해 관찰하고 수집한 자료의 수량화를 통해 계량 자료를 컴퓨터를 활용하여 통계적으로 분석하는 연구를 의미한다. 흔히 경험적empirical 연구라고 부르기도 한다.

2) 연구 방법

(1) 서베이survey; 사회조사, 표본조사

질문지, 면접 등 기법을 사용하여 자료를 수집한다.

(2) 현장^{현지}조사

사례연구^{case study}나 관찰 등의 기법이 이용된다.

(3) 문헌연구

기존에 존재하는 기록^{문헌}을 연구하거나 자료의 2차 분석을 하는 방법이다.

(4) 실험^{experiment}

실험실 혹은 현장에서 조치를 취하기 이전과 이후의 변화를 확인하는 방법이다.

3. 최근의 추세

과거에 사회학의 연구 방법은 주로 질적 연구가 주류를 이루다가 컴퓨터의 확산과 통계기법의 발전에 따라 1960년대 이후에는 양적 연구가 발전되었으며, 현재는 두 연구 방법이 공존하지만 양적 연구가 약간 더 많은 상황이다. 한 예로, 한국사회학회의 공식 저널인 「한국사회학」에 실린 논문의 방법론을 분석해보면, 최근 몇 년간 게재된 전체 논문 중 양적 연구가 대체로 60% 이상을 차지하는 수준으로 증가했다.

참고문헌

기든스, 앤서니(Giddens, Anthony) 지음. 김미숙 외 역. 2014. 『현대사회학(7판)』. 을유문화사.

배비, 얼(Babbie, Earl) 지음. 고성호 외 역. 2012. 『사회조사방법론』. 톰슨.

Coser, Lewis. 1956. *The Functions of Social Conflict*. New York: Free Press.

Durkheim, Emile. 1964. *The Rules of Sociological Methods*. New York: Free Press.

----------------------, 1966. Suicide. New York: Free Press.

Mead, George Herbert. 1934. *Mind, Self, and Society*. Chicago: Chicago Univ. Press.

Merton, Robert K. 1968. *Social Theory and Social Structure*. New York: Free Press.

Mills, C. Wright. 1959. *The Sociological Imagination*. New York: Free Press.

Parsons, Talcott. 1951. *The Social System*. New York: Free Press.

Weber, Max. 1958. *The Protestant Ethic and the Spirit of Capitalism*. New York: Free Press.

02

심리학

최훈석
심리학과 교수

일상생활에서 우리는 '마음'·'심리' 등의 용어를 자주 사용한다. 그러나 '마음'이 과연 무엇인지, 그리고 '마음'을 어떤 관점에서 어떤 방법으로 연구할 수 있는지에 대해서 진지하게 고민해본 사람은 그리 많지 않으리라 짐작한다. 이 장은 심리학이란 무엇인지, 현대 심리학에서 중요하게 다루는 주제들은 무엇인지, 그리고 21세기를 선도하는 복합과학으로서 심리학의 최근 동향 및 전망 등에 대한 독자들의 이해를 도모할 목적으로 마련되었다. 먼저 이 장의 첫 번째 절에서는 심리학의 정의, 주요 분야 및 연구 방법에 대해서 알아본다. 이어서 두 번째 절에서는 심리학의 역사적 기원을 살펴봄으로써 고대에서부터 시작된 인간의 마음에 관한 물음이 현대로 오면서 어떻게 구체화되었는지 알아보고, 현대 심리학의 주요 이론적 접근법을 소개한다. 그리고 세 번째 절에서는 심리학 연구의 최근 동향 및 전망 등을 살펴보기로 한다.

1. 심리학의 정의, 주요 분야 및 연구 방법

1. 심리학의 정의

심리학은 인간의 마음과 행동을 과학적으로 연구하는 학문이다. 이 정의에서 다음의 두 가지를 주목할 필요가 있다. 첫째, 심리학은 인간의 마음과 행동 모두를 그 연구 대상으로 삼는다는 점이다. 즉 심리학은 마음의 작용 원리와 행동 간의 관계를 탐구하는 학문이다. 둘째, 심리학은 과학적 학문이라는 점이다. 심리학은 실험이나 조사, 체계적 관찰 등과 같은 과학적 연구 방법을 적용하여 인간의 마음과 행동을 연구한다.

흔히 인간을 사회적 동물이라고 부른다. 이는 인간의 마음과 행동은 타인과의 관계 및 상호작용을 통해서 조형되고 변화하며, 따라서 인간의 마음과 행동을 충실히 이해하기 위해서는 사회적 존재로서의 인간 특징을 고려해야 한다는 것을 의미한다. 타인과의 관계 및 사회적 상호작용이 인간의 마음과 행동에 영향을 미치는 것과 마찬가지로, 인간이 지니는 생물적 특징, 즉 뇌와 신경계, 그리고 호르몬의 작용 등도 사람들이 생각하고 느끼고 행동하는 데 중요한 영향을 미친다. 이러한 이유로 오늘날 심리학은 인간이 지니는 사회적 존재로서의 특징을 탐구하는 사회과학적 측면과 생물적 존재로서의 특징을 연구하는 자연과학적 측면을 통합적으로 연구하는 하나의 복합과학으로 인식된다.

그렇다면 심리학에서 연구하는 인간의 마음과 행동이란 구체적으로 무엇을 말하는가? 오늘날 심리학을 지칭하기 위해서 사용하는 용어인 'psychology'는 그리스어에서 '영혼'을 뜻하는 'psyche'와 '논리' 혹은 '이법'을 뜻하는 'logos'에서 그 기원을 찾을 수 있다. 이를 현대적 의미로 해석하면,

인간의 마음은 곧 영혼을 의미하며 따라서 심리학이란 인간의 영혼을 연구하는 학문이 된다. 이처럼 심리학을 인간의 영혼을 연구하는 학문이라고 정의하면, 인간의 영혼이 과연 과학적 연구의 대상이 될 수 있는가 하는 의문이 생긴다. 사실 그리스 시대 서양인들이 생각했던 영혼이란 인간의 마음을 지배하는 일종의 초자연적 실체로서의 의미가 강하다. 따라서 이러한 초자연적 실체로서의 영혼을 객관적이고 과학적으로 연구할 수 있는 방법이 마련되지 않는 한, 인간의 영혼은 과학으로서의 심리학의 대상이 되기 어렵다.한덕웅 등, 2004

현대 심리학에서 다루는 인간의 마음이란 초자연적 실체로서의 영혼이 아니라 실험이나 조사·관찰 등과 같은 과학적 연구 방법을 적용하여 객관적으로 연구할 수 있는 일련의 정신과정을 말한다. 즉 동기와 정서, 자기 및 세상에 대한 이해, 성격, 사고, 학습, 기억, 언어처리 등과 같이 인간의 마음에 작용하는 고등 정신과정이 곧 심리학에서 연구하는 마음의 구체적인 내용이 된다. 따라서 과학적으로 검증하기 어려운 초자연적 현상이나 심령술, 무속, 독심술 등은 심리학에서 배제된다. 이와 마찬가지로 심리학에서는 개인맥락, 집단맥락, 사회 및 문화적 맥락 등에서 발생하는 인간 행동 가운데 객관적으로 관찰이 가능한 행동을 주된 연구 대상으로 삼는다. 따라서 전생 체험이나 영적 체험, 무속 체험 등은 심리학의 연구 대상이 되기 어렵다.

2. 심리학의 주요 분야

앞에서는 심리학이란 무엇이며, 심리학의 연구 대상이 되는 마음과 행동이란 무엇인지에 대해서 알아보았다. 다음에서는 심리학의 전문 연구 분야들을 중심으로 현대 심리학에서 중요하게 연구되는 내용을 소개하기로 한다.

1) 인지심리학

인지심리학은 인간의 인지과정에 초점을 두고 정보가 감각기관에 입력되어 행동으로 이어지는 과정을 연구한다. 인지심리학의 주된 연구 분야로는 감각, 주의, 형태지각, 학습, 기억, 언어처리, 판단과 추리, 선택과 결정, 그리고 문제해결 등과 같은 인지과정들을 들 수 있다. 인지심리학은 이러한 인지과정들이 어떤 특성을 지니고 있으며, 어떻게 상호관계를 맺으면서 인간의 마음을 구성하고 있는지를 밝히고자 한다. 인지심리학은 뇌과학·신경생리학·컴퓨터공학 등과 협력하여 인간의 마음과 앎의 본질을 규명하는 학제적 연구를 선도하면서 실생활의 다양한 장면에 응용되고 있다. 인지심리학의 주요 응용 분야로는 학습과 교육산업, 지적 시스템의 개발, 발달장애 및 심리치료, 창의력과 과학적 사고의 증진, 의료, 컴퓨터공학, 광고, 디자인, 감성공학, 교육공학, 인간공학, 뇌과학, 재난심리, 법심리 등을 들 수 있다.

2) 사회심리학

사회심리학은 사회적 존재로서의 인간을 강조하고, 사회적 상호작용 맥락에서 발생하는 인간의 사고, 감정 및 행위를 연구한다. 사회심리학은 개인이 독특하게 지니는 기질이나 성격보다는, 특정 사회적 상황에서 대다수의 사람들이 공통적으로 보이는 행동 특징을 밝히는 데 초점을 둔다. 주요 연구 분야에는 사람들이 주고받는 사회적 영향, 자기self, 타인 및 사회적 사건에 관한 판단과 추론, 집단행동, 집단 간 관계, 고정관념 및 편견, 태도와 태도변화, 대인관계, 동기, 정서, 그리고 문화가 개인의 사고와 행동에 미치는 영향 등이 포함된다. 사회심리학은 심리학의 기초 분야로서 사람들 간의 상호작용을 수반하는 거의 모든 장면에 응용된다. 주요 응용 분야에는 조직행동, 팀워크, 리더십, 갈등관리 및 협상, 계층 간 통합, 통일 등의 주제를 비롯하여 사이버 심리, 범죄심리, 건강심리, 소비자 행동 및 광고심리, 교통심리, 환경심리, 정치심리, 군사심리, 스포츠 심리, 그리고 태도조사 등이 포함된다.

3) 산업 및 조직심리학

산업 및 조직심리학은 심리학의 제반 원리 및 연구 결과들을 기업·산업체·공공기관 등과 같은 다양한 조직에 적용하는 심리학의 응용 분야 가운데 하나이다. 산업 및 조직심리학은 조직의 효과성을 증진시키고 조직 생활의 질을 향상시키는 데 초점을 두고, 조직에서 발생하는 다양한 현상들을 연구한다. 산업 및 조직심리학의 주요 분야에는 인재의 선발, 훈련, 배치, 승진, 평가 등을 다루는 인사심리 분야와 직무만족, 작업동기, 조직몰입, 리더십 등을 다루는 조직심리 분야를 비롯해서 공학심리, 직업 및 경력상담, 조직진단 및 개발, 노사관계, 소비자 행동, 광고심리 등이 포함된다.

4) 임상심리학

임상심리학은 심리학적 원리와 방법을 적용하여 각종 심리장애, 정신질환, 이상행동의 검사 및 치료 등을 다루는 심리학의 주요 응용 분야이다. 임상심리학은 심리검사와 측정을 통한 심리장애의 진단과 평가 및 심리치료에 초점을 두며, 정부기관이나 교육 행정기관, 그리고 민간 기관에서 행해지는 정신건강관리 및 교육의 중요한 토대를 제공한다. 임상심리학의 주요 연구 분야에는 성격장애, 발달장애, 불안, 우울, 스트레스, 정신분열, 공격성 등의 다양한 심리장애를 비롯해 아동 및 청소년문제, 노인문제, 범죄심리, 각종 심리검사 및 측정법의 개발과 평가 등이 포함된다.

5) 상담심리학

상담심리학은 상담활동을 통해 개인의 부적응 및 행동 문제를 이해하고 이를 해결할 수 있도록 도움을 주는 데 초점을 두며, 상담 및 심리치료에 관한 심리학 이론 및 연구결과를 토대로 교육 및 산업 현장에서 실제 상담활동을 수행할 전문 상담인력을 양성하는 심리학의 응용 분야이다. 상담심리학은 아동문제, 청소년문제, 노인문제 등을 포함해 부부·교우·동료 관계 등에서 발생하는 개인의 부적응을 이해하고 이에 대한 해결책을 제공하고자 한다. 아울러 개인의 진로 및 경력상담, 가족상담, 성상담, 특수아상담, 군대상담, 종교상담, 각종 산업조직에서 행해지는 산업상담 등도 상담심리학의 주요 분야이다.

6) 심리학의 기타 분야들

앞에서 언급한 몇 가지 주요 연구 분야들 이외에도 심리학에는 매우 많은 하위 연구 분야들이 있다. 그 가운데 몇 가지 주요 분야들을 예로 들면 발달심리학, 신경·생리심리학, 건강심리학, 사이버 심리학, 스포츠 심리학, 범죄심리학, 법심리학, 군사심리학, 정치심리학, 교통심리학, 교육심리학, 디자

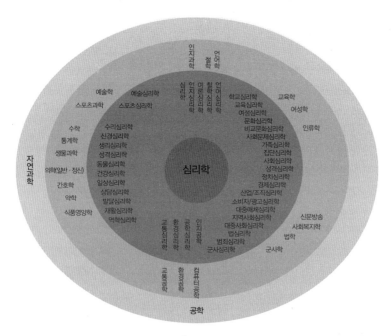

그림 1. 심리학의 전문 분야와 주변 학문의 연결 1

인심리학, 공학심리학, 환경심리학, 학교심리학, 지역사회심리학, 재난심리학, 심리측정 및 검사 등을 들 수 있다.

앞에서 소개한 심리학의 주요 분야들을 포함해 심리학 내에 존재하는 전문 연구 분야들과 주변 학문 간의 연결관계를 정리해 제시하면 〈그림 1〉과 같다. 이 그림을 통해서 심리학은 사회과학뿐 아니라 자연과학, 인문과학, 그리고 공학 등의 분야와 밀접한 관련성을 지니면서 발전하고 있음을 알 수 있다. 아울러 심리학의 전문 연구 분야들이 한국과 미국의 심리학회에서 어떠한 조직을 구성하고 있는지는 〈표 1〉에서 찾아볼 수 있다.

---

1. 성균관대학교 응용심리연구소 편(2004), 20쪽 참조.

1. 일반심리학	2. 교수법심리학	**3. 실험심리학**
5. 평가와 측정	6. 생리 및 비교심리학	**7. 발달심리학**
8. 성격 및 사회심리학	**9. 사회문제심리학**	10. 예술심리학
12. 임상심리학	13. 자문심리학	**14. 산업 및 조직심리학**
15. 교육심리학	**16. 학교심리학**	**17. 상담심리학**
18. 공익심리학	19. 군사심리학	20. 성인발달과 노화
21. 응용실험 및 공학심리학	22. 재활심리학	**23. 소비자심리학**
24. 이론 및 철학심리학	25. 행동의 실험적 분석	26. 심리학사
27. 지역사회심리학	28. 심리약리학	29. 심리치료
30. 심리최면	31. 주(州)정부심리학	32. 인본주의심리학
33. 정신지체	34. 인구 및 환경심리학	**35. 여성심리학**
36. 종교심리학	37. 아동, 청년 및 가족치료	**38. 건강심리학**
39. 정신분석	40. 임상신경심리학	**41. 법심리학**
42. 개업심리학자	43. 가족심리학	44. 동성애심리학
45. 소수인종심리학	46. 매체심리학	47. 운동 및 체육심리학
48. 평화심리학	49. 집단심리와 집단치료	**50. 중독심리학**
51. 남성 및 남성성심리학	53. 임상아동심리학	54. 소아과심리학
55. 약리치료심리학		

표 1. 미국과 한국심리학회(진한 글씨)의 분과 학회 **2**

3. 심리학 연구 방법

지금까지 심리학의 정의와 주요 전문 연구 분야들에 대한 소개를 통해서 독자들은 심리학의 범위가 매우 넓고 실생활의 다양한 장면에 직접적으로 응용되고 있음을 알았을 것이다. 심리학은 인간의 마음과 행동에 관한 이론의 개발과 검증, 그리고 이를 현실 세계에 적용하려는 목표를 지니고 방대한 양

---

2. 같은 책, 21쪽 참조.

의 연구를 축적시키면서 발전해 왔다. 심리학자들이 인간의 마음과 행동에 대해서 연구할 때 전형적으로 다음의 세 가지 단계를 거친다.Feldman, 2010 참조 첫째, 연구자가 관심 있는 현상과 관련하여 연구문제를 개발한다.예: "리더의 유형과 팀의 성과 간에는 어떤 관계가 있는가?" 둘째, 이 연구문제를 검증하기 위한 가설을 설정하여 잠정적인 설명을 개발한다.예: "전제적 리더를 둔 팀보다 민주적 리더를 둔 팀의 성과가 높다" 셋째, 앞 단계에서 설정한 가설을 과학적인 방법으로 검증한다. 이때 '과학적 방법'이란 연구자가 가설의 타당성을 입증하기 위해서 사용하는 방법이 객관적이며 연구에서 얻어진 결과가 믿을 만하고 타당함을 의미한다. 바로 이 점에서 심리학은 상식과 구별되며, 결과를 미리 보고 사후에 해석을 도출하는 사후 설명 방식과도 크게 다르다.

우선 상식이란 여러 사람이 공유하는 신념이지만 아직 객관적으로 검증되지 않은 가설들에 불과하다. 뿐만 아니라 사람들이 지니고 있는 상식의 내용이 서로 모순되는 경우도 흔하다. 사람들이 자신과 유사한 사람에 대해서 매력을 느끼는가 아니면 자기와 다른 사람에 대해서 매력을 느끼는가? 집단의 의사결정은 개인의 의사결정에 비해서 보수적인가 아니면 모험적인가? 단지 상식에 의존하여 이 물음들에 답하려고 하면 종종 서로 모순되는 답이 얻어지기 십상이다. 그러나 심리학에서는 실험이나 조사연구와 같은 체계적이고 객관적인 연구 방법을 적용하여 이 물음들에 대해서 반복적으로 검증함으로써 상대적으로 타당성이 높은 결론에 도달할 수 있다. 또한 심리학 연구에서는 사전에 결과를 예측하는 가설예: "공격적인 비디오 게임을 하는 아이들이 그렇지 않은 아이들보다 공격성이 높다"을 세우고 이를 객관적인 방식으로 검증하기 때문에, 단지 발생한 결과를 사후에 설명하는 것과 다르다. 사후 설명은 사전에 설정된 가설 및 이에 대한 검증 없이 사실 확인 후 자신의 가설이 지지되었다고 해석해버리는 것이다. 이러한 해석은 결과가 이미 일어난 상태에서 이루어지기 때문에 자신의 해석이 옳다는 과장된 믿음즉, 정확성의 과대추정이

심리학

나 그러한 결과가 일어나리라고 애초부터 예상했다는 편향된 믿음즉, **사후확신 편향**으로 이어지기 쉽다.

인간의 마음과 행동을 이해하기 위해서 심리학에서는 문헌연구법, 관찰법, 조사연구법, 실험법 등의 다양한 연구 방법을 사용한다. 이 가운데 다음에서는 심리학 연구에서 대표적으로 사용되는 세 가지 연구 방법에 대해서 알아보기로 한다.

1) 관찰연구

관찰연구에서는 자연 상태에서 발생하는 행동을 체계적인 방식으로 관찰하고 기록한다. 도시의 특정 영역예: **광화문 광장 vs 지하철역**을 선정하여 각 영역에서 나타나는 도움행동의 종류와 빈도를 관찰하여 기록하는 것은 관찰연구의 한 예로 볼 수 있다. 관찰연구를 수행할 때 심리학자들은 관찰되는 행동에 대한 구체적이고 정확한 사전 정의를 마련하여 관찰의 객관성과 정확성을 기하고, 관찰자의 존재 자체가 행위자의 행동에 영향을 미치지 않도록 필요한 조치를 취한다. 관찰연구는 자연적으로 발생하는 행동을 관찰할 수 있다는 장점이 있다. 그러나 관찰연구는 단지 연구자가 관심을 지닌 행동을 기술description하는 데 초점이 있기 때문에 그 행위가 발생한 원인이나 심리적 과정을 밝히는 데에는 한계가 있다. 예를 들어 광장보다는 지하철역에서 도움행동이 더 빈번하게 발생한다는 결과가 얻어졌을 때, 이러한 차이를 일으킨 심리적 원인이나 과정에 대해서는 충분한 정보를 제공하지 못한다. 또한 관찰연구는 자연적으로 흔히 발생하지 않는 행동예: **'전쟁이 발발하면 사람들이 어떻게 행동하는가?'**은 연구하기 어렵다.

2) 조사연구

관찰연구가 특정 행동의 기술에 목적을 둔다면, 조사연구는 다양한 심리적 변수들 간 그리고 이러한 심리적 변수들 및 행동 간의 관련성을 이해하고 예측하는 데 있다. 조사연구의 궁극적 목적은 현실세계에서 발생하는 여러 가지 변수들 간의 상관관계를 알아내어 특정 행동이나 심리적 과정의 발현을 예측하는 데 있다. 조사연구는 통상 모집단에서 추출된 표본을 대상으로 질문지나 면접 등을 통해서 자료를 수집한다. 예를 들어 전국에서 표집된 남녀 직장인들을 대상으로 그들의 직무에 대한 태도와 삶에 대한 만족도를 조사하여 직장인들의 직무에 대한 태도로부터 그들의 삶에 대한 만족도를 신뢰도 높게 예측할 수 있다. 심리학자들이 조사연구를 수행할 때는, 모집단의 특성을 충실히 반영하는 대표성이 높은 표본을 추출하고 조사 과정에서 발생할 수 있는 편파들을 최소화하기 위해서 다양한 조치들을 취한다. 조사연구는 관찰연구와 마찬가지로 자연적으로 발생하는 변수들을 다루기 때문에, 실험실에서 인위적으로 조성하여 연구하기 어려운 여러 가지 중요한 변수들을 연구할 수 있다는 장점이 있다.

그러나 조사연구는 변수들 간의 상관관계를 밝히는 데 그치기 때문에 변수들 간의 인과관계를 알아내지 못한다는 제한점이 있다. 예를 들어 한 연구자가 조사연구를 통해서 대학생들의 자긍심과 학업성취도 간에 상관관계를 발견했다고 가정해보자. 이 결과는 두 변수 간에 관련성이 있다는 것을 의미할 뿐, 어느 하나가 다른 하나의 직접적인 원인이 된다는 것은 아니다. 즉, 자긍심이 학업 성적의 원인이 될 수도 있고, 반대로 학업 성적이 자긍심의 원인이 될 수도 있다. 뿐만 아니라 자긍심과 학업성취도 간의 관계는 보이지 않는 제3의 변수예: 가족의 지원에 의해서 영향받을 수도 있다.

3) 실험연구

관찰연구는 행동의 기술에, 그리고 조사연구는 변수들 간의 상관관계를 탐색하는 데 목적이 있다면 실험연구는 변수들 간의 인과관계를 탐색하는 데 목적이 있다. 실험연구의 핵심은 어떤 결과의 원인이 된다고 가정되는 상황을 연구자가 조성하여 두 변수 간의 인과적 관련성을 탐색하는 것이다. 이때 연구자가 원인이 된다고 가정하여 조작한 변수를 독립변수라고 부르고, 독립변수가 원인이 되어 나타난 결과를 종속변수라고 부른다. 즉 변수 X를 알면 변수 Y의 값을 예측할 수 있는지를 알아보는 것이 조사연구의 목적이라면**예: 대학생들의 자긍심 수준을 알면 그들의 학업수행을 예측할 수 있는가?**, 실험연구의 목적은 변수 X가 변수 Y의 원인이 되는가를 알아보는 데 목적이 있다.**예; 자긍심이 우수한 학업수행의 원인이 되는가?** 이처럼 실험연구의 목적이 변수들 간의 인과관계를 규명하는 데 있기 때문에, 심리학자들은 자신들이 실험을 통해서 추론한 인과관계의 타당성을 높이기 위해서 다양한 조치를 취한다. 이러한 조치들을 '실험적 통제experimental control'라고 부른다. 실험적 통제의 핵심은 종속변수를 통해서 관찰된 결과가 오직 연구자가 원인이 된다고 가정한 독립변수에 의해서만 영향받았음을 입증하는 것이다. 이를 위해서 심리학 실험에서는 실험 참가자들을 실험 조건에 할당할 때 무선배정의 원칙을 따르고, 실험절차 및 기구를 표준화하며, 실험이 이루어지는 물리적 환경을 항상 일정하게 고정하고, 객관적인 측정 방법을 이용하여 종속변수를 측정하고, 실험자 및 실험 참가자들에게서 나타날 수 있는 편파를 최소화하기 위한 절차들을 사용한다.

이 점을 이해하기 위해서 한 연구자가 공격적인 비디오 게임을 하는 사람들이 그렇지 않은 사람들에 비해서 온라인상에서 악의성 댓글악플을 더 많이 사용한다는 가설을 세우고 이를 실험연구를 통해서 검증한다고 가정해

보자. 여기서 개인이 공격적 비디오 게임을 하는지 비공격적 비디오 게임을 하는지의 여부는 독립변수에 해당하고, 인터넷상에서 개인이 사용한 악의성 댓글의 수는 종속변수에 해당된다. 이 두 변수들 간의 인과관계를 검증하기 위해서 연구자는 객관적인 평정 기준에 근거하여 공격적인 게임과 비공격적인 게임을 선정하고, 한 집단에는 공격적 게임을 그리고 다른 한 집단에는 비공격적 게임을 하도록 한다. 이후 이 두 집단에게 가상환경에서 댓글의 형태로 의견을 제시하도록 하여, 각 사람이 올린 댓글의 악의성 정도를 사전에 마련된 엄정한 기준예: **공격적 언어사용, 부정적 정서 용어의 등장 빈도 등**에 따라서 평가하여 종속변수를 측정한다. 그 결과 비공격적 게임을 한 집단보다 공격적 게임을 한 집단에서 악의성 댓글의 수가 많았다면, 이는 연구자의 가설과 일관된 결과로 해석한다. 이러한 해석의 타당성을 높이기 위해서 연구자는 다양한 실험적 통제를 가한다. 우선 두 집단에 배정된 참가자들의 개인적 특성에서 체계적인 차이가 없도록 하기 위해서 무선배정을 통해서 참가자들을 두 집단에 할당한다. 그리고 두 집단에 주어진 비디오 게임의 종류즉, **독립변수** 이외의 모든 변수들예: **실험절차 및 지시문, 실험기구, 실험실 환경, 게임을 한 시간 등**은 일정하게 고정하여, 관찰된 결과가 연구자가 조작한 독립변수에 의해서만 영향받았음을 추론할 수 있도록 한다.

실험연구의 가장 큰 장점은 변수들 간의 인과관계에 관한 추론을 가능케한다는 것이다. 이러한 장점에 비해서 실험연구에는 실험실에서 조성하기 어려운 원인변수들은 연구하기 어렵고, 한 번에 많은 수의 변수들을 연구하는데 현실적인 제약이 따른다. 또한 실험연구는 자연 상태에서 발생하는 행동을 다루는 것이 아니라 연구자가 조성한 인공 환경에서 이루어지기 때문에 실험연구의 결과를 현실세계에 직접 일반화하는 데 어려움이 있다. 그러나 심리학 실험의 근본 목적은 한 연구에서 얻은 특정 '결과'를 직접 현실세계에 일반화하는 데 있는 것이 아니라, 실험에서 검증된 독립변수와 종속변수 간

	관찰연구	조사연구	실험연구
특징	사전에 마련된 체계적 관찰 기준에 따라서 특정 행동을 관찰하여 기록	질문지나 면접을 통해서 심리적 변수들 및 행동 간의 관련성 탐색	원인이 된다고 가정한 상황을 조성하여 결과를 관찰
장점	자연 상태에서 발생하는 행동의 기술	현실세계에서 자연적으로 발생하는 다양한 변수들 및 행동 간의 상관관계 규명	독립변수와 종속변수 간의 인과관계를 추론
단점	행동이 나타난 원인이나 심리적 과정에 대해서는 충분한 설명을 제공하지 못함	변수들간의 인과관계를 알아내는 데 한계가 있음	연구 주제의 선정에 제약이 따르고 결과를 일반화하는 데 한계가 있음

표 2. 관찰연구, 조사연구 및 실험연구의 핵심적 특징

의 '인과관계에 관한 이론이나 원리'를 제공하는 데 있다. 따라서 실험연구에서 얻은 '특정 결과'의 일반화 가능성은 중요한 고려사항이 아니다.

위에서는 심리학에서 주로 사용하는 세 가지 연구 방법, 즉 관찰연구, 조사연구, 그리고 실험연구에 대해서 알아보았다. 이 세 가지 연구 방법 각각의 특징과 장단점을 비교하여 〈표 2〉에 제시했다. 심리학 연구에서 사용되는 여러 가지 연구 방법에 대한 추가적인 설명은 국내에서 출판된 심리학 입문서를 참조하기 바란다.

2. 심리학의 지적 기원 및 주요 접근법

앞에서는 심리학이란 어떤 학문인가, 심리학의 전문 연구 분야에는 어떤 것들이 있는가, 그리고 심리학에서 어떤 방법을 사용하여 연구하는가 등에 대

해서 살펴보았다. 이 절에서는 현대 심리학의 형성에 큰 영향을 미친 지적 전통에 대해서 간략히 알아보고, 이러한 지적 전통에서 출발하여 현대에 구체화되고 정교화된 현대 심리학의 주요 이론적 접근법에 대해서 살펴본다.

1. 심리학의 지적 기원

1) 철학적 기원

인간의 마음과 정신과정의 본질에 관한 물음은 일찍이 플라톤이나 아리스토텔레스와 같은 고대 철학자들에 의해서 제기되었다. 사실 심리학은 인간의 의식이란 무엇인가, 인간은 본질적으로 합리적인 존재인가, 인간의 자유의지가 과연 존재하는가 등에 관한 고대 철학자들의 고민에서부터 시작되었다고 볼 수 있다. 특히 플라톤이 이성적 추론을 통해서 지식에 접근해 가는 과정을 강조한 점이나, 아리스토텔레스가 감각경험을 지식의 원천으로 본 점 등은 현대 심리학적 관점에서 볼 때 모두 인간의 마음과 정신과정에 관한 시원적인 물음들이다. 이러한 시원적 물음들은 중세에 이르러 정서, 동기, 이성과 본능 간의 갈등 등에 관한 신학자들의 관심이나 감각경험을 통한 지식의 획득을 강조한 베이컨 등으로 이어졌다.

인간의 이성과 지식 획득에 관한 물음들은 근대에 이르러 인간의 이성을 강조한 데카르트의 이성주의와 경험을 통한 지식 획득을 강조한 로크의 경험주의 간의 철학적 논쟁을 통해서 한층 정교화되었다. 데카르트를 위시한 이성주의자들은 인간은 태어날 때부터 지식과 세상에 대한 이해 능력을 지니고 태어난다고 믿은 반면, 로크를 위시한 경험주의자들은 인간이 태어날 때 마음은 백지 상태이며, 성장과정에서의 경험 및 타인과의 상호작용 등과 같은 후천적 경험을 통해서 지식을 채워 나가는 것이라고 보았다. 이러한 '유전'과 '경험'의 상대적 중요성에 관한 두 학파 간의 논쟁은 현대 심리학에서 소위 '본성nature'과 '양육nurture'에 관한 논쟁의 철학적 토대가 되며, 인간의 생득적 기질과 환경의 영향에 관한 심리학 이론과 연구로 발전되었다. 또한 지식의 획득은 감각경험과 생득적 정신기제의 작용 모두에 의해서 이루어진다고 주장함으로써 이성주의와 경험주의 간의 절충을 시도한 칸트의 사상은 개인의 생득적 기질과 환경 간의 상호작용을 강조하는 현대 심리학적 관점으로 이어졌다.

2) 과학으로서의 심리학

플라톤과 아리스토텔레스에서부터 칸트에 이르기까지 철학자들이 제기한 물음들은 현대 심리학적 관점에서 볼 때 모두 인간의 마음과 정신과정의 작용에 관한 심리학적 주제들이라고 볼 수 있다. 그러나 철학자들은 인간의 마음이란 직접 관찰할 수도 없고 측정할 수도 없기 때문에 과학의 필수요건인 객관성을 결여하고 있으며, 따라서 인간의 마음을 다루는 학문인 심리학은 과학이 될 수 없다는 태도를 지니고 있었다. 이러한 생각은 19세기 말에 이르러 커다란 변화를 맞이하게 된다. 즉 일련의 연구자들이 생리학이나 물리학 등과 같은 자연과학 분야에서 발전된 실험기법을 적용하여 인간의 마음을 연구하기 시작하면서, 심리학은 철학으로부터 분리되어 하나의 독립적인 학문 단위로 등장하게 된다. 과학으로서의 심리학이 탄생하는 데 큰 영향을 미친 주요 인물들을 중심으로 그들의 주장을 간략하게 소개하면 다음과 같다.

3) 분트Wilhelm Wundt, 1832-1920

분트는 흔히 현대 심리학의 창시자로 불리며 1879년 독일의 라이프치히 대학에 최초로 심리학 실험실을 설립했다. 그는 인간의 마음은 화학물질이나 신체의 장기처럼 과학적 분석의 대상이 될 수 있다고 믿었으며, 이후 그의 제자인 티치너Titchener를 거치면서 발전한 구성주의 심리학의 지적 토대를 제공했다. 분트는 주로 시각을 중심으로 한 감각연구를 수행했는데, 그가 감각경험이 사람의 마음속에서 어떻게 이루어지는가를 연구하기 위한 기법으로 사용한 것이 바로 내관법introspection이다. 내관법이란 사람들로 하여금 자신의 마음속에 떠오르는 생각과 느낌을 스스로 관찰하여 기록하도록 하는 방법이다. 분트는 내관법을 사용하여 크기나 강도 등과 같은 물리적 자극의 속성을 다양하게 조작하여 이에 따라서 사람들의 감각경험이 어떻게 달라지는지 연구했다.

4) 티치너Edward Bradford Titchener, 1867-1927

1890년대 말 티치너는 미국에 분트의 구성주의 심리학을 소개하고 이 분야의 연구를 발전시켰다. 그는 인간의 마음도 화학물질처럼 그 구성 성분구조을 분석함으로써 이해할 수 있다고 보았다. 즉 인간의 마음에 대해서 '왜', '어떻게'보다는 '무엇'이 마음의 내용을 구성하는가에 초점을 두고 마음의 구조를 밝히고자 했다. 티치너는 심상·느낌·감각이라는 세 가지 요소가 인간의 정신을 구성한다고 보고 내관법을 사용하여 정신경험을 분석했다. 예를 들어 그는 미각에 관한 연구를 통해서 신맛·짠맛·쓴맛·단맛으로 구성됨을 보였다. 분트에 의해서 시작되고 티치너에 의해서 발전된 구성주의 심리학은 이후 요소주의적 입장에 반대하는 학파들이 출현하면서 쇠퇴하게 된다. 뿐만 아니라 구성주의학파에서 사용한 내관법은 과학이 갖추어야 할 객관성을 결여하고 있다는 비판이 대두되었고, 이후 연구자들은 이 방법에서 탈피하여 심리학 연구를 수행했다. 그러나 내관법의 전통이 현대 심리학에서 완전히 사라진 것은 아니며, 인간의 정신경험을 완전히 객관적으로 관찰하기 어렵기 때문에 여전히 정신과정에 대한 언어적 보고는 중요한 자료로 활용된다.

5) 제임스William James, 1842-1910

제임스는 지나치게 요소주의적 접근에 의존하여 마음을 연구하려고 했던 구성주의 심리학에 반대하고, 티치너와 유사한 시기에 미국에서 기능주의 심리학을 정립시켰다. 그는 단순히 의식의 구성 성분을 분석하는 것만으로는 인간의 마음을 충분히 이해할 수 없다고 보았다. 그 대신 그는 인간의 의식이 어떻게 작동하여 사람들로 하여금 자신이 처한 환경에 적응하고 기능할 수 있도록 하는지를 연구해야 한다고 생각했다. 이러한 생각을 토대로 심리학은 목적을 지닌 마음에 관심을 두고 특정 행동의 기능과 목적이 무엇인지 탐구해야 한다고 주장했다. 구성주의 학자들이 주로 인간의 감각경험을 연구한 데 반해서 제임스는 자기, 가치, 의지, 종교적 경험, 정서 등도 모두 심리학의 연구 대상이 될 수 있다고 보았으며, 심리학에서 실제 행동을 관찰할 필요성을 역설했다. 그러나 제임스 역시 구성주의와 마찬가지로 인간의 의식경험을 연구하는 데 초점을 두었다.

6) 왓슨John B. Watson, 1878-1958

인간의 의식경험에 초점을 두었던 구성주의와 기능주의 심리학은 1910년대
에 이르러 거센 도전을 받게 되는데, 이러한 도전의 중심에 있었던 인물이
미국의 심리학자인 왓슨이다. 왓슨은 미국에서 행동주의 심리학을 정립했
는데, 그는 인간의 마음은 일종의 블랙박스black box와 마찬가지여서 과학적
연구의 대상이 되기 어려우며, 따라서 심리학은 객관적으로 관찰 가능한 행
동만을 그 대상으로 삼아야 한다고 주장했다. 왓슨은 동물이나 아동을 대
상으로 실험연구를 수행했으며, 거의 모든 인간 행동은 자극과 반응 간의
연합을 통한 조건 형성의 결과라고 보았다. 예를 들어 우는 아이에게 사탕
을 주면 그 아이가 울음을 멈추는데, 그 이유는 '사탕'과 '울음을 그침'이라
는 행동 간에 연합이 형성되었기 때문이다. 즉 그 아이는 반복적인 경험을
통해서 울음을 그치면 사탕을 먹을 수 있음을 학습한 것이고, 이는 결국 '사
탕'이라는 외부 자극을 통해서 '울음' 행동을 변화시킬 수 있음을 의미한다.
왓슨은 심리학의 영역을 행동으로 확장하고 동물실험을 중심으로 정교한
실험 방법을 개발하는 데 기여했다. 그러나 자극과 반응 간의 연합이 거의
모든 인간 행동을 결정한다는 그의 주장은 인간의 고등 정신과정의 중요성
을 간과한 극단적인 환경결정론이라는 비판을 받게 된다.

7) 베르트하이머Max Wertheimer, 1880-1943

베르트하이머는 요소주의적 입장을 취하여 인간의 의식경험을 연구하려고
했던 구성주의 심리학이나 극단적인 환경결정론을 주장한 행동주의 심리학
모두에 반대하고 1910년대 초 독일에서 형태주의 심리학을 전개했다. 베르

트하이머는 구성주의처럼 마음을 요소들의 합으로 보기보다는 하나의 조직화된 전체, 즉 형태gestalt로 이해해야 한다고 믿었다. 그는 '전체는 부분의 합과는 다르다'고 주장하고, 지각에 관한 일련의 실험연구를 통해서 인간의 마음은 단순히 부분이 되는 요소들을 합한 것과는 다르다고 주장했다. 베르트하이머가 주창한 형태주의 심리학은 이후 코프카Kurt Koffka, 1886-1941와 쾰러Wolfgang Köler, 1887-1967 등에 의해서 발전되었고, 인간이 감각경험을 능동적으로 조직화하여 지각하는 과정에 초점을 두고 심리학에서 인간의 정신과정을 다루어야 할 필요성을 강조했다. 또 다른 형태주의 심리학자인 레빈Kurt Lewin, 1890-1947은 미국으로 이민한 후 형태주의 심리학의 원리를 적용하여 리더십, 집단행동 등의 영역을 연구했다.

8) 프로이트G. Freud, 1856-1953

분트와 비슷한 시기인 1980년대 말, 오스트리아 출신의 신경과 의사였던 프로이트는 정신분석학을 정립하여 발전시켰다. 그는 인간의 행동은 무의식이라는 강력한 내부적 힘에 의해서 결정된다고 믿고 꿈이나 말실수, 버릇 등을 통해서 우리가 의식하지 못하는 사고·태도·충동·희망·동기·정서 등을 분석하고자 했다. 특히 프로이트는 아동기에 억압된 성욕에 초점을 두고, 이러한 욕구의 좌절 경험이 무의식의 세계를 구성하며 이 무의식이 인간의 행동을 결정한다는 일종의 심리결정론을 주창했다. 프로이트의 정신분석 이론은 현대 성격심리학 이론으로 계승되었고, 그가 사용한 정신분석 기법은 현대 심리치료의 중요한 근간을 이룬다. 프로이트는 심리학의 연구 영역을 의식에서 무의식의 세계로 확장했으며 성격심리학 및 이상심리학의 발전에 공헌했다. 그러나 무의식이 인간의 모든 행동을 결정한다는 그의 이론은 이후 여러 심리학자들에 의해서 비판받는다.

2. 현대 심리학의 주요 접근법

앞에서는 심리학의 철학적 기원과 더불어 현대 심리학의 지적 토대가 된 주요 인물들을 중심으로 심리학의 지적 기원을 살펴보았다. 아래에서는 현대 심리학의 주요 접근법들을 소개하기로 한다.

1) 신경생리적 접근

신경생리적 접근에서는 뇌와 신경계, 호르몬 등과 같은 신경생리 요인과 인간의 마음 및 행동 간의 상호 영향과정을 연구한다. 이 가운데 생리–심리적 접근을 취하는 심리학자들은 신경생리 요인들이 심리 및 행동에 미치는 영향에 초점을 둔다. 예를 들어 교통사고로 인해서 뇌에 손상을 입은 환자를 대상으로 뇌 손상과 기억, 성격 변화 등을 연구한다. 반면에 심리–생리적 접근을 취하는 심리학자들은 심리 요인이 신경생리 과정에 미치는 영향을 탐색한다. 예를 들어 스트레스나 우울 경험이 뇌과정, 면역체계, 신체질병 등에 미치는 영향을 다룬다.

2) 행동적 접근

행동적 접근은 왓슨에 의해서 주창되고 스키너B. F. Skinner, 1904–1990 등의 학자들에 의해서 미국에서 발전한 행동주의 심리학에 기반을 둔 접근법이다. 극단적 행동주의를 취하는 일부 심리학자들은 직접 관찰하기 어려운 정신 과정은 심리학의 대상이 될 수 없다는 입장에서 심리학 연구의 대상을 객관적으로 관찰 가능한 행동에 국한시킨다. 행동적 접근은 초기에는 자극과 반응 간의 연합에 의한 조건 형성의 원리를 이해하는 데 많은 노력을 기울였다. 이후 수정된 행동적 접근에서는 인간의 심리과정을 포함시켜서 연구하고 인지 능력, 행동, 그리고 환경의 상호작용을 강조한다.

3) 인지적 접근

제2차 세계대전까지 심리학에서 가장 지배적인 관점은 행동주의 심리학이었다. 그러나 1950년대에 이르러 인간의 고등 정신과정을 무시한 채 인간 행동이 전적으로 환경에 의해서 결정된다고 보았던 행동주의에 대한 비판이 고조되었다. 아울러 컴퓨터의 발전과 더불어 인간의 인지과정에 관한 관심과 연구가 증가하면서, 인간을 정보처리자로 보고 정보의 투입-저장-인출에 이르는 정보처리 과정을 컴퓨터를 통해서 모사하는 연구가 활발히 이루어졌다. 이러한 일련의 변화를 심리학에서는 '인지혁명'이라고 부른다. 인지적 접근은 주로 실험을 통해서 지각·학습·기억·언어·추론·문제해결·의사결정 등과 같은 고등 정보처리과정을 연구한다. 현대의 인지적 접근은 인간을 피동적 정보처리자로 보았던 초기의 기계적 관점에서 탈피하여, 인간의 능동적 정보처리 능력을 중시하고 동기와 정서를 포함하여 연구하며, 인공지능·인지과학·인지공학 등의 분야로 영역이 확대되었다.

4) 인본주의적 접근

인본주의적 접근은 1950년대 중반에 대두된 소위 '제3의 심리학'이라고 불리는 접근법이며 미국에서 매슬로Abraham H. Maslow, 1908~1970와 로저스Rogers 등에 의해서 정립되었다. 인본주의적 접근은 인간의 존엄성과 가치를 강조한다. 따라서 인간의 자유의지를 무시하고 인간의 행동이 전적으로 환경에 의해서 지배된다고 보는 극단적 행동주의에 반대한다. 또한 성과 공격 본능을 수반하는 무의식에 의해서 행동이 전적으로 결정된다고 보았던 정신분석 관점에도 반대한다. 인본주의적 접근에서는 인간을 자기 성장, 심리적 건강을 추구하려는 동기와 능력을 지니고 있으며 합리적으로 선택하고 결정하는 존재라고 본다. 인본주의적 접근은 실험이나 관찰을 통해서 외부 관찰자의 눈에 보이는 행동이 아니라, 행위자 자신이 경험한 주관적 세계가 무엇인가에 초점을 둔다. 인본주의적 접근은 이처럼 행위자의 '주관적 경험'을 연구해야 한다고 강조하기 때문에 '현상학적 접근'이라고도 부른다. 인본주의적 접근은 성격심리, 심리치료, 임상 및 상담심리, 긍정심리학 등의 분야에 중요한 이론적 토대를 제공한다.

5) 정신분석적 접근

현대에 이르러 프로이트의 주장을 근간으로 하는 고전적 정신분석 연구는 전반적으로 감소하는 추세를 보인다. 그 이유는 프로이트가 사용한 무의식 연구 방법예: 꿈의 해석이 과학적 연구로서의 객관성을 결여하고 있다는 점, 그리고 고전적 정신분석 이론이 아동기 경험만을 배타적으로 강조하고 있다는 비판이 대두된 데서 찾을 수 있다. 현대 심리학에서 정신분석적 접근을 취하는 심리학자들은 고전적 정신분석 이론과 달리, 아동기뿐 아니라 인간의 전 생애의 발달과정을 연구한다. 또한 고전적 정신분석 이론이 성욕과 파괴 본능이라는 부정적 측면만을 강조한 것과 달리, 사회적 영향과 사람들 간의 상호작용의 중요성도 인정한다. 정신분석적 접근은 성격심리·임상심리·심리치료 등의 분야에서 중요한 이론적 토대를 제공하며, 최근에는 사람들의 생각·목표·동기가 때로는 의식의 범위 밖에서 작동할 수 있음을 시사하는 연구 결과들이 심리학의 여러 분야에서 축적되고 있다.

6) 문화적 접근

문화적 접근은 1980년대를 기점으로 등장한 현대 심리학의 새로운 접근법이다. 문화적 접근을 취하는 심리학자들은 인간 심리와 행동의 문화적 배경을 이해하는 데 초점을 둔다. 예를 들어 전 세계의 다양한 나라들을 개인주의 문화와 집합주의 문화로 구분하여 각 문화에서 특징적으로 발현되는 심리 현상 및 행동을 이해하고 설명한다든지, 동아시아 문화와 북미대륙의 문화에서 발견되는 특징적 차이를 중심으로 이 두 문화권에서 나타나는 심리 현상을 이해하려는 시도 등은 모두 문화적 접근의 예로 볼 수 있다. 문화적 접근은 범문화적으로 일관되게 발현되는 심리 현상에 초점을 둔 문화 보편성 연구, 사람들의 생각·느낌·행동에서 나타나는 문화 간 차이를 탐색하려는 문화 특수성 연구, 그리고 동일 문화 내에서 성별·인종·계층 등의 하위문화에 따른 심리와 행동의 차이를 규명하려는 하위문화 연구 등을 포함한다.

현대 심리학에서 문화적 접근을 취하는 심리학 연구의 주요 형태에는 비교문화 연구, 문화심리학 연구, 그리고 토착심리학 연구를 들 수 있다.참조: 조

긍호, 2008; 최상진, 2011; 한덕웅, 2003 비교문화 연구는 특정 심리 현상을 두 개 이
상의 문화권에서 비교하여 주로 문화적 보편성을 탐색하는 데 초점을 둔다.
문화심리학 연구는 각 문화의 역사적·철학적·문화적 배경을 토대로 그 문
화에서 나타나는 인간 심리와 행동을 설명하고자 한다. 이와 유사한 맥락에
서 토착심리학 연구는 특정 문화에서 흔히 사용하는 심리학 개념과 원리를
발굴하여 그 문화에서 특징적으로 나타나는 심리 현상을 연구한다. 예를 들
어 한국인에게 고유하게 나타나는 정·한·효도·체면 등의 개념을 심리학적
으로 연구하여 한국인의 심리와 행동 특성을 알아보려는 시도를 들 수 있다.
문화적 접근은 현대 심리학에서 특히 중요한 위치를 차지하는데, 이는 심리
학의 주요 개념과 이론, 그리고 실증 연구들이 지나치게 북미와 유럽을 위시
한 서구문화권에 의존하고 있다는 비판과 밀접하게 관련되어 있다.

3. 심리학 연구의 최근 동향

지금까지 심리학의 지적 기원, 현대 심리학의 근간을 이루는 주요 접근법에
대해서 알아보았다. 이 절에서는 최근 국내외에서 관찰되는 주요 추세를 중
심으로 심리학 연구의 최근 동향을 소개하고, 끝으로 심리학의 전망에 대해
서 알아보기로 한다.

1. 심리학의 최근 동향

1) 단일접근 대 통합접근

최근 들어 심리학 분야에서는 단일접근법과 통합접근법의 장단점에 대한 면

밀한 검토를 토대로 인간의 마음과 행동을 이해하려는 심리학의 주요 접근법에 있어서 상당한 변화가 일어나고 있다.^{이정모, 2006} 앞에서 소개한 다양한 접근법들 가운데 어느 하나를 취하여 심리 현상을 연구하는 것과 이 접근법들을 통합하여 심리학 연구를 수행하는 것은 모두 장단점을 지니게 마련이다. 단일접근은 연구의 토대가 되는 이론이 간명하다는 장점이 있지만, 어느 하나의 접근법만을 배타적으로 사용하게 되면 인간의 심리 현상을 충분히 설명하기 어렵다는 한계를 지닌다. 예를 들어 신경생리적 접근에만 배타적으로 의존하여 심리 현상을 설명하면, 모든 심리 현상을 신경생리적 수준으로 환원시켜버리는 문제가 발생할 수 있다.

최근 들어 심리학에서는 이러한 점을 감안하여 통합접근이 야기할 수 있는 절충주의를 경계하면서 다양한 접근법을 상호보완적으로 적용하는 추세가 두드러진다. 예를 들어 조직행동에 관한 최근 연구들은 행동 접근, 인지적 접근, 인본주의적 접근, 문화적 접근 등을 통합적으로 적용하여 조직 만족, 직무몰입, 종업원 수행 등의 문제를 연구한다.

2) 문화의 역할에 대한 관심 증가

심리학 분야에서 관찰되는 또 하나의 중요한 추세는 문화의 역할에 대한 관심과 연구가 증가하고 있다는 점이다. 앞에서도 언급했듯이, 이러한 추세는 기존의 심리학 이론과 연구가 지나치게 서구 중심이라는 자성에 근거한 것이며, 사회심리·인지심리·조직심리·건강심리 등의 분야를 중심으로 문화 보편성과 문화 특수성을 탐색하는 시도가 활발히 이루어지고 있다. 문화가 인간의 심리와 행동에 미치는 영향에 대한 관심은 심리학뿐 아니라 사회과학의 다른 영역들^{예: 정치학, 사회학, 행정학, 경영학}에서도 공통적으로 발견되며, 최근에는 문화의 역할을 중심으로 사회과학 내 여러 학문 분야들 간의 학제적 연구도 활발히 진행되고 있다.

3) 소수집단 심리에 대한 관심 증가

범문화적 보편성과 문화 특수성에 관한 심리학 연구에 더해서, 최근에는 심리학 연구에서 소수집단 심리에 대한 연구가 증가하고 있다. 특히 북미대륙을 중심으로 여성·장애인·소수인종·이민자·이주노동자·동성애자 등을 포함하는 다양한 소수집단에서 특징적으로 나타나는 심리 현상을 이해하고 설명하려는 연구가 활발히 이루어지고 있다. 국내에서도 최근 이와 유사한 추세가 관찰되는데, 그 예로 새터민, 동남아시아계 결혼이주 여성들, 한국 내 이주노동자들, 위험시설물 인근 주민에 대한 연구 등을 들 수 있다.

4) 심리학 영역의 분화와 융합

최근 심리학 분야에서는 심리학 영역의 분화와 융합이 동시에 진행되고 있다. 이에 따라서 심리학 내에서 새로운 연구 영역을 개척하는 작업이 활발히 이루어지고 있으며, 이와 동시에 뇌과학·생리학·경영학·법·행정 등을 포함하는 주변 분야와의 연계를 통한 학제적 연구가 계속 증가하고 있다.이정모, 2006 사실 북미와 유럽을 위시한 심리학의 선진국에서는 심리학 중심의 새로운 전공 영역이 창출되어 급속도로 발전하고 있는데, 하버드 대학의 MBB^{Mind, Brain, Behavior} 과정이라든지, 옥스퍼드 대학의 PPP^{Psychology, Philosophy, Physiology} 과정, 그리고 MIT의 BCS^{Brain & Cognitive Science} 등은 인지심리학·인지과학·철학·생리학 등이 융합된 대표적인 학제적 전공 과정들이다. 뿐만 아니라 하버드 경영대학, MIT의 슬론 스쿨Sloan school, 노스웨스턴 대학의 켈로그 스쿨Kellogg school과 같은 세계 최고 수준의 경영대학에서 다수의 심리학자들이 경영학이나 사회학 분야의 학자들과 협력하여 조직행동, 협상행동, 인적자원 관리 등에 대한 학제적 연구를 수행하고 있다. 이와 유사한 맥락에서 심리학 내 그리고 인접 학문과 연계하여 이루어지는 학제적 연구에서 방법론의 융합도 급속하게 진전되고 있다. 예를 들어 인지심리, 임상심리, 발달심리, 사회심리, 그리고 신경생리와 뇌과학 등의 분야에서 뇌영상 기법을 활용하는 연구가 점증하고 있으며, 심리학의 전통적인 실험이나 조사 기법과 각종 시뮬레이션 기법을 융합한 새로운 연구 기법들도 계속 개발되고 있다.

2. 심리학의 전망

인간의 마음에 관한 고대 철학자들의 시원적 물음에서부터 출발하여 데카르트·로크·베이컨 등을 위시한 철학자들의 논쟁, 그리고 분트를 위시한 초기 심리학자들의 공헌을 토대로 근대에 독립된 학문으로 탄생한 심리학은 이제 백 년 남짓한 역사를 지닌 청년과학으로 자리 잡았다. 모든 개인, 집단, 조직, 사회생활의 기본은 인간이라는 점을 상기하면 인간의 마음과 행동을 다루는 과학으로서의 심리학은 그 중요성이 더욱 커질 수밖에 없다.

이는 북미대륙과 유럽을 위시한 선진국들에서 대학생들의 희망 전공으로 심리학이 가장 선호되고 있다는 점, 미국에서만 한 해에 5만여 명의 학생들이 대학원에 진학하여 심리학을 연구한다는 점 등을 생각하면 더욱 그러하다. 심리학은 다른 분야에 비해서 상대적으로 역사가 짧은 하나의 청년과학으로서 학생들이 중요한 학문적 발견과 공헌을 할 여지가 크다.

특히 심리학은 '뇌-마음-컴퓨터-정보처리-사회-문화'를 연결하여 연구함으로써 디지털 시대에 무한한 가능성을 지닌 학문이기도 하다. 과학기술의 발전이 인류의 복지와 행복에 큰 영향을 미친 점은 부인하기 어렵다. 그러나 과학기술이 발전하고 기계문명이 심화될수록 '인간문제'의 이해와 해결이 더욱 중요해질 수밖에 없다. 따라서 대다수의 학자들은 인간문제 연구의 중심에 있는 심리학이 현대 그리고 미래 사회의 인간문제를 이해하고 해결하는 데 중추적 역할을 담당하리라 전망한다.이정모, 2006

심리학은 또한 현실세계의 수많은 문제들에 응용하여 이 문제들에 대한 답을 찾는 데 도움을 주는 핵심 학문이다. 편견과 차별, 집단 간 갈등, 범죄, 교통, 환경, 통일문제 등을 포함하는 각종 사회문제의 분석과 해소, 공공 정책의 수립 및 시행, 인간의 '앎'의 과정에 대한 이해, 학습 효율성 증진, 창의성 개발, 공사 조직의 효율성 증진, 건강, 복지, 스트레스나 부적응 문제의 해결, 인간 오류로 인한 재난방지 및 재난에 대한 효율적 대처, 광고 효과의 증진, 효율적인 마케팅 전략 수립, 소비자 행동 분석, 사회조사, 심리측정 등 심리학은 '인간'의 마음과 행동을 중요하게 다루는 거의 모든 현실 문제에 적용된다. 이 점은 〈표 3〉에 제시한 심리학 전공자들의 주요 직업 분야를 보면 상세하게 알 수 있다. 뿐만 아니라 〈그림 2〉에 제시되는 바와 같이 미래 한국 사회의 유망 직종을 살펴보더라도 심리학에 대한 사회적 수요가 얼마나 광범위한지 쉽게 알아볼 수 있다.

광고행정, 항공 관련 고문, 건축/디자인 관련, 경영과정공학, 컴퓨터 하드웨어/소프트웨어/컴퓨터인간 인터페이스, 소비자 제품 컨설팅, 팀워크 컨설팅, 범죄/법 상담, 교육정보/자료 분석, 고용기획디자인, 엔터테인먼트 산업, 예술작품 편집/제작, 환경공학, 정부 실험/조사 디자인, 건강 평가, 인적자원 관리 기획, 공공서비스 기획, 산업범죄, 보험 면접, 시장조사, 군사심리, 동기화, 갈등 관리 및 협상중재, 텔레커뮤니케이션 공중 정책, 교통 인력 선발/관리, 재활 프로그램, 안전 관련 산업, 감각평가/지각, 소프트웨어 엔지니어링, 통계분석, 전략적 기획, 스트레스 평가, 교육/훈련작업/작업장 디자인, 범죄심리사, 산업/조직심리사, 상담심리사, 임상심리사, 발달심리사, 약물중독, 성인 발달, 광고, 노인상담, 행동분석, 아동/청소년/가족/노인 관련 상담, 지역사회심리, 동물심리, 경영컨설팅, 소비자행동, 섭식 장애, 교육, 공학응용, 환경문제, 인간공학, 인종차별, 스포츠, 집단심리, 인력자원 관리, 최면, 국제관계심리(협동·조정·협상), 성문제, 심리측정, 매체심리, 심적 지체의 진단 치료, 신경심리, 신경과학, 평화 문제, 지각, 성격, 심리철학, 생리, 경찰심리 및 공중안전심리, 정신분석, 심리약학, 심리치료, 재활관련심리, 종교심리, 학교심리, 정치광고, 정치인 컨설팅, 사회정책, 국가기관문제, 사이버심리, 사이버중독, 게임중독, 교육, 심리검사, 퇴역군인 문제, 직업심리, 여성문제, 웹학습심리, 웹적응심리, 컴퓨터 개발, 정보기술 습득/증진 인지기술, 지능, 감성지능, 창의성, 영재개발, 영재지도, 주의, 두뇌 맵핑(brain mapping), 의식, 의사결정, 선택, 판단, 추리, 정서, 미술치료, 놀이치료, 음악치료, 명상치료

표 3. 심리학 전공자들의 주요 진출 분야

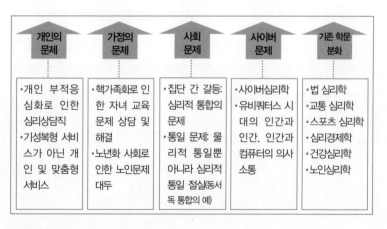

그림 2. 미래 한국사회의 유망 직종과 심리학

4. 맺음말

이 장을 통해서 독자들은 현대 심리학의 근간을 이루는 지적 배경, 심리학 연구 방법, 주요 이론적 접근법, 그리고 심리학의 최근 동향과 전망에 대해서 구체적으로 생각해볼 기회를 가졌으리라 기대한다.

심리학은 인간의 마음과 행동에 관한 과학적 연구를 토대로 마음의 작용과 행동의 원리에 관한 과학이론을 발전시키는 한편, 현실세계의 다양한 문제들에 적용하여 인간문제의 해결에 직접적인 도움을 주는 방향으로 발전을 계속할 것이다. 또한 21세기를 선도하는 융합과학의 핵심 중추로서 그 중요성이 날로 증대하리라 전망된다. 모쪼록 심리학에 관심을 가진 많은 학생들이 인간의 마음과 행동을 연구하는 흥미진진한 항해를 함께 하게 되기를 기대한다.

참고문헌

성균관대학교 심리학과 편. (2006). 『심리학 전공설명 자료집』.

성균관대학교 응용심리연구소 편. (2004). 『인간의 마음과 행동』. 서울: 박영사.

이순묵, 도경수, 서용원, 최훈석, 장혜인(공동편역) (2012). 심리학개론: 뇌와 개인과 집단. Pearson Korea.

이정모. (2006). 「마음 개념의 재구성과 심리학 외연의 확장: 인지과학적 접근과 심리학의 미래」. 『한국심리학회 특별심포지움 논문집』(pp. 8-33). 한국심리학회.

조긍호. (2008). 『선진 유학사상의 심리학적 함의』. 서울: 서강대학교 출판부.

최상진. (2011). 『한국인의 심리학』. 서울: 학지사.

한덕웅. (2003). 『한국 유학심리학』. 서울: 시그마프레스.

Feldman, R. S. (2010). *Understanding psychology*. New York: McGraw-Hill College.

03

정치학

김비환
정치외교학과 교수

1. 정치란 무엇인가?

1. 정치와 삶

복잡하고 바쁜 현대사회에서 살다 보면 우리의 일상적 삶과 정치가 별로 연관이 없는 듯이 느껴질 수도 있다. 하지만 조금만 여유를 갖고 생각해보면 정치와 우리의 일상생활이 아주 밀접히 연관되어 있다는 것을 알 수 있다. 우리의 삶은 수많은 정치적 결정들에 의해 영향을 받고, 또 정치의 산물인 법규에 의해 규제되고 있기 때문이다.

우리의 일상생활과 정치가 어떻게 연관되어 있는지를 알아보기 위해 우리의 일상을 생각해보자. 우리는 아침에 일어나 세수를 하고 TV를 보거나 신문을 보면서 다양한 뉴스를 접하게 되는데, 우리가 대하는 TV 방송이나 신문은 정치의 산물인 언론방송법에 따라 제작 배포된다. 아침 식사를 할 때 우리는 식품위생법에 따라 생산된 재료를 사용하여 만든 음식을 먹고, 식사 도중에는 기상청이 정부의 예산으로 만든 일기예보를 듣는다. 그리고 학교에 등교하거나 직장에 출근할 때는 행정부나 입법부에서 제정한 도로교통법을 지킨다. 이런 법규를 위반할 경우 우리는 정해진 벌금이나 범칙금을 물어야 한다. 직장생활과 학교생활에도 정치는 은밀히 관여한다. 우리는 근로기준법이나 교육 관련 법규에 따라 근무를 하고 수업을 받기 때문이다.

우리는 때로 우리의 욕구를 규제하는 정치의 힘을 보다 직접적으로 느낄 때도 있다. 미성년자들은 담배나 술을 구입하고 싶어도 그럴 수 없다. 그것을 금하는 정부의 규제 때문이다. 성인이라 해도 외국인 전용 카지노에는 들어갈 수 없고 마약을 복용할 수도 없으며 총기를 소지할 수도 없다. 감기에 걸렸을 때도 우리는 마음대로 약을 구입할 수 없고 반드시 의사의 처방과 약사의 조제를 통해서만 약을 구할 수 있다. 그렇다고 의사와 약사가 보다 자유로운 것은 아니다. 그들은 의료법과 약사법 및 보건위생법의 규제 하에 의료행위와 조제행위를 해야 한다. 우리의 일상생활은 이처럼 정치의 산물이라 할 수 있는 수많은 법규에 의해 규제되고 있다.

수년마다 주기적으로 실시되는 지자체 선거와 국회의원 선거 그리고 대통령 선거는 우리가 정치의 주체가 되는 특별한 경우들이다. 이때는 그동안의 공과를 따져서 우리가 직접 공직자들을 평가하고 심판하는 정치적 행위를 한다. 우리는 TV 선거유세나 전단지에 나온 후보자들의 경력과 정치적 견해를 검토하여 정해진 임기 동안 지역살림이나 나라살림을 관리해줄 공직자들을 선출한다. 이때 우리는 후보자들 간의 토론을 보고 친구들이나 직장 동료들과 토론을 하면서 누구를 선출할 것인가를 진지하게 생각한다. 이런 순간들은 우리가 가장 정치적으로 생각하고 행동하는 때이다.

이처럼 우리는 일상적일 때나 특별한 때를 막론하고 직접적 혹은 간접적으로 정치와 밀접한 관계를 맺으면서 살아간다. 이렇게 정치의 산물인 각양각

색의 법규들의 규제를 받는다는 것은 그만큼 우리가 자유롭지 못하다는 것을 의미하기도 한다. 그런데 왜 우리는 그와 같은 규제를 용인하고 또 환영하기조차 하는 것인가? 이 의문에 대한 답은 다음과 같은 몇 가지 질문들을 통해 알 수 있다. 김비환, 2013, 14-6

- 당신은 평화로운 질서가 좋습니까, 아니면 폭력이 난무하는 무질서한 상태가 좋습니까?
- 우리들 사이에 각종 분쟁이 일어날 경우 어떻게 그 분쟁을 해결하는 것이 좋을까요?
- 사회의 주요 가치들—예컨대 권력, 부, 지위, 소득, 기회, 학벌 등—이 어떻게 분배되어야 사람들 사이에 분쟁이 일어나지 않을까요?
- 우리는 왜 정부를 구성하고 또 정부에 복종할까요?
- 왜 우리들은 국방과 납세의 의무를 져야 할까요?
- 왜 많은 사람들이 여러 가지 난관에도 불구하고 정치인이 되려고 노력하는 것일까요?

이와 같은 질문들은 우리가 일상생활 중에 암묵적으로 묻고 또 대답하고 있는 질문들로서, 여러 가지 불편에도 불구하고 우리가 정치를 용인함으로써 얻는 혜택이 그 불편함보다 더 크다는 것을 밝혀준다. 그리고 우리가 정치의 필요성을 인정하는 순간 정부의 필요를 인정할 수밖에 없고, 그에 따라 정부가 부과하는 각종 의무를 이행할 수밖에 없다. 그리고 이 과정에서 중요하거나 사소한 많은 집단적 선택과 결정을 내릴 수밖에 없다. 이처럼 정치는 그 부정적인 측면에도 불구하고 안전하고 편한 삶을 위해 반드시 필요한 삶의 조건이다.

정치는 이처럼 공동생활의 불가피한 조건이기 때문에 용인될 뿐만 아니라, 일부 사람들에게는 자신의 욕망, 이익 혹은 가치관을 실현할 수 있는 기회가 되기도 한다. 어떤 이들은 자기 민족의 안전과 번영에 대한 기대 때문에, 다른 이들은 남달리 강렬한 공명심 때문에, 또 다른 이들은 높은 공직에 주어지는 명예와 보상 때문에 정치에 참여하고 싶어 한다. 많은 사람들이 모인 곳에서 연설을 하며 운전사가 딸려 있고 비서가 항상 수행하는 삶의 방식이 멋지게 보여 정치에 관심을 갖기도 한다. 이기적인 동기에서건 이타적인 동기에서건 정치에 적극적으로 참여하는 이들은 정치활동이야말로 자신의 목적을 이루는 가장 좋은 방법이라고 생각하는 경향이 있다.

한 걸음 더 나아가 어떤 이들은 정치적 삶에 최고의 가치를 부여하기도 한다. 일찍이 아리스토텔레스는 "정치공동체인 폴리스polis 바깥에 있는 존재는 신이거나 야수임에 분명하다"고 주장하면서, "인간은 본성적으로 정치적 동물이다"라고 규정한 바 있다.Aristeles, 1969, 6 이 견해에 따르면, 인간은 정치공동체의 일에 적극적으로 참여함으로써 인간 최고의 도덕적 잠재력을 실현할 수 있다. 그런 의미에서 정치란 어떤 비非정치적인 목적을 이루는 수단이 아니라, 그 자체로서 최고의 가치를 갖는 것으로 간주된다. 영국의 정치사상가 크릭B. Crick도 아리스토텔레스의 견해에 동의하면서, 정치란 진정한 자유에 필수적인 것으로 인간 조건의 역사에서 진주처럼 값진 것이라고 언급한 바 있다.Crick 1964, chaps. 1 & 7 독일의 정치철학자 아렌트H. Arendt도 노동labour이나 작업work과 달리 인간들 사이에서 언어를 매개로 일어나는 의사소통적 행위야말로 최고의 인간적 활동이라고 주장한 바 있다.Arendt 1958, chapter V

아리스토텔레스, 크릭 그리고 아렌트의 정치관은 어느 정도 정치에 대한 부정적인 이미지를 바로 잡아준다. 정치를 순전히 제약하고 간섭하는 힘으로 보지 않고, 인간의 완성과 자유 그리고 공적인 행복을 성취할 수 있는 최고의 인간적 활동으로 이해하기 때문이다. 우리가 일상생활에서 경험하는 정치는 주로 통제와 제약의 힘으로 인식되는 것이 보통이다. 하지만 사회가 분열되고 국가가 위기에 처했을 때 사회를 통합해내고 국가를 위기로부터 구원해내는 것도 역시 정치의 힘이다. 따라서 아리스토텔레스, 크릭 그리고 아렌트처럼 정치를 최고의 인간적 활동으로 이해하는 것도 충분히 이해할 수 있다.

정치가 우리의 삶과 이처럼 깊은 연관성이 있다면 그것이 우리의 삶에서 저주가 아닌 축복의 힘이 되어야 함에는 이의가 있을 수 없다. 우리의 삶을 안전하고 풍요롭게 만들기 위해 존재해야 할 정치가 우리를 억압하고 착취하는 힘이 된다면 그것은 엄청난 저주이자 비극일 것이다. '정치학'은 우리의 삶에서 그토록 큰 비중을 차지하고 있는 정치가 축복의 힘이 될 수 있도록, 정치현상 혹은 정치세계의 존재방식을 이해하고 바람직한 정치질서의 원리를 제시하며, 이상적인 정치질서의 주체가 될 수 있는 덕을 갖춘 시민의 육성을 목표로 한다.

2. 정치의 의미

지금까지는 '정치' 개념에 대한 엄밀한 설명 없이 상식적인 정치 이해를 전제로 삶 속에서의 정치의 위상을 살펴보았다. 이제는 정치와 정치학에 대해 보다 엄밀히 설명할 차례다. 정치학은 정치현상에 대한 학문적인 연구로서 두 가지 기본적인 문제를 전제하고 있다. 한 가지는 정치가 무엇이냐 하는 개념적인 문제이며, 다른 한 가지는 정치를 학문적으로 연구한다는 것이 무슨 뜻인가 하는 문제이다. 이 절에서는 먼저 정치의 개념을 검토해보겠다.[1]

---

1. 보다 상세한 설명을 위해서는 다음 두 책을 참조할 것. S. D. Tansey(2004), 1–22; A. Haywood(1997), 3–22.

1) 통치술 혹은 국가의 공식적인 통치행위로서의 정치

정치는 가장 일차적으로 집단적 결정과 집행을 통해 사회를 통제하는 행위이다. 이런 의미의 정치는 입법부, 사법부, 행정부와 같은 국가의 공식적인 제도들을 통해 이루어진다. 일반적으로 우리는 정부의 공식적인 기구들을 입법부와 행정부 그리고 사법부로 분류하고, 정치^{입법}와 행정, 그리고 정치와 사법을 구분하는 경향이 있다. 하지만, 입법부, 행정부 그리고 사법부가 모두 정부를 구성하는 공식적인 제도들인 만큼, 입법행위와 행정 그리고 사법 판단 모두 정치적 행위에 속하는 것으로 볼 수 있다. 그 때문에 우리는 어떤 사람이 입법, 행정 그리고 사법과 관련된 분야에 진출하고자 할 때 그를 정치적인 관심이 많은 사람이라고 생각한다.

이처럼 정치를 국가의 공식적인 통치행위의 차원에서 정의하는 것은 정치에 관한 가장 일반적이고 오래된 정의이다. 하지만 정치를 국가의 공식적인 통치행위로 국한시켜 이해할 경우, 정치학의 연구대상은 주로 국가의 공식적인 기구들이나 법제도 혹은 정당에 국한된다. 그 결과 정치는 주로 공직을 담당하는 정치인 혹은 관료들의 소관으로 간주되어, 정치가들과 관료들의 행태를 보고 정치의 잘잘못을 평가하게 된다. 예컨대, 전제적인 권력을 휘두르는 독재자와 부패한 관료들을 보면서 종종 우리는 정치가 잘못되고 있다는 평가를 내린다.

정치를 국가의 공식적인 통치행위로 국한시켜 이해할 경우, 정부 기관과 관료들이 권력을 남용하지 않고 국민의 이익과 복지를 위해 일할 수 있도록 감시하고 통제할 필요성이 강조된다. 정부의 기능이나 권력을 입법, 행정 그리고 사법으로 나누어 서로 견제하도록 유도하는 동시에 법의 지배가 이루어지도록 함으로써 국민들이 가능한 한 자유롭고 예측 가능한 삶을 살 수 있게 해야 한다는 점이 강조된다. 근대 서구에서 발달한 법치주의와 삼권분립 원리들은 국가의 공식적인 제도들에 의한 권력남용을 제약하기 위해 고안된 원리들이다.

2) 공무公務 또는 공공생활로서의 정치

이 정의는 정치에 대한 좀 더 넓은 이해를 반영한다. '정치적인 것'과 '비정치적인 것'의 구분을 대체로 '공적인 삶'과 '사적인 삶'의 구분에 조응하는 것으로 본다. 다시 말해, 인간의 삶을 사적인 관심사가 지배하는 영역과 다수 사람들의 공동 관심사가 지배하는 영역으로 구분하고, 정치를 공적인 일과 관련된 활동으로 이해한다. 이렇게 이해할 경우, 정치는 국가의 공식적인 통치행위라는 제한된 의미를 갖는 것이 아니라, 다수 사람들과 관련된 문제들을 다루는 공적인 활동 일체를 의미하게 된다. 예컨대, 경제문제와 환경문제 등을 포함하여 도시에 교량을 건설하고 공공도서관을 세우며 투자를 유치하는 등의 많은 문제들도 모두 정치 영역에 포함된다.

공공생활로서의 정치 개념은 그리스 도시국가를 배경으로 정치를 이해했던 아리스토텔레스에까지 소급된다. 아리스토텔레스에 의하면 "인간은 본성적으로 정치적 동물"이다. 이 말은 정치공동체의 공동생활에 참여함으로써만 인간은 '좋은 삶'good life을 살 수 있고 성숙한 도덕적 존재가 될 수 있다는 것을 의미한다. 다시 말해, 공공생활에 적극적으로 참여하는 것이 진정한 자유인의 조건이라는 것, 따라서 사적인 삶에만 몰입하는 사람은 무엇인가 결여되거나 불완전한 삶을 살 수밖에 없다는 것을 뜻한다.

이 정의는 정치를 국가의 공식적인 통치행위로 이해하는 것보다 훨씬 더 넓은 영역을 정치의 대상으로 삼고 있다. 하지만 가족이나 클럽과 같은 소규모의 사적 영역은 제외시키고 있다는 점에서 여전히 정치에 대한 제한된 정의라고 할 수 있다.

3) 타협과 합의compromise and consensus 로서의 정치

이 정의는 정치가 적용되는 영역보다는 집단적 결정을 내리는 '방식'이나 '절차에 관련되어 있다. 타협과 합의로서의 정치는 폭력이나 힘을 통한 지배와 대조되는 갈등 해결 방식으로, 평화적인 대화와 설득 그리고 중재 등을 핵심 요소로 삼고 있다. 다양한 이해관계와 의견들이 충돌하는 상황에서 대화와 설득을 통해 갈등을 처리해야 한다고 본다는 점에서, 이 입장은 정치를 '가능성의 기술'the art of the possible로 본다고 할 수 이다. 크릭은 정치가 "폭력이나 무력보다는 화해調整를 선택하는 질서문제에 대한 해결책"이라고 주장했다. 이 정치관에서 보면, 정치에 대한 가장 큰 위협은 "어떤 대가를 치르더라도 확실성을 원하는 태도" 곧 이데올로기적인 사고와, 민주주의에 대한 맹목적인 믿음, 그리고 객관적인 진리를 밝히려는 과학의 약속 등과 같은 것들이다.

4) 권력현상으로서의 정치

아마도 이 정의는 정치에 관한 가장 포괄적이고도 급진적인 정의일 것이다. 왜냐하면 정치가 모든 사회활동과 영역에서 작용한다고 보기 때문이다. 이 정치관에서 보면 심지어 가정에서도 정치가 존재한다. 가정에서도 남편과 아내 사이에 실질적인 권력 차이가 존재하고 아이들은 부모의 명령에 따라야 하기 때문에 지배·복종 관계가 성립한다. 이런 권력관계는 시민사회 속에서도 광범위하게 발견된다. 개인과 집단은 사회적으로 한정되어 있는 희소한 자원과 재화를 놓고 경쟁하게 되는데, 이때 더 많은 자원과 기회를 확보한 사람은 타인을 자기 뜻대로 움직일 수 있는 중요한 수단, 곧 권력을 쥐고 있다고 볼 수 있다. 예를 들면, 자본가는 노동자를 고용하고 해고할 수 있는 힘을 갖고 있다는 점에서 권력을 갖고 있다고 할 수 있으며, 직장의 상사도 부하들을 명령하고 지휘할 수 있는 지위에 있다는 점에서 권력을 갖고 있다고 할 수 있다.

짐작할 수 있듯이, 권력현상으로서의 정치는 특히 마르크스주의자들과 페미니스트들이 선호하는 정치관이라 할 수 있다. 일부 급진적 페미니스트들은 가정에서의 일상생활 속에서 남성이 여성을 지배하고 있다고 주장하며, 이런 지배관계를 청산할 때 비로소 평등한 남녀관계가 형성될 수 있다고 주장한다. 그리고 마르크스주의자들은 정치권력이 경제적 소유관계로부터 파생된다고 봄으로써 경제적인 것이 곧 정치적인 것이라고 주장한다.

3. 정치연구의 방법

정치가 다양하게 정의되듯이 정치연구 또한 다양한 방법으로 수행된다. 정치학의 역사를 두고 볼 때, 플라톤 시기부터 대략 19세기 중반까지는 철학적·제도적 연구가 주류를 이루었다. 이 시기 동안의 정치연구는 주로 윤리학적·규범적 차원에서 수행되었거나, 국가의 공식적인 제도와 법률 내용을 기술하는 데 초점을 맞추었다. 그렇다고 경험적인 입장에서 접근하고자 한 시도가 아예 없었던 것은 아니다. 아리스토텔레스의 정체 비교연구나 마키아벨리의 현실주의적 정치이론 등은 경험적이며 객관적인 성격이 강했다. 하지만 과학적인 방법론을 의식적으로 적용하면서 실증적인 연구를 수행한 경우는 거의 없었다.

19세기 후반 실증적인 사회과학이 발달하면서 정치를 연구하는 방법에 중대한 변화가 일기 시작했다. 사회과학 실증주의는 관찰과 검증을 통해 입증된 지식만을 참된 지식이라 인정하고, 사변적이고 철학적인 연구방법을 객관성을 상실한 형이상학적인 연구라 비판했다. 이와 같은 실증주의 사회과학운동의 영향 아래 20세기 초반에 미국의 시카고 대학과 미시건 대학을 중심으로 정치를 실증적으로 연구하고자 하는 경향이 형성되었다. 이런 경향을 따랐던 연구자들은 철학적 연구결과를 연구자의 가치나 선호 혹은 편견을 반영한 이데올로기에 불과한 것으로 치부하면서 정치학을 자연과학적인 엄밀성을 지닌 학문으로 발전시키고자 했는데, 이런 움직임은 이른바 '정치학 행태주의'의 수립으로 귀결되었다.

관찰과 검증 방법에 입각하여 정치연구를 과학화하고자 했던 정치학 행태주의는 가치나 이상보다는 있는 그대로의 사실에 대한 데이터를 수집하고 분석함으로써 주관적 판단과 가치선호를 배제한 객관적인 이론이나 법칙을 구성하고자 했다. 개인의 행태에 대한 연구로부터 시작해 정치와 사회생활 전체에 대한 통합적 이론을 구성하고자 하는 것이 행태주의 정치학의 최종 목표였다. 행태주의 정치학의 성립으로 정치학계는 일시적으로나마 강력한 학문적 정체성을 획득하게 되었는데, 정치학의 학문적 정체성은 그 내용보다는 방법론에 의해 확립되었다. 무엇보다 정치학 행태주의는 정치연구의 과학화를 시도하는 과정에서 연구대상으로서의 정치보다는 방법론 문제에 지나치게 몰두함으로써 '정치 없는 정치학'을 만들어버린 측면도 없지 않다.

하지만 1960년대 서구사회를 뒤흔든 사회정치적 동요는 정치학 행태주의의 적실성에 근본적인 의문을 불러일으키기 시작했다. 행태주의 정치학은 혼돈과 위기의 상황 속에서 과학적 객관성만을 강조했지 위기로부터 벗어날 수 있는 실천적 대안을 제시해주지 못했기 때문이다. 그에 따라 정치학계 내부에서는 정치학 행태주의를 수정 또는 보완하거나 완전히 포기해야 한다는 다양한 목소리들이 터져 나오기 시작했다. 이런 상황에서 1970년대에 사회과학계에서 주목을 끌기 시작한 포스트모더니즘은 단일한 과학적 합리성 개념을 전제했던 정치학 행태주의에 결정적인 타격을 가했다. 그리하여 정치학 행태주의의 중심성은 무너지기 시작했으며, 점차 다양한 정치학 연구방법들이 공존하는 양상이 나타나기 시작했다. 1971년에 출판된 롤즈J. Ralws의 『정의론』과 1974년에 출판된 노직R. Nozick의 『아나키 국가 그리고 유토피아』는 1950년대에 사망선고를 받았던 정치철학의 본격적인 부활을 알린 신호탄이 되었다. 또한 이와 비슷한 시기에 '합리적 선택이론'rational choice theory이 등장했는데, 이것은 정치연구의 유일한 과학적 방법임을 자처하며 정치학 행태주의가 지향했던 과학성을 계속적으로 추구하고자 했다.A. Downs 1957 하지만 합리적 선택이론의 가정들이 오류가 있다는 것이 속속 밝혀지면서 합리적 선택이론만으로는 정치현상을 온전히 설명할 수 없다는 인식이 확산되어 갔다. 그리하여 오늘날에는 실증주의적 연구방법, 정치철학적 연구방법, 역사적 연구방법 그리고 게임이론 등 다양한 연구방법들이 병존하게 되었다. 다음의 표는 현대의 다양한 이론들을 '전통적', '사회과학적', '급진적 비판이론'의 세 가지 유형으로 분류한 것이다.Tansey 2004, 9

정치연구를 위한 다양한 방법론이 백가쟁명하고 있는 현재의 상황은 정치학의 학문적 성격에 중대한 도전이 된다. 정치학의 학문적 성격, 곧 과학성은 어떻게 설명될 수 있을 것인가? 다양한 방법론들의 존재가 정치학의 학문적 성격 혹은 과학적 성격을 부정하는 증거라고 해석할 수 있지 않을까? 하지만 다양한 방법론의 공존은 정치세계가 그만큼 복잡하고 다차원적인 성격을 갖고 있다는 것으로 해석될 수 있다. 고도로 복잡한 정치현상을 한 가지 방법론으로 말끔하게 설명할 수 있다는 생각은 지나치게 순진하다. 정치세계는 다양한 이해관계와 시각 그리고 의도가 서로 경쟁하고 타협하

	전통적	사회과학적	급진적·역사적
임무 혹은 과제	점진적·누적적 설명	정치에 대한 과학	근본적 사회개혁
방법	역사적, 서술적, 철학적	계량적, 설명적	이데올로기적 비판
가치	자유민주주의적	친미국적 민주주의와 '발전' 지향적	반체제적
분석 수준	정치적, 철학적, 심리학적	정치적, 사회적	다수준적
범위	개별적 제도와 국가	미국 혹은 지역연구	지구적, 역사적
내용	정치격변에 의해 교란되는 헌정적 합의	다원주의	계급/성/유적 갈등
학파들	자유주의-제도적 역사적 철학적	기능주의 경제적 체계적	마르크스주의 페미니즘 생태주의
대표 개념들	헌법제정회의 위대한 인간	정치문화, 시장, 피드백	모순, 가부장주의

며 균형을 모색하는 역동적인 세계이다. 이런 세계를 실증적인 연구방법만으로 완벽히 설명할 수 있다고 생각하는 것은 정치의 성격 혹은 본질을 대단히 잘못 이해한 결과라고 할 수 있다.

그렇다면 정치는 과학적인 방법으로 연구할 수는 없는 것인가? 만일 '과학적'이라는 개념을 엄밀한 자연과학적 의미로 사용한다면 정치세계에 대한 과학적 이해는 불가능하다고 할 수 있다. 하지만 과학적이라는 개념을 비교적 편견으로부터 자유롭고, 체계적이며 비판적인 연구라는 다소 느슨한 의미로 이해한다면 정치학은 얼마든지 과학적으로 이해할 수 있다.

2. 정치학의 제 분야

1. 정치 이론·사상

서구의 경우 정치이론 혹은 정치사상은 일반적으로 플라톤으로부터 시작된 것으로 본다. 플라톤으로부터 시작된 서구 정치사상은 아리스토텔레스, 키케로, 아우구스티누스와 아퀴나스, 마키아벨리, 홉스와 로크, 루소, 칸트, 헤겔, 마르크스와 현대정치사상으로 이어지는 '위대한 전통'을 형성한 것으로 간주된다. 포스트모더니즘은 이 위대한 전통이 비주류의 작은 목소리들을 배제하거나 억압하는 문제점이 있다고 비판하지만, 현재의 지구화된 사회에서도 정치사상^{이념}은 여전히 중요한 위치를 점하고 있다. 예컨대 복지국가의 형성과 발전 및 1970년대 이후 복지국가로부터의 후퇴 그리고 신자유주의화 경향은 이념적 혹은 사상적 내용에 대한 이해 없이는 그 의의를 충분히 이해할 수 없다.

게다가 20세기 초반부터 정치학의 과학화를 이끌었던 실증주의 정치이론 역시 19세기까지 진화해온 정치사상의 전통에 대한 비판적 계승이란 관점에서 볼 수 있는 만큼, 전통적인 정치사상과 20세기의 실증주의 정치이론을 완전히 별개로 이해하는 것은 온당하지 않다. 19세기까지 발전해온 정치사상의 전통이 없었다면 20세기의 실증주의 정치이론과 20세기 중반 이후의 분석적 정치이론의 등장은 불가능했을 것이기 때문이다. 하지만 20세기 초반에 확립된 행태주의 정치학 및 이에 기반을 둔 실증주의 정치이론은 과학적 방법론의 적용에 큰 비중을 두었고, 이런 실증적 연구방법은 주로 현대의 다양한 정치체제를 비교하는 데 활용되었기 때문에 정치사상과는 독립된 분야에서 다뤄지는 것이 보통이다. 그러므로 이 절에서는 20세기의 실증주의 정치이론을 제외하고 서구의 정치사상사를 간략히 개관해보고자 한다.

1) 플라톤Plato, 484-425 BC

정치사상 곧 정치학이 고대 그리스의 도시국가에서 발생했다는 데에는 대체로 의견이 일치한다. 기독교의 성서를 통해 예상해볼 수 있듯이, 중동과 근동에서도 정치사상정치학의 씨앗은 발견되지만 그것은 진지한 정치학적 탐구로 연결되지 않았다. 고대 그리스의 헤로도토스Herodotos, 484-425 BC는 최초로 정치적 견해와 이상에 대해 분석했고, 정치공동체들의 속성 및 통치술과 시민 자격의 본질에 대해 사색함으로써 플라톤에 의해 본격적으로 시작된 정치학정치사상의 토대를 쌓는 데 기여했다.

플라톤은 『국가』, 『정치가』, 『법률』과 같은 정치학적 저술들을 집필하면서 정치학을 본격적으로 출범시켰다. 그는 정의의 본질, 정치적 덕성 및 다양한 정체들의 특징과 변동에 대해 체계적으로 논함으로써, 그 이후 19세기까지 전개된 정치사상의 기본 골격을 마련했다. 그는 형이상학과 윤리학을 정치학의 토대로 세우고 정치학을 가치론적이고 규범적인 관점에서 정립시켰다. 다시 말해 형이상학적인 진리를 바람직한 정치공동체의 토대로 삼음으로써 이상적인 정치체를 실현하고자 노력했다. 정치질서에 관한 참된 지식을 소유한 철인왕이 정치권력을 행사해야 한다고 본 그의 철인왕 사상은 정치공동체를 참된 윤리적 지식 위에 정초시키고자 했던 염원의 산물이었다고 할 수 있다.

플라톤은 정치의 목적을 정치공동체의 조화로운 통합형상세계의 모방과 영혼의 구제에 두었다. 그리하여 각 계급의 미덕탁월성을 고려하여 각 계급이 조화롭게 공동선의 실현에 기여하는 질서를 이상적인 국가라고 생각했다. 그는 정체를 통치자의 수와 순수성을 고려하여 군주정, 귀족정, 민주정 및 그 타락한 형태들인 폭군정, 과두정, 중우정의 여섯 가지로 분류했으며, 정체는 상황의 변화에 따라 타락할 수 있고 또 다른 정체로 순환할 수 있다고 주장했다. 플라톤의 정체 분류와 순환론은 아리스토텔레스와 폴리비우스

등의 수정을 거쳐 19세기까지도 유용한 정체 분류 방식으로 활용되었다.

플라톤은 만년의 저작 『법률』에서 철인왕의 지배는 현실적으로 불가능하다고 보고 법의 지배를 현실적으로 최선이라고 주장했으며, 초기보다는 관습의 중요성을 인정하는 방향으로 수정을 가했다. 하지만 후반부에서는 귀족적이며 엘리트주의적인 성격을 갖는 '한밤의 평의회nocturnal council'의 필요성을 언급하고 있는데, 이는 그가 정치에서 지식과 덕의 중요성을 결코 포기할 수 없었다는 사실을 말해준다. 또한 그는 군주정미덕과 민주정의 혼합정을 현실적으로 최상이며 가장 안정적인 정체라 생각함으로써 최초로 혼합정 이론을 제시했다. 이 역시 아리스토텔레스와 폴리비우스에 의해 더욱 정교화됨으로써 후대의 혼합정 이론에 영향을 미치게 된다.

2) 아리스토텔레스Aristoteles, 384-322 BC

아리스토텔레스는 플라톤의 아카데미아Academy에서 20년을 수학했던 플라톤의 가장 뛰어난 제자였으며, 마케도니아의 알렉산더 대왕의 스승이기도 했다. 그는 마케도니아에서 아테네로 돌아온 뒤 뤼케이온Lyceum을 세웠고, 귀납적, 경험적, 역사적 연구방법을 채택하여 그리스 158개 도시국가의 헌법을 수집, 이 헌법들에 대한 비교분석을 통해 『정치학』을 집필했다. 그러나 그가 수집한 헌법들 중에서는 아테네 헌법만이 남아 있다.

그는 스승인 플라톤과 달리 귀납적 방법을 통해 정치세계를 경험적으로 설명·이해하고자 했다. 그는 플라톤의 6가지 정체 유형 분류를 수용했는데, 그 중에서 특히 4개가 현실적으로 중요하다고 보았다. 과두정과 민주정대부분의 도시국가, 혼합정과두정+민주정, 최상정체 그리고 폭군정최악이 그것들이다. 그는 자신의 분류법을 뒷받침하기 위해 도시국가의 사회구조가 경제구조, 직업,

지위에 따라 상이함을 지적했다. 그는 부자들이 지배할 때 과두정이, 빈민이 지배할 때 민주정이, 그리고 중산층이 지배할 때 양 극단의 이해관계가 지양됨으로써 이상적인 혼합정polity이 가능하다고 보았다. 이러한 분류는 현대 비교정치학자들의 공감을 얻을 수 있는 것으로, 정치적 안정성과 붕괴의 원인들 그리고 그 과정에 대한 가설과 연구 프로그램 개발에 시사해주는 바가 크다.

하지만 아리스토텔레스는 궁극적으로 플라톤의 규범주의를 수용했다. 그는 158개 도시국가의 정체를 경험적인 방식으로 비교연구했지만, 그것을 가장 바람직한 정체의 구상을 위한 토대로 삼았던 것이다. 다시 말해 그의 정치연구는 종국적으로 윤리학적인 관심에 의해 인도되었다. 그럼에도 불구하고 그의 경험적이고 비교적인 정치연구는 정치와 윤리의 분리 가능성을 보여주었다는 점에서 마키아벨리가 윤리적 관심으로부터 독립된 정치세계의 논리를 발견하는 데 도움이 되었다고 할 수 있다.

아리스토텔레스의 정치사상은 플라톤의 정치사상과 마찬가지로 보편주의적 사상과 도시국가적인 지역 관념을 결합시킨 결과였다. 다시 말해 그리스적 경험을 보편주의적으로 표현한 것이었다. 그의 정치사상은 알렉산더 대왕이라는 위대한 인물에 의해 상징화될 수 있는 제국적 질서의 도래에도 불구하고, 그에 부합하는 정치사상을 구성하지 못하고 도시국가적 정치사상을 구성한 시대적 한계를 안고 있었다.

3) 스토아 정치철학

스토아 정치사상은 알렉산더의 대정복으로 제국적 질서가 출현하고, 그리스와 동양문화의 융합으로 헬레니즘이 형성되었던 시대에 융성했다. 스토아 정치사상의 핵심적인 두 사상은 보편적 인간성에 대한 믿음과 자연법사상이었다. 크리스푸스Chrysippus가 주창하고 파나에티우스Panaetius, 185-109 BC, 폴리비우스Polybius, 203-120 BC, 키케로Cicero, 106-43 BC에 의해 발전되었다.

파나에티우스는 스토아주의의 철학적·윤리적 측면을 발전시켰고, 폴리비우스는 플라톤과 아리스토텔레스의 사상을 수용·변형시켜 로마 역사와 로마 제도의 해석에 적용했다. 그는 로마의 성장과 힘이 정치제도에서 나왔다고 파악했다. 그에 의하면 로마의 창립자들은 시행착오를 거쳐 혼합정^{군주정}+귀족정+민주정=집정관+원로원+민회의 장점을 잘 파악하고 채택함으로써 세계를 정복할 수 있었고, 그 이후로는 로마법 아래에서 안정되고 정의로운 세계통치를 할 수 있었다. 그는 플라톤과 아리스토텔레스의 정체변화론을 더욱 세련되게 만들고 정체 순환에 대한 사회심리적 설명을 제공했다.

로마 공화정의 쇠퇴기에 정치가 겸 철학자로 활동했던 키케로는 혼합정체론을 로마 역사에 적용했다. 그는 그라치Gracchi, 마리우스Marius, 실라Silla로 이어지는 민중주의 시대와 내란기 이전 로마 공화정의 구조와 문화로의 복귀를 호소했다.

스토아의 자연법사상은 우주의 신성한 질서와 인류의 합리적이며 사회적인 본성에 연원을 둔 보편적 자연법이 존재한다는 신념으로 로마법에 반영되었으며, 이는 가톨릭 교리로 흡수됨으로써 계몽주의 시대 및 오늘날의 지구화 시대에까지 영향을 미치고 있다.

4) 토마스 아퀴나스T. Aquinas, 1225-1274

중세 후반기를 대표하는 아퀴나스는 혼합정 이론과 자연법사상을 집대성한 신학자이자 철학자이다. 그는 아리스토텔레스가 주장했던 것처럼 군주정, 귀족정, 민주정과 같은 순수한 형태의 정체들은 고유한 약점을 지니고 있어서 폭정을 초래하기 쉽기 때문에 순수 형태들을 결합함으로써 인간의 약점과 타락을 방지할 수 있다고 믿었다. 그는 혼합정은 신법과 자연법에 일치함으로써 정의와 안정성을 가져올 수 있다고 주장했다. 그는 혼합정의 범례들로서 모세, 여호수와, 사사시대의 이스라엘과 전성기의 로마 공화정집정관+원로원+민회을 예로 들었다. 아퀴나스의 휘광 아래 혼합정 이론은 중세 말과 르네상스 시대에 정부를 평가할 수 있는 가장 권위 있는 이론으로 각광을 받았다.

아퀴나스는 또한 '정의로운 전쟁'just war의 본질을 논한 최초의 사상가다. 그는 통치자들의 국제적 행위를 도덕적 관점에서 이해하려 함으로써 이상주의적 전통을 수립했다. 그에 의하면 정의로운 전쟁은 다음과 같은 세 가지 조건을 갖추어야 한다. ① 전쟁을 선포할 권위를 갖고 있는 통치자에 의해 선언되어야 한다. ② 불의 혹은 잘못을 벌한다는 대의 하에 수행되어야 한다. ③ 정의로운 교전의 의도는 선을 성취하고 악을 회피하기 위한 것이어야 한다.

5) 마키아벨리Machiavelli, 1469–1527

15세기의 이탈리아에서는 여러 공국들과 공화국들이 분열되어 혼란을 겪고 있었다. 이런 상황을 배경으로 마키아벨리는 15세기 말과 16세기 초에 걸쳐 역사가 귀차르디니Guicciardini와 어느 나라가 최상의 혼합정이었는지를 놓고 논쟁을 벌였다. 귀차르디니는 아리스토텔레스의 권위에 의존하면서 베네치아와 스파르타의 귀족정적 요소를 선호했던 반면, 마키아벨리는 폴리비우스의 권위에 의존하며 민중주의적 요소를 더 강조했다.

마키아벨리는 규범을 벗어난 현실정치를 피할 수 없다고 생각했으며 생존과 관련되어 있는 현실의 일부로 받아들였는바, 이런 태도는 정치에 대한 현실주의적이며 실용주의적 관점을 반영한 것이다. 그의 정치 현실주의는 도덕과 정치를 분리함으로써 도덕으로부터 독립된 독자적인 정치세계의 논리를 구축했다. 이것은 이른바 '국가이성'reason of state으로 표현되곤 하는데, 국가는 보편적인 도덕적 요청과 무관한 자체의 고유한 목적과 행위 동기를 갖고 있다는 것을 뜻했다. 다시 말해 국가는 자체의 생존과 번영을 위해 권력을 획득하고 증진하며 보존하려는 고유한 속성을 갖는다는 것을 의미한다.

마키아벨리는 위기 시 발휘되어야 할 군주의 덕성을 사자와 여우의 메타포를 사용해 설명했다. 그것은 생존과 번영을 위해서라면, 필요한 경우 군주는 비도덕적인 수단과 방법까지도 사용할 수 있는 과감성을 갖추어야 한다는 것과, 가장 좋은 결과를 산출해낼 수 있도록 폭력을 효과적으로 사용할 수 있는 계산적 치밀성까지도 보여주어야 한다는 가르침을 표현한다. 이 점이 바로 마키아벨리의 정치이론이 정치적 냉소주의를 반영한다는 평가의 근거이며, 권모와 술수와 잔혹성으로서의 정치를 의미하는 마키아벨리즘이란 표현이 만들어지게 된 원인이다. 하지만 마키아벨리는 정치세계를 있는 그대로 이해·설명하려고 했을 뿐, 그 자신은 마키아벨리즘이 바람직하다는 주장을 결코 하지 않았다.

6) 홉스Thomas Hobbes, 1588-1679

홉스 정치사상의 배경은 과학혁명, 종교개혁 및 종교전쟁, 내란, 흑사병, 자본주의 발생 등과 같은 거대한 역사적 사건들이다. 이와 같은 역사적 사건들은 지식인들의 세계관과 가치관에 있어서의 변화는 물론 지식인들 사이에 비교적 광범위한 종교적·도덕적 회의주의의 경향을 확산시켰다. 이런 시대적 배경 하에서 홉스는 막 확산되기 시작했던 자유주의적 사조의 중요한 요소들을 받아들여 절대주의적 정치이론을 수립했다. 그의 정치사상은 자유주의적 요소와 절대주의적 요소를 모두 갖고 있었기 때문에 자유주의적으로도 비자유주의적으로 해석될 수 있다.

그는 투키디데스의 『펠로폰네소스 전쟁사』를 번역함으로써 학술활동을 시작했다. 하지만 그를 위대한 정치사상가의 반열에 오르게 한 저술은 국가를 구약성서의 욥기에 나오는 괴물에 비유했던 『리바이어던』이란 책이었다. 이 저술에서 그는 인간을 자유롭고 평등하지만 이기적인 존재로서 간주하고, 이기적인 인간들의 상호관계를 자연상태로 특징화하는 한편, 이로부터 정치사회가 어떻게 발생하게 되었는가를 설명한다. 그는 이기적인 개인들이 완전한 자유를 누리고 있는 자연상태는 너무나 자유로운 결과 자신의 생명과 재산까지도 안전하게 지킬 수 없는 아이러니한 상태에 빠지게 됨으로써, 계산 능력으로서의 이성을 지닌 인간들이 합의와 동의를 통해 제3의 주권자, 곧 국가를 세우게 된다는 사회계약설을 주장했다. 국가는 개인들에게 안전을 보장해주는 대신에 상당한 영역에서 개인들로부터 복종을 받을 수 있는 관계를 형성하게 된다.

하지만 군주의 절대주의는 신민에게 안전과 복지를 제공해야 한다는 의무에 제한되기 때문에 한계가 있는 것이다. 표면적인 논리만 보면 주권자에 대한 어떠한 저항도 인정되지 않는다. 하지만 사회계약설의 논리상 주권자가 개인들의 생명에 대한 권리를 침해할 가능성이 있을 경우 주권자에 대한 복종의무는 철회될 수 있는 가능성이 존재한다. 정치질서의 목적은 개인의 생명과 재산을 안전하게 보호해주는 것이기 때문이다.

자유주의적인 전제와 잘 부합하지 않는 절대주의적 결론에 대해 턱R. Tuck은 그의 절대주의가 당시의 종교·정치지형에서 불고 있던 상대주의 혹은 회의주의에 대한 정치적 대응이었다고 해석한다.

7) 로크 John Locke, 1632-1704

로크의 정치사상은 17세기 후반기 영국의 정치지형에서 자신의 정치적 대의를 정당화하기 위한 논쟁 과정에서 구성되었다. 그는 『정부론 1편』에서 로버트 필머의 왕권신수설자연적 예종의 이론적 전통을 반박했으며, 『정부론 2편』에서는 자신의 정치이론을 제시했다. 그는 홉스와 달리 자연상태를 자연법에 따라 규제되는 평화적인 상태로 제시했다. 하지만 분쟁이 발생했을 경우 자연법을 스스로 집행함으로써 발생할 수 있는 불편함을 막기 위해 공동사회를 구성하기로 약속하고1차 계약 그 공동사회를 관리할 수 있는 정부를 구성하게 되었다고 주장한다.2차 계약 그는 주권자의 권력은 개인들이 자연권의 대부분을 '양도'함으로써 구성되었다고 주장한 홉스에 반대하여, 정부의 권력은 공동사회가 조건부로 위임한 것이라는 신탁이론을 주장했다. 개인들은 생명과 자유와 재산을 보호하기 위해 이성의 법을 집행할 수 있는 권리를 공동체에 양도하고, 공동사회는 이 권리를 조건부로 정부에 위임한다. 따라서 정부가 그 조건을 충족시키지 못하면 공동사회에 그 권력을 되돌려주어야 한다.

로크는 정부의 권력을 입법권과 집행권대외관계와 관련된 연방권을 포함으로 나누고 입법권의 우월성을 주장했다. 집행권은 궁극적으로 입법권의 위임에 의해 구성되기 때문에 입법권에 종속되는 것으로 보았다. 로크의 정부론은 권력분립 이론의 기초를 쌓은 것으로, 이후 좋은 정부가 갖추어야 할 필수적인 조건의 한 가지를 제시했다.

로크의 정치사상은 개인의 자유와 평등을 전제하고 권력의 제한에 상당한 비중을 둔 제한정부이론을 제시했다는 점에서 온전히 자유주의적 성격을 갖고 있다. 더구나 그의 재산권이론은 그의 정치사상을 더욱 더 자유주의적인 것으로 만들고 있다. 그는 자기소유권self-ownership 개념에 노동가치설을 접합시킴으로써 소유권 개념을 확립했다. 때로 이 부분은 화폐경제의

정치학

도입에 관한 그의 설명과 함께 로크의 정치사상을 부르주아 정치사상으로 해석하게 하는 근거가 되고 있으나C. B. Macpherson 그의 정치이론은 기독교 신학의 틀 내에서 이해하는 것이 더 타당하다는 설이 가장 유력하다. 그는 개인이 정당하게 소유할 수 있는 한계와 관련하여 부패한계와 충분한계와 같은 단서를 제시한 바 있으며, 개인의 보존은 인류공동체의 보존과 궤를 같이 한다고 주장함으로써 그의 정치사상을 좀 더 평등주의적 관점에서 해석할 수 있는 단서들도 제공하고 있다. 로크가 그의 재산권이론을 미국 식민지에도 적용한 것은 그가 유럽 중심주의 혹은 영국 중심주의에 젖어 있었다는 근거라고 볼 수 있다.

8) 몽테스키외 Montesquieu, 1689~1755

몽테스키외는 프랑스 계몽주의 시대를 대표하는 정치사상가 중 한 사람이다. 그는 정부 형태의 적합성 여부는 자연적·문화적 조건에 달려 있다고 주장하고 그 관계를 탐구하는 정치사회학을 본격적으로 개시한 정치사상가다. 그는 또한 봉건제와 비봉건제 사회들을 비교하는 한편, 봉건제 사회들을 서로 비교함으로써 비교정치사회학의 발전에 공헌했다. 그리고 정치적 절대주의를 예방하는 데 있어서 중간집단—귀족과 승려 계급—의 중요성을 강조함으로써 시민사회 이론을 개척한 사상가로도 평가된다.

그는 몽테뉴의 회의주의로부터 영향을 받아 절대적인 것의 존재에 대해 회의했으나, 전제정의 부당성에 대해서는 절대적인 혐오를 견지한 모순성을 보이기도 했다.「페르시아인의 편지」

그는 정부 형태를 공화정귀족적 공화정과 민주적 공화정, 군주정, 전제정으로 구분했으며, 국왕과 상원 하원으로 구성된 영국의 정부 형태에서 혼합정의 현실적 이상태를 보았다. 그의 정치이론은 정치사회학적 저술들이 그러하듯이 인과적인 설명 방식을 취하고 있다.

몽테스키외의 정치사상은 특히 미국 헌법의 입안자들에게 지대한 영향을 미쳤다. 『연방주의자 문서』는 13개의 식민지 경험을 배경으로 몽테스키외, 로크 및 다른 유럽 정치이론가들의 이론을 테스트해본 결과가 반영된 문서로 정치학의 인상적인 발전을 확인할 수 있다. 예컨대, 해밀턴A. Hamilton은 다음과 같이 진술하고 있다. "정치의 과학은 대약진을 했다. 다양한 원리들의 실효성이 잘 이해되게 되었으며, 그 이론들은 고대인들에게는 전혀 알려지지 않았거나 불완전하게만 알려졌을 뿐이다."연방주의자문서 9 "도덕적·정치적 지식의 원리들이 수학적 지식들과 같은 정도의 확실성을 갖는다고 주장하기는 어렵다 할지라도, 이 점에서 상당한 정도 나아졌기 때문에 그것들을 받아들일 태세를 취할 필요가 있다."문서 31

해밀턴의 진술이 시사하듯 미국 건국기의 연방주의자들은 개별 사례들에 대한 경험적이며 실험적인 검토를 통해 도출된 '정치의 법칙'을 적용하는 기술자들이라는 자부심을 가졌다. 그들은 입법권력, 행정권력, 사법권력을 분리시키고, 견제와 균형 원리를 통해 권력들을 서로 결합시킬 수 있게 됨으로써, 식민지 경험을 통해 배움 정치를 일종의 방정식처럼 취급했다. 권력분립에 견제와 균형이라는 공화주의 원리를 종합하게 되면 자유의 실현이 가능하다는 정치방정식을 도출했던 것이다.

9) 루소 Jean-Jacques Rousseau, 1712–1778

루소는 계몽주의 시대의 고독한 이단아로 불린다. 그것은 그의 사고가 강한 반계몽주의적 요소를 지니고 있기 때문이다.『학문예술론』, 『인간불평등 기원론』 하지만 그는 프랑스 계몽주의 철학자들 중에서 유일하게 진정한 민주주의자였다.

『학문예술론』과 『인간불평등 기원론』으로 대표될 수 있는 루소의 초기 저술들은 학문과 예술의 진보가 인간 습속을 정화시키기보다는 오히려 타락시켰을 뿐만 아니라, 사유재산제도가 모든 사회악의 근본 원인이라는 반계몽주의적·반자본주의적 주장을 펼쳤다. 인간은 자유롭고 평등하게 태어났으나 사회의 제도특히 사유재산제도로 인해 타락했는데, 학문과 예술도 인간성 회복에 기여하지 못했다는 것이다.

하지만 후기 저술들에는 완화된 평등주의가 표방된다. 그는 『사회계약론』에서 "누구든지 노예를 살 정도로 부유하지도, 자신을 노예로 팔 만큼 가난하지도 말아야 한다."고 주장하면서, 자유와 질서권위를 통합하는 방식을 제안한다. 그것은 사회계약을 통해 개인들이 스스로 입법의 주체가 되고, 그렇게 제정된 법률에 대해 복종하게 되는 질서를 만드는 것이다. 그것은 자유와 안전권위의 필요를 동시에 충족시켜줄 수 있는 방법이다.

루소는 매우 급진적인 직접 민주주의를 지지했으며, 정치과정에 직접 참여함으로써 개인들은 자유를 실현하고 자기발전을 꾀할 수 있다고 생각했다. 공동체의 삶에 참여하는 경우에만 인간은 진정으로 자유로울 수 있다고 주장하고, 민주주의를 선거와 동일시한 영국적 실제를 비판했다. 그리고 그는 그런 질서를 위한 조건으로서 상당 수준의 경제적 평등이 필요하다고 주장했다. 『사회계약론』에서 제시한 경제적 평등은 『인간불평등 기원론』에 나타난 급진적 평등보다 훨씬 완화된 형태의 사회민주주의적인 평등이라고 볼 수 있다.

특히 그의 정치사상에서 중요한 개념은 '일반의지'general will이다. 이 개념은 많은 오해를 낳는 개념으로 그 모호성 때문에 독일 나치에 의해 악용되기도 했다. 루소의 일반의지는 개별적 의지나 그의 단순한 합인 전체의지와 다른 것이다. 그것은 개별적인 이익보다는 공동체의 진정한 이익에 관심을 갖는 개인들의 다수결에 의해 확인할 수 있다. 이렇게 확인된 일반의지는 무오류의 것으로, 이에 대한 반대는 소수의 오류 혹은 무지의 탓이기 때문에 그들은 '자유롭도록 강제되어야 한다.'

하지만 일반의지에 대한 강조는 근대적 성취물인 개인의 권리 혹은 소수파의 권리에 대한 침해를 쉽게 정당화할 수 있는 위험성이 있으며, 이 부분은 자유주의자들에 의해 전체주의적인 함의가 있는 것으로 비난받기도 한다. 하지만 직접적인 참여를 통해 법을 제정하고 자기를 발전시킬 수 있다는 루소의 주장을 철저히 자유를 억압하는 전체주의와 연결시키는 것은 루소의 의도를 지나치게 왜곡시킨 것이다.

10) 칸트 I. Kant, 1724–1804

일차적으로 철학자였던 칸트의 정치사상은 특히 도덕에 핵심적인 중요성을 부여한다. 그는 인간 이성의 능력에서 평등의 기초를 찾았는데, 그에게 이성적 능력은 무엇보다 자율적인 행위와 책임을 질 수 있는 능력이다. 여기서 자율적 행위란 이성적 존재본체적 자아, noumenal self로서의 개인이 보편적으로 타당한 이성의 명령도덕률을 인식하고 따르는 행위를 말한다. 칸트의 자율성 개념은 환경적인 요인들에 좌우되는 정념현상적 자아, phenomenal self의 욕구선호를 선택적으로 충족시키는 것과는 반대로, 그런 욕구로부터 자유롭게 자기 입법self-legislation 혹은 이성이 찾아낸 보편적 도덕률에 따르는 행위를 뜻하는 것으로, 루소의 아이디어로부터 영향을 받았다.

경험적으로 볼 때 모든 개인들이 다 똑같이 이성적 능력을 드러내지는 못한다. 하지만 개인들은 최소한 그와 같은 잠재적 능력을 소유하고 있다는 점에서 평등하며 존엄한 존재로 간주된다. 따라서 이성의 법률은 일차적으로 타인을 나의 목적 추구의 수단으로서가 아니라 목적으로서 대하라는 정언 명령을 발한다. 이 도덕원칙은 현대 자유주의 정치이론의 도덕적 기초가 되는 원리로서, 자유주의 정치질서가 보호하고자 하는 권리체계를 포함하는 보편적인 법체계로 전환된다.^{자유주의적 법치국가}

자유주의 국가의 법률은 도덕적 존재로서의 개인의 존엄성을 실현하게 해주는 의무의 원리로서, 소극적 자유의 관념과 적극적 자유의 관념을 모두 포함한다. 인간은 이성의 보편적인 도덕률보다는 일시적인 성향이나 충동에 따라 행위할 수 있는 가능성이 있다. 그 경우 타인들의 자유가 크게 침해될 가능성이 있으므로 현실적인 정치세계 속에서는 행위에 대한 외적인 제약이 불가피하게 된다. 하지만 그 제약은 자기입법에 따르는 능력으로서의 자율성^{적극적 자유}의 실현을 방해하지 않도록 최소화되어야 한다. 칸트의 평등관과 그에 입각한 지상명령으로서의 도덕법 및 입헌주의적 자유주의에 대한 그의 지지는 현대의 지도적인 자유주의자들이 제시한 평등주의적 자유주의의 굳건한 주춧돌로 채택되었다.^{J. Rawls 1971; R. Nozick 1974}

12) 벤담^{Jeremy Bentham, 1748-1832}

벤담은 제임스 밀^{J. Mill, 1773-1836}과 함께 19세기 영국의 법 개혁에 주력한 공리주의 철학의 창시자다. 그는 모든 정치적·법적 개혁의 절대 기준으로 '공리성의 원칙'을 제시하고, 그 원칙을 모든 사회이론의 과학적 토대로 삼고자 했다. 그가 공리주의 철학을 제시한 근저에는 모든 인간이 다 쾌락을 추구하고 고통을 회피하려 하며, 합리적으로 자기이익^{쾌락}을 극대화하려는 공통된 성향을 갖고 있다고 판단했기 때문이다.^{쾌락주의 윤리학}

공리주의 원칙에 입각하여 그는 보통선거제도를 주창하게 되는데, 보통선거제도의 채택을 통해 '최대다수의 최대행복'이 가능할 것으로 보았기 때문이다. 그는 '최대다수의 최대행복'의 원칙을 모든 공공정책과 입법의 기준으로 삼고 19세기의 영국 정치와 법률들을 개혁하는 데 앞장섰다. 그의 추종자들은 철학적 급진파Philosophic Radicals로 불렸으며, 이들에 의해 19세기 영국의 사회·정치·법률은 일련의 개혁 과정을 거치게 되었다.

벤담은 공리성의 원리에 입각하여 자유방임적 경제정책을 지지했다. 자유방임적인 경제정책이 최대다수의 최대행복에 가장 유리한 결과를 산출할 것이라는 믿음에서였다. 후기에는 정치적 민주주의를 지지하게 되었는데, 민주주의가 개인의 이익을 보호하고 진작시키는 데 도움이 될 것이라 생각했기 때문이다.보호민주주의 하지만 그가 옹호한 정치적 평등주의는 순전히 기술적인 관점에서 고려된 것으로 '1인 1표' 주의로 표현되었다.

13) 마르크스 K. Marx, 1818-1883

마르크스는 영국의 정치경제학, 프랑스의 사회주의 사상 그리고 독일의 관념론 철학을 독창적으로 종합해 마르크스주의로 불리는 이데올로기를 산출한 사상가이다. 그는 자본주의 체제는 프롤레타리아 혁명을 통해 무너지고 궁극적으로 계급이 없고 국가가 없는 공산사회로 진화할 것이라고 예언했다. 그의 사상은 국제 공산주의 운동의 이념적 토대로 채택되어 러시아 사회주의 체제와 서유럽에서의 사회민주주의 정당의 제도화를 뒷받침했다.

마르크스는 헤겔의 관념론적 변증법을 유물론적으로 전도시켜 생산력의 발전과 이를 둘러싼 생산관계의 모순이 심화됨에 따라 사회가 진화해왔다는 사적史的 유물론을 제시했다. 사적 유물론에 따르면 인류의 역사는 원시

공산사회로부터 고대노예제사회로 그리고 중세봉건사회를 거쳐 자본주의사회로 진화해왔는데, 자본주의사회 이후에는 사회주의 혹은 공산주의사회가 필연적으로 도래할 것이라고 한다.

마르크스에 의하면 각 사회의 지배계급은 국가를 도구로 하여 피지배계급을 착취하고 탄압함으로써 계급이익을 추구한다고 한다. 지배계급은 이데올로기를 통해 피지배계급의 계급의식과 혁명의식을 마취시키고, 현재 사회를 정의로운 사회로 받아들이게 현혹시킴으로써 계급지배를 영속화한다.

그는 영국의 노동 가치설적 전통을 받아들여 상품의 가치는 투여된 노동의 양에 비례한다고 주장했다. 그는 노동가치설에 입각해 노동에 의해 산출된 잉여가치를 자본가가 이윤의 형태로 착복함으로써 노동자들을 착취한다는 착취설을 도출했다. 그리고 자본주의는 자본주의 경쟁이 심화될수록 이윤율이 저하되거나 상품이 소비되지 않는 과소소비 경향에 직면하기 때문에 필히 외국의 값싼 노동력이나 상품시장을 찾아 나섬으로써 제국주의로 발전할 수 있다는 논리의 단초를 제공했다. 제국주의 이론은 룩셈부르크나 레닌과 같은 마르크스주의자들에 의해 발전된 부분이다.

마르크스와 엥겔스의 사상은 레닌에 의해 계승되어 소비에트 사회주의로 제도화되었고, 베른슈타인의 수정을 통해서는 유럽 사회민주당으로 제도화되었다. 마르크스주의를 현대화한 네오마르크스주의는 마르크스주의가 진리의 유일무이한 원천이라는 독단을 거부하고, 헤겔 철학과 무정부주의, 자유주의, 페미니즘 및 심지어 합리적 선택이론도 원용하는 융통성을 보여준다. 그들은 토대·상부구조라는 딱딱한 틀을 깨뜨렸으며 계급투쟁을 사회분석의 모든 것으로 보는 것도 거부했다. 그리하여 삶의 물질적 조건과 인간의 실천 능력 사이의 상호작용을 강조했으며, 프롤레타리아 계급의 특권적 지위도 부정했다. 그들은 진보적 지식인과 대학생을 사회적 해방을 위한 새로운 주체로서 주목했다.

14) 존 스튜어트 밀J. S. Mill, 1806-1873

밀의 정치사상은 전체적으로 볼 때 고전적 자유주의로부터 현대 자유주의로 넘어오는 과도기의 사상이다. 개인 행위에 대한 국가 개입의 반대는 고전적 전통을 수용한 결과이며, 개인의 '삶의 질'에 대한 관심과 여성선거권에 대한 관심 및 노동자조합에 대한 관심은 20세기적 자유주의 형태를 예견한 것으로 볼 수 있다. 그는 소극적 자유 영역의 보호가 갖는 중요성과 함께, 자유를 개성의 발전과 개인의 번영에 연관시킨 적극적 자유도 중요하게 여겼다.

밀은 루소보다는 온화한 민주주의 형태를 지지했다. 밀에 있어 민주주의는 개인 능력을 '최고의 조화로운 발전'으로 증진시키는 교육 과정이다. 때문에 그는 문맹자를 제외한 모든여성을 포함한 대중에게 선거권 확대를 주장했다. 하지만 그는 형식적인 정치적 평등 관념을 거부하고 모든 여론의 등가성을 부정함으로써 차등투표제 도입을 주장했다.

밀은 의심할 여지 없는 민주주의자였지만 동시에 대중민주주의의 위험성에 대해서는 상당한 경계를 표했다. 개인의 자유와 소수파의 권리는 항상 '민주적 다수'에 의해 억압될 가능성이 있다는 것을 인식했던 것이다. 다수 여론은 획일성과 순응성을 조장함으로써 자유를 통해 표현·발전되는 개성의 위기를 초래할 수 있다고 보았던 것이다. 또한 밀은 다수가 언제나 옳은 것은 아니라는 판단 하에 의회의 심의deliberation를 중심으로 이루어지는 대의민주주의 형태가 현실적으로 최선이라고 생각했다. 밀은 원칙적으로는 모든 개인들의 도덕적 평등을 믿었지만 현실적으로 크게 존재하는 지적·도덕적·경제적 능력의 차이를 고려하지 않을 수 없었다.

밀의 정치사상을 전환점으로 하여 19세기 말과 20세기 초에는 새로운 자유주의New Liberalism—오늘날의 신자유주의와neo-liberalism는 근본적으로 다른—라는 공동체주의적인 자유주의가 등장한다. 그린T. H. Green, 1836-82, 홉

하우스L. T. Hobhouse, 1864-1929, 홉슨J. A. Hobson, 1858-1940은 그 대표적인 이론가들이다. 이들은 소극적 자유를 주장하는 이들과 달리 자유를 개인적 발전 및 번영과 관련지어 규정했다. 국가의 개입은 사회적 복지의 제공을 통해 개인의 실존을 황폐케 하는 사회악들—1942년 영국의 「비버리지 보고서 Beverage Report」에 의해 '5대 거인들'로 명명된 결핍, 무지, 나태, 불결, 질병—로부터 개인을 보호함으로써 자유를 확장시킬 수 있는 필수적인 수단으로 간주했다. 이들의 자유주의는 케인즈주의와 더불어 오늘날의 정치사상 지형에서 사회적 자유주의social liberalism 혹은 복지적 자유주의로 일컬어지는 롤즈J. Rawls의 평등주의적 자유주의에 도덕적인 기초를 제공한 것으로 이해할 수 있다.

3. 비교정치학

1) 비교의 이점과 문제점

1960년대부터 비교정치학은 정치학 행태주의를 밑거름으로 비약적으로 발전했다. 서구 국가들을 대상으로 하는 정치제도와 정치과정, 그리고 정치문화에 대한 비교연구는 이제 선진적인 자유민주주의 국가들과 아시아 아프리카의 신생독립국들과의 비교연구로 발전했다. 알몬드G. Almond와 버바 S. Verba의 연구로 집약되었던 선진국들 사이의 비교연구 결과는 신생국들의 정치과정과 제도, 그리고 정치문화에 대한 비교평가를 위해 활용됨으로써 정치발전론이라는 큰 줄기를 형성하게 되었다.

근대적인 정치체제와 전통적인 정치체제를 비교해 전통적인 정체치제가 어떻게 하면 근대적인 정치체제로 발전할 수 있는가 하는 관점에서 개발도

상국들의 정치체제에 대한 관심이 크게 고조되었다. 서구의 경험에 대한 이해에 입각해 비서구권의 정치체제와 문화를 근대화할 수 있다는 시각은 비교정치학에 전제되어 있는 서구 중심주의의 자연스런 표현이었다. 어쨌든 1960년대와 1970년대에 걸쳐 비약적으로 발전하게 된 비교정치학은 정치학 연구에 있어 가장 과학화되고 계량화된 분야로서 정치학 행태주의의 성공과 밀접한 연관성이 있다. 여기에서는 비교정치학의 특징이 무엇이며 어떤 접근 방법들이 있는지를 살펴보고자 한다.

(1) 비교의 이점

비교의 방법은 일차적으로 궁금한 것에 대한 정보 혹은 지식을 제공해준다.[2] 비교를 함으로써 비교 대상에 대한 구체적인 정보를 얻게 되는데, 이는 비교하는 대상들 사이의 유사성과 차이를 드러냄으로써 그 대상들을 보다 더 잘 알게 된다는 것을 의미한다. 예를 들어 고양이와 개를 비교하게 되면 고양이와 개의 신체적인 차이와 함께 식습관 그리고 반응 양식 등에 대해 더 구체적인 정보를 얻을 수 있다.

이런 논리는 국가들 사이의 비교에도 적용된다. 비교의 방법은 연구자 자신의 나라와 다른 나라의 여러 가지 차이점과 유사성을 드러내주기 때문에 자신의 나라를 보다 더 잘 이해할 수 있도록 해준다. 그리고 비교는 연구자 자신이 은연중 지니고 있었던 자민족 중심주의를 깨닫게 해주며 그것을 극복할 수 있는 수단도 제공해줄 수 있다.

다른 한편, 현대 비교정치학자들은 다양한 정치체제를 이해하기 위해서뿐만 아니라, 정치 과정에 대한 가설을 세우고 그것을 검증하기 위해서도 비

---

2. 비교연구의 이점과 단점에 관해서는 다음 책을 볼 것. R. Hague & M. Harrop(1987), 16–20; M. Curtis, ed.(2006), 2–3.

교연구를 한다. 정치 과정에 대한 가설은 자연과학적인 엄밀한 법칙이나 이론은 아니지만 가능한 한 객관성을 갖는 이론의 구성을 지향한다. 때문에 비교정치학 분야에 종사하는 학자들은 대부분이 정치학 행태주의를 옹호하거나 채택하는 경향을 보인다. 예를 들어 비교정치학자들은 실증적인 비교연구를 통해 다음과 같은 가설들의 객관적 타당성을 입증하려고 한다. 다수대표제적 선거제도는 항상 양원제를 산출하는가? 양원제는 연방제 하에서만 발견되는가? 혁명은 패전 이후에 발생하는가?

비교정치학자들이 가설 수립으로부터 객관적 타당성이 있는 정치이론 혹은 법칙을 수립하기까지는 다음과 같은 과정을 거친다. 그들은 일단 두 가지 이상의 요인들 혹은 변수들 사이의 관계를 상정한다. 그 다음 그 변수들 사이의 관계에 대해 가설을 수립하고, 그 가설에 대한 검증을 통해 법칙이나 이론을 수립한다. 예컨대 선거제도와 정당제도의 상관관계에 대한 일반이론을 정립하기 위해서는 다음과 같은 과정을 거쳐야 한다. 먼저 선거제도를 다수대표제와 비례대표제로, 그리고 정당제는 양당제와 다당제로 '분류'한 다음, 다수대표제와 양당제 그리고 비례대표제와 다당제가 밀접한 연관성이 있을 수 있다는 '가설'을 세운다. 그 다음 이 가설에 따라 다양한 나라들의 선거제도와 정당제를 실증적으로 '검증'해 다수대표제는 양당제를 그리고 비례대표제는 다당제를 촉진하는 경향이 있음을 이론으로 정립하는 과정을 거친다.

그리고 정치과정과 제도 혹은 정치문화에 대한 단편적인 비교연구의 결과가 쌓이게 되면 정치체제 전체에 대한 포괄적인 일반이론을 정립할 수 있는 단계에 도달할 수 있다는 것을 예상할 수 있는데, 이와 같은 일반이론의 정립은 정치 과정에 대한 예측과 통제를 가능하게 해준다고 본다.

(2) 비교의 문제점

비교의 방법은 장점만 있는 것이 아니라 나름대로의 문제점도 갖고 있다. 하지만 여기서 비교의 문제점을 지적하는 것이 곧 비교 방법이 무용하다는 것을 의미하지는 않는다. 비교의 문제점을 지적하는 것은 비교 방법을 맹목적으로 신봉하는 것을 경계하라는 의미이다.

정치체제와 과정을 연구하는 데 있어 비교 방법을 사용하는 것은 다음과 같은 문제점들을 안고 있다. 첫째, 너무 많은 변수가 존재하는 데 비해 너무 적은 수의 국가가 존재한다는 사실이다. 이 지구상에는 약 200개의 국가가 존재한다. 하지만 그 중에서 의미 있는 비교를 할 수 있는 국가들의 수는 매우 한정되어 있다. 이 사실은 비교 방법을 통해 정치에 대한 가설을 세우고 그 가설을 검증함으로써 과학적인 정치이론을 수립하는 것이 얼마나 한계가 있는가를 암시해준다. 비교연구의 대상이 되는 국가들의 수가 많아질수록 비교연구를 통해 도출한 결론의 객관적 타당성은 높아질 것이지만, 그 수가 줄어들수록 그 비교연구의 결과는 당연하게 객관적 타당성이 약해질 것이기 때문이다.

비교 방법과 관련된 또 다른 문제점은 동일한 현상도 상이한 의미가 있는 것으로 '다르게' 해석될 수 있다는 것이다. 비슷하게 보이는 정치행위도 나라들마다 상이한 의미를 가질 수 있다. 예를 들어 아프리카 국가들에서의 쿠데타는 서구에서의 선거와 같이 정권을 교체하는 한 가지 관행이 되다시피 했다. 하지만 서구에서 쿠데타는 거의 발생하지 않는 현상으로 그 의미와 파장은 아프리카 국가들과는 엄청나게 다를 것이다. 그러므로 아프리카 국가들에서의 쿠데타와 서구에서의 쿠데타의 의미는 전혀 다르다고 할 수 있다.

비교 방법은 연구자의 선입견bias을 통해 그 객관성이 의문시될 수 있는 문제점이 있다. 다시 말해 비교분석은 연구자가 표방하는 가치나 선입견에 의해 그 결과가 완전히 달라질 수도 있다. 예를 들어 '강력한 리더십'과 '독재'

의 경계는 어디부터인가? 그리고 '테러리스트'와 '자유의 투사'를 구분하는 경계선은 어디인가? 독재의 옹호자들은 독재를 강력한 리더십으로 해석하고, 독재자의 독선에 염증을 느낀 사람들은 강력한 리더십도 독재라고 해석할 수 있다. 마찬가지로 대부분의 서구인들이 명백한 테러라고 규정하는 현상을 이슬람 문명 사람들은 자유를 위한 성전聖戰이라고 해석할 수 있다.

비교연구의 이런저런 문제점들을 볼 때, 우리는 비교연구를 수행할 때 매우 객관적인 태도를 가지도록 노력해야 하며 비교연구의 결과를 해석하고 적용할 때도 매우 신중한 자세로 임하는 것이 중요함을 알 수 있다.

2) 비교정치학의 주요 접근들

비교연구를 수행하기 위해서는 어떤 대상 혹은 요소들을 중심으로 비교할 것인가 하는 접근방법의 문제가 제기된다. 두 나라 혹은 그 이상의 나라들을 비교할 때 모든 것을 총체적으로 그리고 한꺼번에 비교할 수는 없기 때문이다. 그러므로 여기서는 비교정치학에서 비교적 광범위한 동의를 얻고 있는 주요한 접근방법 혹은 시각들을 개관해보고자 한다. 비교정치학의 전통적 접근방법으로는 다음과 같은 세 쌍의 접근방법이 있다.[3] 첫째 국가중심 접근방법과 사회중심 접근방법, 둘째 정치체계 접근방법과 정치변동 접근방법, 셋째 과정중심 접근방법과 정책중심 접근방법이 그것이다.

(1) 국가중심 접근방법과 사회중심 접근방법
국가중심 접근방법은 제도적 접근방법으로 불리기도 하는데 가장 오래된

---

3. 여기서는 주로 R. Hague & M. Harrop(1987)의 설명에 따랐다.

접근방법으로 20세기 초까지 가장 유행했던 접근방법이었다. 이 접근방법은 공식적인 정부 제도에 연구를 집중한다. 입법부, 사법부, 행정부와 같은 정부 제도의 구조와 역할 및 헌법의 내용에 연구 역량을 집중시킨다. 그 연구 경향에 있어 분석적이라기보다는 기술적記述的, descriptive인 특징을 보인다.

이 접근방법은 비공식적인 제도들을 연구에서 제외해버리는 문제점이 있다고 지적되어 왔다. 국가의 공식적인 제도들은 다른 비공식적인 제도들과 연계성을 갖고 있거나 비공식적인 제도들에 의해서도 영향을 받기 때문에, 국가중심 접근방법에는 한계가 따를 수밖에 없다. 그리고 이 전통적인 접근방법은 연구대상을 미국과 유럽 국가에 한정시키는 편향된 경향을 보인다.

사회중심 접근방법은 국가중심 접근방법이 쇠퇴하기 시작하는 1945년 이후부터 유행하게 된 접근방법이다. 주지하듯이 제2차 세계대전은 실증적인 사회과학적 연구 테크닉의 개발을 촉진시킴으로써 그런 테크닉을 정치연구에 적용하도록 자극했으며, 이런 정황은 정치학 행태주의 성립의 배경이 되었다. 그런데 제2차 세계대전 후 양산된 신생국가들은 아직까지 국가의 공식적인 제도들을 제대로 갖추지 못했기 때문에 국가의 공식적인 제도들보다는 정치의 사회적 맥락—정치참여, 대중매체, 투표 행태, 여론, 그리고 일반적으로 정치생활의 사회·경제적 토대들—이 정치를 더 좌우했다고 할 수 있다. 이런 상황은 정치연구를 국가의 공식적 제도들보다는 사회적 맥락에 쏠리게 함으로써 사회중심 접근방법의 채택과 적용을 자극했다. 이 접근방법을 채택한 결과 일반인들의 정치관과 정치 행태에 대해 엄청난 정보를 수집하게 되었으며, 정치 과정에 영향을 미치는 실질적인 요소에 대해 더욱 더 자세한 정보를 확보할 수 있게 되었다. 안정된 민주주의의 조건들을 연구한 알몬드와 버바의 『시민문화』The Civic Culture 1963는 이 접근방법을 채택해 수행된 대표적인 연구이다.

그런데 이 접근방법은 투표 행태와 같이 쉽게 계량화할 수 있는 측면들만을 집중적으로 연구함으로써 정치적 적실성을 상실하는 문제점을 안고 있었다. 계량적인 방법론을 사용하기 어려운 영역은 연구의 사각지대로 남게 되었으며, 또 지나치게 사회적 맥락에만 집중함으로써 실질적으로 중요한 결정을 내리고 집행하는 정부의 공식적인 역할을 간과해버리는 문제점을 낳았다. 그 때문에 1980년대 이후에는 국가중심 연구가 다시 부활하는 양상이 나타나게 되었다.Evans et al, 1985 하지만 지금의 국가중심 접근방법은 20세기 초의 국가중심적·제도적 연구와 달리 사회를 조직화하고 재조직화하는reshaping 능동적 행위자로서의 국가에 초점을 맞추고 있다. 국가는 행정적 수단과 합법적으로 독점한 무력을 사용해 사회에 중요한 변화를 가하는 능동적인 행위자로 인식된다. 이 국가중심 접근방법을 부활시킨 가장 유명한 연구자는 스카치폴T. Skocpol이다. 그녀는 『Bringing the State Back in(1985)』에서 러시아 볼셰비키 혁명당원들이 국가를 수단으로 사회를 전체적으로 변혁시킨 예를 보여줌으로써 국가중심 연구를 부활시킬 필요성을 주장했다. 현대 국가의 엄청난 역할은 전통적인 사회의 균열구조를 가로지르는 또하나의 새로운 분화균열구조—국가와 비국가적 영역—를 첨가한 것으로 인식되었다.

(2) 정치체계 접근방법과 정치변동 접근방법

정치체계 접근systems approach은 1950년대에 전통적인 제도적 틀—입법부, 사법부, 행정부로 구성된—을 확장시키려는 시도 가운데 등장했다. 이스턴의 정치체계 모델이 가장 대표적인 예인데, 이 모델은 정부가 아닌 정치체계를 기본적인 단위로 설정하고, 정치체계를 아래와 같이 투입과 산출의 환류과정feedback으로 모델화한다.

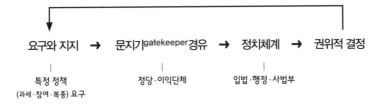

요구와 지지 → 문지기^{gatekeeper}경유 → 정치체계 → 권위적 결정

특정 정책   정당·이익단체   입법·행정·사법부
(과세·참여·복종) 요구

이 정치체계 모델의 의의는 정부의 공식적 제도들에 대한 배타적 관심을 정부와 사회의 관계로 이전시켰다는 점과, 기능주의적 접근^{Almond and Powell}에 영향을 주었다는 점이다. 체계이론적인 기능주의적 접근은 정치제도의 구체적인 형태들은 달라도 사회체계에서 정치체계가 수행하는 기능은 비슷하다는 착상 하에 정치체계가 수행하는 고유한 기능들을 확인한다. 기능주의적 접근법에 의해 확인된 정치체계의 기능은 다음과 같다.

- **정치충원** : 정치 엘리트^{리더}의 충원
- **정치사회화** : 정치체계에 대한 태도의 형성과 유지
- **정치 커뮤니케이션** : 정치적으로 의미 있는 지식의 전달
- **이익표출** : 특별한 정책에 대한 요구의 표출
- **이익집약** : 요구의 선택과 조합 → 정책화
- **정책작성** : 정책의 수립
- **정책이행** : 정책의 집행

그런데 체계이론적인 기능주의적 접근방법은 다음과 같은 문제점이 있는 것으로 인식되고 있다. 첫째, 정치제도의 '기능'을 다른 제도들에 대한 영향 혹은 결과란 관점에서만 이해하고 있지 않는가? 그리고 전체 체계의 안정성에 초점을 맞추고 있기 때문에 보수주의적인 관심을 숨기고 있지 않는가? 이와 같은 문제점에 대한 인식은 시간의 경과에 따른 체계변동을 설명해줄 수 있는 접근방법의 요구로 나타났다. 정치체계 접근방법의 보수성과

정치학

정태성에 대한 비판에서 출발한 정치변동 접근방법은 정치체계 전체 혹은 그 부분적인 구조 혹은 과정에 있어서의 발전이나 쇠퇴를 설명할 필요성에 대한 인식을 반영한다. 이 접근방법의 문제의식을 나타내는 대표적인 질문은 다음과 같은 것들이다. 국가가 애초에 주민들에 대해 어떻게 중앙집권적인 통제를 가할 수 있게 되었는가? 국가가 주민들의 참여욕구에 대해 어떻게 반응했는가? 국가가 지구화에 어떻게 적응하는가? 제3세계가 정치발전 문제에 어떻게 대처해 나가는가? 마르크스주의는 가장 대표적인 정치변동 접근방법으로 역사적 관점과 체계변동의 내적 논리를 결합시킨 대표적인 정치변동 접근방법이다. 변동을 강조하는 역사적 접근방법의 이점은 연구대상으로 과거를 포함시킴으로써 연구사례의 수를 대폭 늘려준다는 것이며, 중요한 사건의 이전과 이후의 변화를 비교적 시각에서 연구할 수 있는 기회를 제공해준다는 점이다.

(3) 과정중심 접근방법과 정책중심 접근방법

이상에서 살펴본 비교정치학의 접근방법들은 정책의 내용보다는 정치의 과정에 초점을 맞춘 다. 따라서 이런 접근방법들과 근본적으로 다른 접근방법은 과정보다는 정책적 내용에 관심을 갖는 접근방법이다. 이것이 이른바 정책중심 접근방법으로서 1970년대와 1980년대에 일부 연구들이 공공정책의 내용에 관심을 갖게 되면서 부각되기 시작한 접근방법이다. 이 접근방법의 문제의식은 다음과 같은 질문들을 통해 짐작할 수 있다. 어떤 나라들이 보건정책을 주로 시장에 맡기는 데 반해 어떤 나라들은 왜 국가가 주도하는가? 국가는 산업의 경쟁력을 높이기 위해 어떻게 하는가? 왜 나라들마다 간접세와 직접세의 상대적 비율이 차이가 나는가?

정책중심 접근방법은 몇 가지 이점이 있다. 첫째 누가 무엇을 언제 어떻게 얻는가 하는 핵심적인 정치문제에 직면하게 한다. 둘째 국가 간 보건정책이나 산업정책의 비교 분석에 적합하다. 셋째 과정중심 접근방법이 정책이 작성되는 시점에서 끝나는 데 반해, 정책의 수행방식과 효과를 분석하게 해주는 이점이 있다. 그리고 마지막으로 공공정책의 질을 향상시킬 수 있는 교훈을 얻기에 유리하다.

3) 정치발전론

정치발전론은 1960년대와 70년대에 비교정치학이 급부상하는 과정에서 아시아, 아프리카 국가들의 정치근대화 과정을 설명하거나 안내하기 위해 발전된 비교정치학 분야이다. 정치발전론은 전통적인 정치질서와 근대적인 정치질서에 대한 비교연구에 입각해 신생 개발도상국들이 어떻게 하면 근대화된 민주정치 형태로 나아갈 수 있는가를 체계적으로 연구한다. 서구의 산업화와 민주와 과정에 대한 연구에 입각해 개발도상국들이 정치민주화를 이룩하기 위해 갖추어야 할 사회·문화적 조건들이 무엇인지를 제시한다. 하지만, 전통적인 정치발전론은 서구의 경험을 그대로 비서구권 국가에 적용하려 했다는 점에서 서구 중심주의를 반영한다는 비판을 받고 있다. 특히 1970년대 라틴아메리카에서 기원한 종속이론은 근대화론 혹은 발전이론으로 불리는 정치발전론을 자아준거적 시각에서 비판하고 발전에 대해 주체적인 시각에서 볼 것을 주문했다. 그럼에도 불구하고 정치 발전의 귀결점이 민주주의의 정착과 심화라는 관점에서 볼 경우 정치발전론이 갖고 있는 적실성은 여전하다고 할 수 있다. 정치 발전의 방향에 대해 주체적으로 또 비판적으로 생각해볼 필요는 있지만 민주화로서의 정치 발전의 개념을 부정하기 어렵기 때문이다. 오늘날 서구 학계 일각에서 이야기되고 있는 '성찰적 근대화' reflexive modernization 개념은 기존의 근대화론 혹은 장치발전론을 비판적으로 반성해볼 수 있는 계기를 제공하고 있다.^{A. Giddens, S. Lash and U. Beck 1994}

4. 국제정치학

정치에도 국제적인 차원이 있다. 국제정치는 정치 자체만큼이나 오랜 기원을 가지고 있다. 춘추전국시대와 그리스의 도시국가시대에도 그리고 삼국시대 이전의 한반도에도 국제정치가 있었다. 하지만 현재와 같이 민족국가가 중심이 된 국제정치는 1648년 베스트팔렌 조약^{Peace of Westphalia}에 의해 공식적으로 형성되었다. 현대는 지구화로 인해 전통적인 민족국가를 중심으로 한 국제질서에 큰 변화가 일고 있긴 하다. 하지만 아직까지는 민족국가에 기반을 둔 국제체제를 유지하고 있다고 보는 것이 타당하며, 따라서 국제정치의 주된 행위자도 아직은 독립적이며 주권을 갖고 있는 민족국가들이라고 할 수 있다.

베스트팔렌 조약에 의해 유럽에서 출발한 국제체제는 차례로 미국, 일본을 포함하는 국제체제로 발전해오다가 제1·2차 세계대전을 거치면서 범세계적인 국체체제를 형성하게 되었다. 그리고 미·소를 중심으로 한 양극적 냉전체제를 형성한 이후 데탕트^{긴장완화} 단계를 거쳐 다국적인 체제로 진화하기 시작했다. 하지만 소련과 동구 사회주의체제의 몰락과 미국 중심의 신자유주의적 지구화가 동시에 진행되면서 오늘날의 국제질서는 과거와는 매우 다른 성격을 지니게 되었다.

지구화의 의미는 보통 시공간의 축소와 상호의존성의 증대로 집약된다. 지구화는 주로 다음과 같은 요인들에 의해 촉진되었다.^{Haywood 1997, 140-1} 먼저 냉전의 영향이다. 냉전은 미·소 중심의 양극 체제를 형성함으로써 세계를 두 블록으로 대립시켰다. 이 과정에서 세계의 모든 지역들이 미·소의 영향력 하에 들어가게 됨으로써 지구화에 유리한 환경을 조성했다. 둘째 국제 무역이 발달함에 따라 초국적 기업이 등장한 한편, 블록화된 경제들 사이의 경쟁이 심화된 것도 지구화에 기여했다. 셋째 과학과 정보통신기술의 발전은 정보고속도로와 위성 TV 등의 확충을 통해 세계를 시공간적으로 더욱 축소시켰다. 그리고 원자력무기 및 첨단무기의 발달은 집단적인 안보체제**다자협력을 통한 안보실현**의 형성을 자극했으며, 환경오염과 이상기후와 같은 문제 역시 초국가적인 협력의 필요성을 증대, 지구화를 촉진했다. 그리고 마지막으로 자유로운 경쟁 또는 교류를 통해 물질적인 부와 평화가 증진될 수 있다고 보는 신자유주의의 확산은 특히 미국의 힘과 결합함으로써 급속한 지구화를 추동했다.

이런 요인에 의해 급속히 전개된 지구화는 오늘날의 국제정치 질서에 심대한 변화를 초래했다. 전통적으로 국제정치의 유일한 행위자로 인식되었던 민족국민국가의 위상과 역할에 커다란 변화가 발생했다. 지구화시대의 국제 질서에서는 더 이상 민족국가만이 주요 행위자가 아니라, 개인과 다국적 기업, NGO 그리고 지역연합 및 국제기구도 주요한 행위자가 되었다. 이에 따라 민족국가의 규정적 특징이었던 주권 개념보다는 상호관계를 전제한 자율성 개념이 민족국가의 행위를 이해하는 데 더 도움이 된다는 인식이 확산되었다. 전통적인 민족국가의 경계를 표시했던 국경의 실질적 의미도 매우 약화되었다. 그리고 세계적 상호의존성이 높아짐으로써 한 국가의 민주주의도 외부적 요인들에 의해 좌우되는 현상이 일어나게 되었다. 그래서 국내 차원의 민주주의는 세계적 차원의 민주주의가 실현되지 않을 경우 온전히 실현되기 어려운 환경에 처하게 되었다.

이처럼 국제정치는 지구화라는 전대미문의 문명적 변화에 직면하여 새롭게 재편되어가고 있다. 그러므로 오늘날의 국제정치를 온전히 이해하기 위해서는 국내 정치는 물론이고, 과학과 테크놀로지의 발달로 인한 군사·안보·

정치학

경제·문화·환경적 변화를 이해해야 할 뿐만 아니라, 이념적인 차원에서 진행되고 있는 새로운 변화에 대해서도 정확히 이해할 필요가 있다. 이렇게 볼 때 국제정치 분야는 실로 방대한 연구주제를 갖고 있는 정치학의 한 분야라고 할 수 있다. 국제정치학에 대한 보다 전문적인 이해를 위해서는 국제정치 관련 전문서적이나 강의를 접할 필요가 있다. 이런 전제 하에 다음에서는 전통적으로 국제정치혹은 세계정치를 바라보는 중요한 시각또는 이론들만을 간략히 정리해보려고 한다.Haywood 1997, 141-5

1) 이상주의idealism

이상주의는 현실주의realism와 더불어 국제정치를 바라보는 가장 오래된 시각이다. 이 시각은 국제정치를 도덕적 가치나 법적 규범의 관점에서 판단한다. 때문에 국제정치를 당위성의 차원보다는 경험적인 차원에서 이해하는 현실주의자들은 이상주의자들이 결코 달성할 수 없는 유토피아를 추구한다고 비판하기도 한다.

　이상주의 관점은 일찍이 정치를 다양한 계급들 사이의 조화로운 협력의 관점에서 파악한 플라톤의 사상과 알렉산더의 대정복 이후 출현한 사해동포주의cosmopolitanism를 강조한 스토아 철학 등에서 찾아볼 수 있다. 하지만 국제정치의 맥락에서 이상주의적 시각을 비교적 체계적으로 제시한 사상가는 아퀴나스이다. 그는 정의로운 전쟁이 갖추어야 할 3가지 규범을 제시하여 이상주의적 접근의 토대를 확립했다. 첫째 전쟁은 전쟁선포의 권위를 갖고 있는 통치자에 의해 선언되어야 한다. 둘째 악을 징계한다는 의미에서 정의 대의에 부합해야 한다. 셋째 정의로운 전쟁의 의도는 선을 성취하고 악을 피하기 위한 것이어야 한다. 즉 탐욕이나 잔인함의 발로여서는 안 된다.

칸트 역시 이상주의 시각의 형성에 기여한 인물이다. 인간성의 보편적 특징인 도덕과 이성의 능력을 통해 볼 때 결코 어떤 전쟁도 일어나서는 안 된다고 주장했다. 인류의 미래는 보편적이며 영구적인 평화의 전망에 달려 있는 만큼, 세계정부의 수립이 인류의 영구평화에 도움이 될 수 있다고 보았다.

칸트의 국제정치사상에서 분명하게 표현되었듯이, 대부분의 이상주의는 국가 간의 협력과 조화의 규범을 강조하는 국제주의를 지향한다. 독립적인 행위자들 사이의 자유로운 교역과 협력이 만국에 평화와 번영을 가져다줄 것으로 기대하며, 국제법이나 관습은 국가들 사이의 정의와 평화를 실현하는 데 필수적이라고 본다.

제2차 세계대전 이후 전개된 냉전은 현실주의자들이 이상주의자들의 입장을 비판한 현실적 배경이 되었다. 군비경쟁과 체제경쟁이라는 엄연한 권력 게임의 현실에서 볼 때, 이상주의는 너무나 비현실적일 뿐만 아니라 무책임하기까지 하다는 것이다. 하지만 20세기 말부터 이상주의는 신新이상주의 형태로 부활하기 시작했다. 이것은 주로 냉전 시기의 무無도덕적인 군비경쟁에 대한 환멸이 확산되었기 때문이다. 그리하여 1970년대 카터 대통령은 미국 대외정책의 도덕성을 강조하는 이상주의적 입장을 채택했고, 이는 당시에 활성화되고 있었던 국제적인 평화운동—모든 전쟁과 폭력의 거부—과 그 궤를 같이 하는 것이었다. 오늘날 지구화의 물결 속에서 급속히 확산되고 있는 인권사상은 이와 같은 이상주의적 시각의 연장선상에서 이해할 수 있다.

2) 현실주의realism

현실주의는 이상주의와 더불어 국제정치를 바라보는 가장 오래된 시각이다.

이 시각은 펠로폰네소스 전쟁에 대한 투키디데스의 설명과 손자의 손자병법에 전제되어 있는 시각이다. 르네상스 시기의 마키아벨리와 근대 초의 홉스도 이런 시각을 견지했다. 하지만 현실주의가 가장 중요한 국제정치이론으로 부각된 것은 제1·2차 세계대전부터였다.

현실주의는 정치를 도덕적 가치나 법규범의 실현 과정으로 보지 않고 권력정치의 차원이나 국익 실현의 차원에서 이해한다. 현실주의의 중심 전제는 민족국가가 독립된 주권체로서 자율적인 행위자라는 것이다. 근대 민족국가의 출현과 민족주의의 대두는 국가를 응집력 있는 정치공동체로 변형시킴으로써 국가를 최고의 충성 대상이 되도록 했다.

20세기 현실주의를 대표하는 카E. H. Carr와 모겐소H. Morgenthau는 주권국가보다 높은 도덕적 권위는 존재하지 않기 때문에 국제정치는 자연 상태에서 수행되고 있다고 보았다. 무정부 상태의 특징을 보이는 국제질서에서 국가는 자국의 안전과 독립 그리고 국익을 스스로 책임져야 한다고 주장했다. 그러므로 현실주의는 국익과 권력힘의 요소를 강조하고, 권력을 주로 군사력의 관점에서 규정하는 경향을 갖고 있다.

현실주의적인 시각에서 볼 때 무정부주의적인 국제질서 속에서 평화가 유지되는 것은 세력균형balance of power의 결과이다. 이 균형이 무너질 때 전쟁이 발생한다. 국제질서는 보통 국가들 사이의 불균등한 자원 때문에 국가들 사이의 위계질서가 형성됨으로써 확립된다. 강대국들이 블록을 형성해 약소국가들을 통제하거나 간섭하는 대신, 약소국들은 그 대가로 안전을 보장받는다. 이 경향은 냉전 시기 미국과 소련 중심의 양극 체제에서 가장 분명하게 실현되었다.

신新현실주의neo-realism는 구舊현실주의와 마찬가지로 권력의 중요성을 강조하지만, 개별 국가의 목적보다는 국제체제의 '구조'란 관점에서 사건을 설명하려는 경향이 강하다는 점에서 구현실주의와 구분된다.

현실주의, 특히 구현실주의는 다음과 같은 몇 가지 이유에서 비판을 받는다. 첫째 정치를 도덕과 규범으로부터 분리시킴으로써 강대국들의 군비경쟁과 헤게모니 싸움을 정당화하는 경향이 있어 세계를 일촉즉발의 전쟁 위협에 직면케 할 수 있다. 둘째 국가에 관심을 집중함으로써 더욱 더 큰 역할을 하고 있는 다른 집단들이나 조직 또는 행위자들의 역할을 고려하지 못한다. 신현실주의는 이와 같은 구현실주의의 문제점을 극복하기 위해 제시되었다.

3) 다원주의pluralism

국제정치를 바라보는 다원주의적 시각은 1960년대와 1970년대 미국에서 자유주의적 이념과 가치에 토대를 두고 형성되었다.[4] 국제정치이론에서 다원주의가 현실주의의 국가중심 모델에 대한 대안으로 제시된 것은 국가의 투과성permeability을 부각시키고자 함이었다. 버튼J. Burton은 현실주의가 전제하는 국가는 당구공처럼 불투과적인 성격을 갖고 있다고 비유했다. 즉 당구공처럼 외부 압력에 대해서만 반응하는, 투과할 수 없고 자포적인 실체라는 것이다. 따라서 국제정치 역시 당구공처럼 외적인 자극에 의해서 반응하는 관계로만 설명된다는 것이다.

하지만 버튼은 국가를 불투과적으로 보는 것은 현실에 대한 왜곡이라 보았다. 그 시각은 다국적 기업과 같은 초국적 행위자들과 NGO들의 영향을 간과하는 것이며, 국가들의 상호의존성, 특히 경제 관련 의존성을 간과한 것이라 비판했다. 따라서 버튼은 그에 대한 대안적 시각으로 혼합 행위자 모

---

4. 전통적인 사회정치이론이었던 다원주의는 권력이 경쟁하는 집단들 사이에 분산되어 있다는 시각이다.

델mixed-actors model──국제정치를 다양한 이익과 집단들의 관계로 이해하는 모델──을 제시했다. 물론 버튼은 국가정부의 역할을 결코 무시하지 않는다. 그는 단지 행위자의 다원성과 권력의 확산을 상대적으로 강조한 것뿐이다. 이 시각에서 보면 자율적 행위자라는 관념의 적실성은 약화되고, 모든 행위자들이 독자적인 행보를 금지하는 견제와 제약의 틀 내에서 행위하고 있다는 것이 부각된다. 다시 말해 권력정치 및 국력의 증대라는 현실주의적 원리로부터 일정한 거리를 두면서, 세계적 상호의존성의 증대가 협력과 통합의 경향을 가져올 것이라는 점이 강조된다.

4) 마르크스주의

쉽게 예상할 수 있듯이 국제정치적 시각으로서의 마르크스주의는 관례적인 접근들과 달리 경제력과 국제자본의 역할을 강조한다. 관례적인 시각들은 세계질서가 독립적인 국가들로 분화되어 있다고 보는 반면, 마르크스주의는 국제적 계급에 토대를 두고 수평적으로 조직화되어 있다는 관점에서 접근한다. "만국의 노동자여 단결하라!"는 슬로건은 마르크스주의의 수평적 국제질서관을 반영한다.

국제정치이론으로서의 마르크스주의는 레닌의 제국주의 이론에 의해 체계화되었다. 그에 의하면 제국주의는 자본주의의 최고 단계로 이해된다. 일국의 자본주의는 성숙기를 지나면서 이윤율 저하의 경향에 봉착하게 되고, 저하되는 이윤율을 상쇄시키기 위해 국내의 잉여자본을 외국으로 수출한다. 이에 따라 국제적 자본 사이의 대립이 격화됨으로써 불가피하게 세계대전이 발생한다고 보았다.

현대 마르크스주의 혹은 네오마르크스주의는 고전적 마르크스주의의 한계를 인정한다. 하위 국가적·국가적·국제적 조직들이 두루 세계무대에 영향을 미친다는 다원주의적 시각에 대해 보다 수용적인 태도를 보인다. 그리고 고전적 마르크스주의가 국가자본national capital의 경쟁만을 강조한 데 반해 세계 자본주의 체제의 발전에 주목한다. 다국적 기업의 출현으로 인해 국제적 수준에서 계급이해가 조직화되고 있는 것으로 보고, 다국적 기업들이 자본주의의 장기적 이익을 보장하는 구조적 제약 내에서 움직인다고 주장한다. 그리하여 생산과 교환의 지구적 구조는 세계를 중심core과 주변periphery의 구조로 틀 짓는다. 그런데 이 이중구조적 세계질서는 국내적 차원에서의 중심·주변 구조를 반영한다고 본다.

지구화시대의 국제정치학은 외교, 안보, 국방, 전쟁, 통일, 국제협력 등등의 수많은 흥미 있는 주제를 다룬다. 그러므로 국제정치학은 지구화의 시대를 현명하게 살기 위한 많은 유익한 정보의 제공과 분석 능력을 배양하는 데 큰 도움이 된다.

참고문헌

김비환. (2013). 『이것이 민주주의다』. 서울: 개마고원.

Almond, G. (1996). 'Political Science: The History of the Discipline,' in *A New Handbook of Political Science*, edited by R. E. Goodin & H. Klingemann, Oxford: Oxford University Press.

Arendt, H. (1958). *The Human Condition*. Chicago: Chicago University Press.

Aristotle. (1969). *Politics*, edited and translated by E. Barker. Oxford: Oxford University Press.

Ball T. (1995). *Reapprasing Political Theory*. Oxford: Oxford University Press.

Botcheva, L. & Martin, L. (2001). 'Institutional Effects on State Behavior: Convergence and Divergence,' *International Studies*, 45, 1-26.

Crick, B. (1964). *In Defence of Politics*. Baltimore and Maryland: Penguin Books.

Curtis, M. ed. (2006). *An Introduction to Comparative Government*, 5th edition. New York and Boston: Pearson Education, Inc..

Dallmayr, F. (1976). 'Beyond Dogma and Despair: Toward a Critical Theory of Politics,' *American political Science Review*, 70, 64-79.

Downs, A. (1957). *An Economic Theory of Democracy*. New York: Harper.

Dworkin, A.. (1981). *Pornography: Men Possessing Women*. New York: Putnam.

Farr, J. Dryzek J. & Leonard S. eds. (1995). *Political Science in History*. Cambridge: Cambridge University Press.

Giddens, A. Lash, S. and Beck, U.. (1994). *Reflexive Modernization*. Cambridge: Polity.

Hague, R. & Harrop, M.. (1987). *Comparative Government and Politics*: An Introduction. Basingstoke and London: MacMillan Education LTD..

Haywood, A. (1997), *Politics*, Basingstoke: Macmillan Press LTD,

Jung, H. Y. (1979). *The Crisis of Political Understanding*. Pittsburgh: Duquesne
University Press.

Moore, B. (1966). *Social Origins of Dictatorship and Democracy*. Boston: Beacon
Press.

Sabine, G. H. & T. L. Thorson. (1973). *A History of Political Theory*, 4th edition.
revised by T. L. Thorson. New York: Holt, Rinehart and Winston.

Strauss, L. (1959). *What is Political Philosophy*. Glenco, IL: Free Press.

Strauss, L. and Cropsey, J. (1981). *History of Political Philosophy*, 2nd edition.
Chicago: University of Chicago Press.

Taylor, C. (1964). 'Neutrality in Political Science,' in *Philosophy and Society*,
second series, edited by P. Laslett and W. G. Runciman. Oxford:
Blackwell, 25-57.

Tansey, S. D. (2004), *Politics: the Basics*, 3rd edition. Abingdon: Routledge.

Vollrath, E. (1977), 'Hannah Arendt and the Method of Political Thinking,'
Social Research, 44, 160-83.

Wolin, S. (1960). *Politics and Vision*. Boston: Little Brown.

2

응용 사회과학

04

아동청소년학

성지현
아동청소년학과 교수

1. 아동청소년학이란 무엇인가?

1. 정의

아동학은 아동 연구로부터 시작되어 아동심리학의 발달과정과 함께 발전했다. 아동 연구 운동을 주도해 아동에 관한 과학적 연구의 기틀을 마련했던 스탠리 홀Stanly Hall은 1893년에 아동연구협회National Association for Child Study를 결성했는데, 그의 제자들인 크리스먼Chrisman, 트레이시Tracy와 커크패트릭Kirkpatrick 등이 아동을 대상으로 하는 독자적인 과학으로서의 아동학Paedology을 제창해 세계 각국에서 아동 연구의 활성화에 공헌했다.장병림, 1984

아동학 또는 아동청소년학은 아동과 청소년의 건전한 성장과 발달을 위해 아동과 그 주변 사람들을 연구하고 실천하는 응용학문이다. 이를 위하여 아동청소년학은 교육학, 심리학, 사회학, 생물학 등의 다양한 인접 학문을 접목시켜 연구하고 아동에게 영향을 미칠 수 있는 사회문화적 환경, 물리적 환경 등에 대해서도 다각적으로 연구해 그 연구 결과를 실제 생활에 적용시키고자 하는 학문이다. 어머니의 뱃속에서 아기가 잉태된 그 순간부터 시작하여 청소년기를 지나 성인이 될 때까지 인간에게 어떠한 변화가 일어나게 되는가, 어떠한 요인들이 이러한 변화에 영향을 주는지 살펴보고, 보다 바람직한 방향으로의 변화를 위해서는 어떠한 것이 필요한가를 탐구한다. 예를 들어 이제 막 말을 배우기 시작하는 어린 유아는 성인들이 사용하는 단어의 의미를 어떻게 알게 되고, 이를 스스로 사용하게 되는 것일까? 이들이 말을 배우는 데 있어 부모 형제뿐만 아니라 주변의 크고 작은 환경이 어떠한 영향을 주는 것일까? 이들이 정확한 단어의 의미와 쓰임새를 알 수 있도록 어떠한 교육 방법과 교육 환경이 도움이 될까? 그리고 다른 유아들에 비해 더 빨리 혹은 더 늦게 말을 배우는 유아들에게 어떠한 도움을 줄 수 있을까? 등에 대한 체계적이고 과학적인 해답을 찾는 것이 아동청소년학에서 연구하는 것이라 할 수 있다.

이와 같이 아동청소년학은 이론적, 분석적 지식을 기반으로 아동 및 청소년이 직면한 현실 문제들을 해결하는 데 기여하고자 하는 실천지향의 학문이다. 따라서 아동에 대한 연구는 관련 학문의 발전뿐 아니라 이를 토대로 아동과 관련된 모든 분야에 실제적인 도움을 제공해 준다는 데 의의가 있다. 아동청소년학은 첫째, 아동기 및 청소년기 발달 과정을 과학적으로 이해하고 그들의 직면 문제에 대한 합리적인 대안을 모색할 수 있는 포괄적인 지식을 갖추는 것에 가장 기초적인 목표로 두고 있다. 둘째, 세부 전공 분야를 체계적으로 학습함으로써 분화된 각 영역에서 아동청소년학을 적용할 수 있는 전문적인 지식을 배양하는 것을 목표로 한다. 셋째, 다양한 현장실습과 현장 적용 프로그램의 개발 기회를 통해 이론과 실제 적용에 능한 인재양성을 위해 노력하고 있다. 아동청소년학은 아동과 관련된 이론과 응용, 그 어떠한 영역에도 진취적이고 합리적으로 일할 수 있는 아동·청소년 전문가를 양성하는 것을 목표로 하는 학문이라 할 수 있다.

2. 아동청소년학의 학문적 특성

아동·청소년학은 아동발달 연구의 결과를 아동양육이나 교육, 아동상담 및 치료 등 실제적 측면에 도움을 제공하기 위한 취지에서 출발했기 때문에 아동의 복지적 측면에 대한 실용적 관심이 주 연구 영역이다. 따라서 아동의 발달 수준에 대한 진단과 평가, 적절한 아동양육과 교육을 위한 제언, 발달지체나 문제 행동을 예방하고 치료하기 위한 아동 상담 및 부모 상담, 적응 능력 향상을 위한 교육 프로그램이나 건강한 발달을 위한 인간 발달 서비스 프로그램 등을 개발하기도 한다. 이와 같은 아동청소년학의 연구분야와 주제 등을 살펴볼 때 아동학은 다음과 같은 세 가지 학문적 관점을 갖고 접근한다.

첫째, 생애발달적 관점the life-span view이다. 이는 1970년대 이래 인간의 발달을 생애적으로 접근하는 발달심리학의 관점으로서 발달심리학을 '생애발달심리학life-span developmental psychology'이라고도 부른다. 이로 인해 발달 연구의 대상이 아동기 중심에서 벗어나 전 생애로 확대되었으며, 아동발달이라는 용어 대신 인간발달human development 또는 생애발달life-span development이라는 용어를 사용하게 되었다. 아동학의 연구대상도 아동기뿐만 아니라 청소년기, 청년기와 부모기parenthood, 노년기gerontology 등으로 확대되었다.

둘째, 생태학적 관점ecological perspective이다. 이 관점은 인간발달을 인간과 환경 간의 상호작용적 맥락에서 이해하고자 하는 것이다. 브론펜브레너 Bronfenbrenner, 1979의 "인간 발달의 생태학the ecology of human development"에 기초하여 아동을 이해하기 위해서는 그들이 속해 있는 가정이나 또래, 이웃, 사회, 문화와 같은 환경적 맥락을 고려해야 한다는 것이다. 아동발달 연구는 아동이 생활하는 사회적, 물리적 환경과 그 고유 특성과의 관계를 분석한다.

셋째, 다학제적 접근Multidisciplinary approach이다. 이는 여러 학문 분야의 이론과 방법으로 인간 발달의 과정을 이해하고자 하는 것이다. 아동청소년학은 가족, 사회, 문화 등 다양한 환경에서의 아동발달을 연구하고 이와 관련해 아동교육, 아동상담, 부모교육, 조기 중재, 아동 복지 등 아동과 관련된 모든 분야를 연구하므로 다학제적 접근 방법에 의한 연구들이 시도되고 있다. 생물학, 심리학, 교육학, 사회학, 인류학, 사회복지학 등 여러 인접 학문과의 상호협력에 의한 다양한 연구들은 전인으로서의 아동에 대한 이해를 폭넓게 해준다.

아동청소년학은 아동 및 청소년의 발달과정을 바로 이해하고, 아동·청소년 교육의 원리와 실제를 바르게 탐구하며, 아동·청소년과 관련된 제반 문제들을 체계적으로 탐색한다. 이를 위해 아동·청소년교육에 관한 이론적 기초를 탐구하고, 아동문학과 미디어 연구, 아동·청소년 창의성개발, 영재교육, 아동관찰 및 실험 연구법, 아동·청소년 상담 및 치료, 심리검사 등 사회적 요구에 부응하는 응용교과를 통해 인간에 대한 총체적인 이해를 심화할 수 있는 학문 영역이다.

3. 아동청소년학의 주요 분야

1) 아동·청소년 심리 및 발달

아동·청소년 심리·발달은 태내기에서부터 영·유아기, 아동기, 청소년기에 이르는 발달적 변화와 심리적 영향 요인을 탐구하는 영역이다. 아동청소년학 전공의 가장 기초적인 분야인 동시에 보다 세분화된 전문 영역이기도 하다. 크게 아동의 인지와 정서 발달의 두 부분에 초점을 맞추고 있으며 지능, 기억, 추론, 표상, 학습, 부모-자녀 관계와 애착, 기질, 정서 조절, 또래 관계, 공격적 문제 행동 등을 심층적으로 다룬다. 이러한 지식을 토대로 아동들이 바람직한 발달을 이루도록 가정, 학교, 사회에서의 지원 방안을 제시한다. 발달 스트레스와 발달 코칭을 포함해 이상 발달과 정신건강 문제에 개입을 모색하고 있다. 아동·청소년 발달에 대한 과학적이고 체계적인 이해는 학계와 현장에서 요구되는 필수 요건이라 할 수 있다. 졸업생들은 학술 활동에 전념하는 교수와 연구원, 발달 지연 문제를 다루는 발달심리사, 인지학습심리사, 청소년 심리사, 사회성 증진 전문가, 부모-자녀 관계 전문가로 활약하고 있다.

2) 영·유아 교육 및 보육

영·유아 교육 및 보육은 만 0-8세 사이에 있는 영·유아의 조화롭고 전인적인 성장과 발달을 돕기 위한 모든 형태의 교육과 보호에 관해 연구하는 영역이다. 태아기부터 아동기까지 태내 환경뿐만 아니라 출생 이후의 가정을 비롯한 사회 환경에서 유아가 경험하는 모든 보호 및 양육, 형식적 혹은 비형식적 교육을 포괄하는 이론적, 실천적 학문 분야이다. 최근 세계의 모든 국가들이 영·유아들을 국가의 미래 인적자원으로 여기며, 21세기 다양화 시대, 국제화 시대, 지속가능 발전에 필요한 인재를 위한 초기 교육에 역점을 두고 있다.

영·유아기는 전 생애에 걸친 성장 발달의 기초가 형성되는 시기이므로 영·유아가 신체, 언어, 인지, 정서, 사회영역의 모든 영역이 고르게 발달될 수 있도록 지원하며, 영·유아가 사회라는 공동체 안에서 건강하고 행복한 구성원으로 살아가기 위해 필요한 질서, 배려, 협력 등의 기본 생활습관과 인성교육을 강조하고, 다원화된 사회에서 미래 민주 시민의 기초를 형성하기 위한 자율적이고 창의적인 역량을 기르는 데 중점을 두고 있다.

영·유아 교육 및 보육 분야에서는 전인 발달을 이루기 위한 교육 이론과 방법을 배우며, 영·유아에게 적절한 교육적, 사회적, 문화적 환경을 제공하기 위해 탐구하고, 교육 및 보육의 발전과 질적 향상을 위한 프로그램 개발과 연구 활동을 수행하며, 이를 실천하기 위한 부모와 교사에 대한 교육과 정책에 대해서도 연구하게 된다. 졸업 후에는 연구원이나 학자, 교육 및 보육 전문가, 교육 및 보육 행정 및 정책 전문가, 그리고 교육 및 보육 기관을 운영·경영하는 관리자 등으로 진출하고 있다.

3) 아동·청소년 미디어교육

아동·청소년 미디어교육의 궁극적인 목적은 아동·청소년에게 이상적인 미디어 환경을 추구하는 것이다. 이 문제의 해결을 위해 발달심리, 교육, 인문학, 철학, 커뮤니케이션, 테크놀로지 등 다학제적 접근을 취하며 세부적으로는 아동도서와 미디어 교육, 디지털 테크놀로지와 아동이라는 세 가지 주제를 다룬다. 아동도서에서는 시각 언어가 강조되는 그림책 형태의 아동 도서와 그것이 영상 매체로 변환된 작품을 연구하며 교육현장에서 필요한 독서 교육 프로그램의 개발과 활용을 연구한다. 두 번째 주제인 미디어 교육은 아동과 청소년에게 커뮤니케이션 능력을 갖추도록 하는 교육으로서 미디어에 대한 접근과 활용 능력, 미디어에 대한 비판적 이해 능력, 미디어를 통한 자기 표현 능력, 그리고 미디어를 통한 나눔과 참여 능력의 네 가지 능력을 포함한다. 세 번째 주제는 현대의 디지털 테크놀로지 환경이 아동과 청소년에 미치는 영향과 디지털 콘텐츠의 개발에 관한 것이다. 학생들은 이론 연구와 함께 현장 관찰과 실습, 그림책 창작, 디지털 콘텐츠 개발 과정에 참여함으로서 아동도서 작가, 편집자, 평론가, 아동과 청소년을 위한 문학교육 프로그램과 미디어 교육 프로그램 개발자, 애니메이션 기획자, 디지털 콘텐츠 개발자로서의 기초 소양을 갖출 수 있게 된다.

4) 아동·청소년 임상 및 상담

아동·청소년 임상 및 상담 분야는 아동·청소년의 건강한 성장과 발달을 돕기 위해 정상적인 발달에 영향을 미치는 다양한 위험요인과 보호요인을 파악하고 아동·청소년기의 병리적 특성을 탐구하며 장애 또는 위험을 극복하고 잠재능력을 발휘할 수 있도록 해결책을 모색하는 학문 영역이다. 아동·청소년기의 이상발달을 이해하기 위해서 임신부터 영·유아기, 아동기, 그리고 청소년기에 이르기까지 이상발달의 원인과 특성, 발달 경로에 대해 심도 깊은 탐색을 하는 데 초점을 두고 있다. 또한 아동·청소년 개인 수준의 발달뿐만 아니라 생태학적 체계 내 아동·청소년을 고려해 이와 관련된 부모, 가족, 또래, 학교, 지역사회, 정책, 법 등과 같은 요인 간의 관련성을 다루고 있다.

아동·청소년 임상 및 상담 분야의 두드러진 특성은 이상발달에 대한 이론적인 이해와 탐구에 그치지 않고 이론적인 지식과 실제적인 경험을 연계하는 데 가치를 두고 있다는 점이다. 이론으로 배운 내용들은 아동·청소년 상담 및 치료법, 그리고 특수교육의 실제 등으로 이어져 현장 적용 가능성을 탐색하고 검증하며, 나아가 아동을 다루는 관련 학문 분야와 협력해 다학문적 접근이 가능하다. 아동·청소년의 이상발달에 대한 개입, 중재, 예방 프로그램을 개발하고 효과를 검증하는 것 역시 아동·청소년 임상 및 상담 분야의 과제이다.

5) 아동·청소년 영재성 및 창의성 교육

아동·청소년 영재 및 창의성 교육 분야는 아동·청소년이 지닌 창의적 잠재성을 발현시킬 수 있도록 도움을 주기 위한 이론과 실제를 연구하는 학문 영역이다. 최근 국내외에서 화두가 되고 있는 창의성과 창의성 교육, 영재교육에 대해 심도 깊고 다각적으로 탐색한다. 즉 창의성의 본질은 무엇인지, 그리고 어떻게 발달되는지, 창의성 함양을 위한 최적의 교육방법은 무엇인지, 교육 프로그램을 어떻게 개발해야 하는지 등과 관련된 최신의 연구동향과 실제적인 사례 및 적용 방법 등을 배우게 된다. 또한 영재교육과 관련된 전반적인 이론과 국내외적 영재교육 정책, 재능발달 교육, 긍정심리학 이론 등도 다루고 있다. 이와 같은 분야에 대한 체계적인 이해는 창의성 교육과 영재교육의 전문가가 되기 위한 필수적인 요건이라 할 수 있다.

6) 청소년 복지

청소년 복지 분야는 청소년들의 균형 있고 행복한 성장 방안을 모색하는 이론적이고 실천적인 학문 영역이다. 청소년들은 아동에서 성인이 되어가는 중간 성장단계를 거치면서 다양한 생물학적·인지적·심리적·문화적·사회관계적 변화를 경험한다. 이러한 변화의 시기에 청소년들은 정신적·신체적 건강에 해를 입는 취약집단이 되기 쉽다. 따라서 이 학문 영역은 청소년 심리, 활동, 문화, 문제, 정책 등의 분야들을 종합적으로 탐구함으로써 청소년들을 유해환경으로부터 보호할 뿐만 아니라 청소년들의 능동적인 참여 기회를 확대시키고 청소년들의 복지를 증진시킬 수 있는 방안을 찾는 데에 초점을 두고 있다. 유익한 사회적 환경을 기반으로 궁극적으로 청소년이 자기 발전을 통해 성숙한 사회 구성원이 될 수 있는 지원 방안을 심리·사회·사회복지학 등 여러 인접 학문 간의 융합적 접근을 통해 도출해 나갈 수 있다. 청소년 복지 및 지도 분야는 졸업 후 청소년 문제·교육·문화·정책·법 관련 전문가 또는 청소년지도사 및 청소년상담사 등 청소년 육성·지도 업무를 담당하는 전문가로 진출하기 위해 필요한 핵심적 영역이다.

2. 아동청소년학 연구의 역사와 접근방법

지금까지 아동청소년학의 정의와 주요 연구 분야들에 대한 소개를 통해 아동청소년학의 범위가 매우 넓고 여러 관련 이론들이 실생활에 다양하게 직간접적으로 응용되고 있음을 알았을 것이다. 아동청소년학은 아동·청소년의 발달과 교육과 성장에 관한 이론의 개발과 검증, 그리고 이를 현실 세계에 적용하려는 목표를 가지고 상당한 양의 연구를 축적시키면서 발전해왔다. 다음에선 아동 연구의 역사를 살펴보고, 아동을 과학적으로 연구하는 접근법에 대해 살펴보고자 한다.

1. 아동·청소년 연구의 역사

아동을 대상으로 보다 과학적이고 체계적으로 연구가 이루어진 것은 약 100여 년 정도밖에 되지 않는다. 17세기 이전까지만 해도 아동은 성인의 축소판으로 여겨져 성인의 관심이나 배려가 요구되는 특별한 존재로 인식되지 못했기 때문이다. 17세기 코메니우스Comenius가 등장함으로써 이런 아동에 대한 기존의 생각에 변화가 생겨나기 시작했다. 코메니우스는 아동의 육체적·정신적 건강을 위해 어머니가 최선을 다해야 하며, 자녀에 대한 의무와 권리를 성실하게 이행해 아동의 능력에 따라 양육해야 한다는 모친학교 Mother's Knee School를 주장함으로써 아동에 대한 관심을 새롭게 했다. 이에 영향을 받은 페스탈로치Pestalozzi는 3세 반이 된 자신의 아들을 관찰·기록하고 그 자료를 모아 1774년에 책으로 출판했다. 이 책은 아동에 관한 최초의 과학적인 기록으로 인정받고 있으며, 관찰을 통해 다양한 정보를 얻을 수 있다는 사실도 일깨워주는 계기가 되었다. 특히 쉰Shinn이 발표한 유아전기 『The Biography of a Baby(1900)』는 초기 미국의 아동에 관한 연구 중 가장 완벽한 연구로 알려져 있다.

20세기에 접어들면서 아동연구는 본격적으로 국가적 차원의 관심 대상이 되기 시작했다. 그 기틀을 마련한 사람 중 하나인 홀Hall은 아동을 집단으로 연구할 수 있는 질문지법을 개발해 아동에 대한 과학적 연구를 자극하는 역할을 했으며, 비네Binet는 1905년 최초의 지능검사를 만들면서 검사운동test movement을 일으키는 데 결정적인 역할을 했다. 이후 제1차 세계대전 중 집단용 지능검사가 개발되면서 검사운동은 본격화되기 시작했다. 그리하여 아동 연구는 20세기에 들어 홀과 비네 등의 활동에 힘입어 하나의 학문 분야로 자리 잡게 되었다김춘경 외, 2003, p. 32에서 재인용.

2. 아동·청소년 연구의 접근법

아동청소년학을 연구하는 데 필요한 접근 방법은 연구 목적이나 연구 설계, 연구 변인의 조작 여부 등에 따라 다양하게 분류된다. 아동·청소년을 학문적으로 연구하기 위한 과학적 연구 방법을 다루는 것으로, 연구 대상의 선정과 연구 실시 방법에 따라 종단적 접근 방법과 횡단적 접근 방법, 연구 결과의 처리 및 제시 방법에 따라 질적 연구와 양적 연구로 분류해 설명할 수 있다.

1) 종단적 접근 방법과 횡단적 접근 방법

종단적 접근 방법Longitudinal approach은 한 연령층의 아동을 표집해 이들을 대상으로 여러 해 동안 반복적으로 연구함으로써 연령 증가에 따른 아동의 성장과 발달 특성 및 변화 양상을 살펴보는 방법이다. 종단적 접근 방법의 대표적인 예는 패널 연구이다. '한국아동패널'은 출생부터의 성장 과정을 장기적으로 조사해, 각 시기에 발생하는 요구와 양육실태, 아동의 발달 특성, 육아지원기관의 기능과 효과, 그리고 이들을 둘러싼 환경의 영향에 관해 국가에서 종단자료를 수집해 심도 있는 정책적, 학술적인 연구들을 활성화하는 데 기여하고 있다. 한국 청소년정책연구원에서도 2009년부터 NYPI 한국 아동·청소년 통합조사 시스템을 구성하고, 여성가족부의 반복 횡단 조사 자료도 추가해 한국 아동·청소년의 의식 및 생활을 체계적으로 분석할 수 있는 대표적인 기초 통계자료 'NYPI 아동·청소년 데이터 아카이브'를 구축하고 있고, 아동·청소년에 대한 연구와 과학적 근거에 기반한 정책 수립에 활용하고 있다. 해외의 여러 선진국들은 이미 오래 전부터 이러한 국가적인 자료를 모아오고 있었다. 종단적 접근 방법은 발달과정에 대한 전반적인 정보를 보다 체계적·주기적으로 모니터링할 수 있으며, 이를 통해 정보를 정확하게 제공해줄 수 있는 장점이 있다. 그러나 시간과 노력, 비용이 많이 들고 연구 대상자가 편파적으로 선정될 가능성이 있으며, 시간 경과에 따라 최초의 연구 대상자가 많이 탈락할 수 있다는 문제점이 있다. 또한 그로 인한 연구 결과의 편파성을 배제하기 어렵고, 오랜 시간 검사도구의 사용으로 인한 편파성 및 그에 따른 결과 해석상의 문제 등이 단점으로 지적된다. 따라서 정부 부처들 간의 협력을 통한 이러한 종단적 데이터 구축은 연구자에게 좋은 데이터의 접근성과 활용을 가져오고, 아동청소년을 위한 시의성 있는 맞춤형 정책 및 서비스의 개발에 기여할 수 있다.

횡단적 접근 방법Cross-sectional approach은 한 시점에서 여러 다른 연령집단을 동시에 표집해 연령 집단 간의 차이를 비교해 그들 간의 발달적 특징을 전반적이고 개략적으로 살펴보는 방법이다. 예를 들면 2013년 4월의 한 시점에 만 3세에서 만 18세까지의 아동을 각각 50명씩 총 800명을 표집하고 이들을 대상으로 지능검사와 창의성 검사를 실시해 결과를 살펴보는 것이다. 이러한 접근 방법은 시간과 노력, 비용이 종단연구보다 적게 드는 경제적 장점이 있다. 그러나 이 접근 방법의 단점은 분명한 개인차나 연령에 따른 세부적인 변화라기보다는 표집된 연령집단의 특성으로 인한 연령별 양상이기 때문에 연령에 따른 변화의 양상을 도출하기는 어렵다. 그리고 연구

대상이 다양한 특성을 지녔거나 여러 지역에서 표집되었을 경우 가외변인들의 효과를 통제하기도 어렵다. 그럼에도 불구하고 경제적이기 때문에 실제 연구에서 가장 많이 활용되고 있다.

2) 질적 연구와 양적 연구

사회과학이나 행동과학에서 수행되는 연구는 양적Quantitative 연구와 질적 Qualitative 연구로 구분할 수 있다. 20세기 초반에는 통계적인 분석 방법이 그리 발달하지 못했기 때문에 질적 연구가 주류를 이루었지만, 20세기 중반 이후에는 주로 연구결과에 대한 통계적 분석 방법을 많이 이용하는 양적 연구가 주를 이루게 되었다. 그러나 최근에는 인간의 다양한 특성에 대한 깊이 있는 분석을 위해 질적 연구에 대한 관심이 다시 증가되고 있다.김춘경 외, 2003, p. 40에서 재인용 아동 연구에서는 관찰법일화기록법, 표본식 기술, 시간표집법, 사건표집법, 조사연구면접법, 질문지법, 사회적 측정법, 실험적 방법, 사례 연구 등이 많이 쓰이는 연구 방법인데, 이를 통해 얻어진 자료를 수량화해 분석하고 통계적으로 처리하면 양적 연구가 되고, 자료를 수리적인 증명이나 딱딱한 이론이 아닌 개념적이고 실제적 사례 위주로 기술하고 요약하여 보고하면 질적 연구로 분류된다.

양적 연구는 산출된 연구결과들의 전체적인 경향을 파악하기 위해 정보를 수치화하고, 수치화한 결과들에 다양한 통계방법을 적용해 분석하고 해석하는 접근 방법이다. 이 방법은 연구자가 의도적으로 변인을 조작하는지의 여부에 따라 실험연구와 비실험연구로 구분된다. '실험연구'는 연구자가 연구대상이나 연구를 실시하는 장면에 대해 어떤 처치나 조작을 가하고 이것이 연구자의 궁극적인 관심행동에 어떤 영향을 미치는지에 대해 연구하는 방법이다. 이 접근 방법은 실험실 내에서 혹은 현장의 자연스러운 실험 상황에서 연구가 이루어진다. 예를 들면 반두라Bandura의 '공격성 모방실험'을 들 수 있다. '비실험연구'는 '기술적 연구', '비조작적 연구', '자연적 연구' 등의 다양한 이름으로 불리며, 이는 비교적 자연스런 상태에서 특별한 조작을 가하지 않고 변인들 간의 관계를 관찰하거나 조사하고 기술한다. 이 방법은 주로 실험 연구를 계획하는 데 필요한 정보를 제시해주며, 현장 관찰연구, 조사 연구 등의 유형이 있다. 예를 들면 놀이실 내에서의 아동의 놀이 유형이나 가정에서 부모와 유아의 상호작용 등에 대한 연구 등을 들 수 있다.

질적 연구는 비교적 자유로운 질문이나 관찰을 통해 융통성 있게 수집된 정보를 분석해 결과는 제시하는 방법으로 연구자의 역할과 연구 대상자와의 친밀감rapport 형성이 매우 중요하다. 질적 연구는 연구하는 과정 그 자체가 곧 분석과 해석의 과정을 겸하고 있기 때문에 연구 결과의 제시는 연구 대상자들의 말을 직접 인용하고 거기에 대한 연구자의 해석을 첨가하는 방식으로 제시된다.장휘숙, 한건환, 2005 최근에는 비디오 등 다양한 시청각 자료가 발달함에 따라 아동을 직접 관찰하는 질적 연구가 더욱 활발하게 이루어지고 있다. 사례연구나 포트폴리오를 통한 아동 연구는 대표적인 질적 연구라 할 수 있다.

3. 아동·청소년기에 대한 이론적 관점들

아동과 청소년의 발달과정과 학습을 설명하는 이론들은 어떤 부분에 초점을 맞추느냐에 따라 다양하다. 즉 성격발달, 인지발달, 정서발달 등의 영역이냐 영·유아기, 청소년기, 전 생애 등의 시기냐에 따라 다양한 이론이 적용된다. 섀퍼Shaffer, 2000는 발달 및 학습 관련 이론을 이론의 철학적 기초나

세계관에 따라 기계적 모형, 유기체 모형, 맥락적 모형으로 범주화했다. 번스Berns, 1994는 아동발달과 학습의 원동력이 어디에 위치하느냐에 따라 이론을 세 가지 범주로 나누었다. 첫째는 생물학적 기초의 중요성을 강조해 아동 내부에 발달과 학습의 원동력이 있다고 보는 이론으로서, 성숙이론과 동물행동학적 이론이 해당된다. 두번째 범주는 아동 외부에 발달과 학습의 원동력이 있다고 보는 이론으로서, 학습에 초점을 둔 이론들과 문화에 초점을 둔 사회문화 이론을 포함한다. 세 번째 범주는 발달과 학습을 아동의 내부 요인과 외부 요인 간의 상호작용으로 설명하려는 이론으로 구성했다. 정신분석, 인지, 체계, 유전학 등에 각각 강조점을 두는 이론들이 이에 속한다. 지금 소개할 아동·청소년 발달과 관련된 20세기의 주요 이론들을 정리해 제시하면 〈표 1〉과 같다.

발달원동력의 위치	이론의 초점	해당 이론	대표 이론가	비고**
아동 내부 (생물학적 영향력)	생물학	성숙 이론 동물행동학 이론	게젤Gesell, 로렌트Lorenz, 보울비Bowlby	유기체
아동 외부 (환경적 영향력)	학습	행동주의 이론 사회학습 이론	왓슨Watson, 스키너Skinner 반두라Bandura	기계적
	문화	사회문화적 이론	비고츠키Vygotsky	맥락적
아동 내부와 아동 외부 힘 간의 상호작용 (상호작용적 영향력)	정신분석	심리성적 이론 심리사회적 이론	프로이트Freud 에릭슨Erikson	유기체
	인지	인지발달 이론 정보처리 이론	피아제Piaget *	유기체
	체계	생태학적 이론	브론펜브레너 Bronfenbrenner	맥락적
	유전학	행동유전학 이론	스카Scarr	맥락적

표 1. Berns(1994)에 기초한 주요 이론의 범주화
*대표 이론가 없음. **Shaffer(2000)의 모형.

1. 내적인 힘에 의한 발달과 학습

1) 성숙 이론

아동 연구에 철저하게 과학적인 발생학적 모델을 적용시킨 사람은 게젤 Gesell로서 아동의 각 발달 단계에서 전형적으로 나타나는 운동기술, 사회적 행동, 성격 특성 등에 관한 규준 정보를 제공하였다. 성숙maturation은 유전적 으로 결정된 특질, 구조 또는 기능들을 펼쳐나가게 하는 발달기제이다. 게 젤은 종의 진화와 개인의 타고난 유전인자에 의한 성숙기제가 아동의 발달 을 정해진 순서에 따라 일어나도록 한다고 믿었다. 물론 아동의 발달에 따 라 발달 속도에 차이가 있을 수 있으나 발달 속도에서의 개인차 역시 내적인 유전자에 의해 통제된다고 보았다. 한편 학습에 대해 게젤은 아동이 생물학 적으로 발달해 학습에 대한 준비가 되었을 때 비로소 학습이 일어날 수 있 다는 입장을 취했다. 조기 훈련과 조기 자극의 효과는 일시적인 것에 불과 하므로 아동양육은 아동의 내적 계획인 '유기체 시간'을 인식하는 것에서 출 발해야 한다고 했다.

2) 동물행동학

동물행동학ethology은 인간 행동의 진화론적 기초와 함께 그 진화된 반응들 이 종의 생존과 발달에 어떻게 기여하는지를 과학적으로 연구하는 이론이 다Archer, 1992. 다윈Darwin의 진화론에서 기원한 동물행동학은 로렌츠Lorenz 와 틴버겐Tinbergen이 진화의 과정과 적응행동 간의 중요한 관계를 제시함으 로써 발전되었다. 모든 동물은 자연선택natural selection의 과정에서 진화된 생물학적인 프로그램과 생존에 도움이 되는 적응적·본능적 행동을 가지고 태어난다고 보았다. 동물행동학자들은 동물이 적응하고 진화해 온 자연 환경 속에서 그들의 본능적 행동을 연구함으로써 인간 발달에 영향을 미치는 타고난 특성들을 이해하려 했다.

로렌츠는 한 마리의 어미거위가 낳은 알을 두 집단으로 나누어 한 집단의 알은 어미 거위가 부화하게 하고, 다른 집단의 알은 로렌츠 자신이 부화시켰더니 그가 부화시킨 알에서 깨어난 새끼 거위들이 그를 어미처럼 따라다니는 것을 관찰할 수 있었다. 로렌츠는 이런 새끼 거위의 어미 거위에 대한 본능적인 추종 행동이 부화 후 36시간 정도의 짧은 결정적 시기critical period 동안 각인imprinting되어 나타난다는 것을 밝혀냈다.조복희·정옥분·유가효, 1997, p. 79

동물에서 쉽게 확인되는 각인현상을 인간에게서 찾으려 했던 동물행동학자 보울비Bowlby는 영아 역시 다양한 선천적인 행동을 보이며, 그러한 반응들이 자신의 생존과 정상적인 발달에 도움이 되는 특유의 경험을 증진시킨다고 주장했다. 예를 들어 영아의 울음은 양육자를 달려오게 하는 고통의 신호로서 생물학적으로 결정지어진 것이며 양육자 또한 생물학적으로 그러한 신호에 반응하는 성향을 갖고 있다. 보울비1973는 인간 유아의 사회적·정서적 반응의 발달을 위한 민감기sensitive period가 생후 3년 동안이라고 믿고, 이 시기에 양육자와의 긴밀한 정서적 유대 즉 애착을 형성하는 것은 성장과정에서 타인과 친밀한 정서적 관계를 맺는 데 기초가 된다고 했다. 이처럼 아동의 발달 과정에서 애착에 관한 주의를 환기시키고 애착이 어떻게 단계적으로 발달하는가를 설명한 보울비의 이론을 애착 이론attachment theory이라고 부른다.

2. 외적인 힘에 의한 발달과 학습: 맥락적 영향력

아동 외부의 힘은 아동 발달과 학습에 영향을 미치는 다양한 맥락들, 즉 가족, 학교, 또래집단, 지역사회 등에 속한 사람들의 행동을 포함한다. 외적인 힘에 의한 아동 발달과 학습은 진화나 유전 등의 생물학적 요인보다는 사회 문화나 역사와 같은 환경적 요인의 영향에 의한 학습을 통해 일어난다. 여기서 학습이란 '경험이나 관찰의 결과로 유기체에게 일어나는 비교적 영속적인 행동의 변화 또는 행동 잠재력의 변화'이다.신명희·박명순·권영심·강소연, 1998, p. 146 이러한 관점에서 비롯된 학습 이론에서는 인간의 발달에 단계가 있다고 생각하지 않으며, 인간의 기본적인 심리적 동기는 환경에 의해 좌우되므로 보상과 벌을 중요하게 생각한다. 학습 이론에 해당하는 고전적 조건형성과 조작적 조건형성, 그리고 사회 학습 이론을 개괄적으로 살펴보기로 한다.

1) 학습 이론

(1) 고전적 조건형성

파블로프의 실험 : 현대 학습이론은 러시아의 생리학자인 파블로프Pavlov에 의해 시작되었다. 그는 개의 타액 분비에 관한 실험으로 고전적 조건형성 classical conditioning에 대한 연구를 시작했다. 개가 음식무조건 자극에 대해 자연스럽게 침을 분비무조건 반응하면 분비된 양을 자동으로 기록하는 장치를 통해 분비된 침의 양을 측정했다. 그런 다음 침의 분비와 관련이 없는 다른 자극중성 자극: 여기서는 종소리을 제시했을 때 이 중성 자극에 대해 선천적인 무조건 반응인 타액 분비가 나타나는지를 실험했다. 종소리를 들려준 후 음식을 제공하는 절차를 여러 번 반복한 후에 종소리만 들려주고 음식은 제공하지

않았음에도 불구하고 개는 종소리와 음식 간의 연합을 학습함으로써 침을 분비조건 반응했다.

이와 같이 파블로프의 조건형성 원리는 선천적인 반응에만 적용·설명된다는 점에서 한계가 있다. 그러나 지식이 연합에 기초한다는 로크Locke의 철학적 입장을 과학적 연구 영역으로 이끌어냈다는 데서 의의를 찾을 수 있다.

왓슨의 행동주의 : 파블로프의 연구를 미국에 소개한 왓슨Watson은 행동주의behaviorism를 창시했다. 행동주의는 첫째, 인간발달에 관한 결론은 관찰 불가능한 무의식적 동기나 인지과정에 관한 사실보다는 외현적인 행동에 대한 관찰에 기초해야 하며, 둘째, 인간발달과 학습은 외적인 자극과 관찰 가능한 반응 간의 연합association에 의해 일어난다고 전제했다. 왓슨은 로크와 마찬가지로 아동을 환경으로부터 수동적으로 영향받는 존재라고 보고 '환경적 결정론environmental determinism'을 주장했다. 이에 그는 "나에게 12명의 건강한 아이를 준다면 그들을 자신이 원하는 대로 의사든, 변호사든, 도둑이든, 거지든 만들 수 있다."라는 유명한 말Watson, 1924을 남겼다.

왓슨은 레이너Raynor와 함께 수행한 실험1920에서 고전적 조건형성의 원리를 인간의 정서반응 습득에 적용시켰다. 그들은 유아가 큰 소리무조건 자극에 두려움무조건 반응을 느낀다는 것을 관찰하고 한 가지 실험을 실시했다. 즉 9개월 된 알버트Albert에게 공포심을 유발하지 않는 중성 자극인 흰쥐를 보여주고 놀게 한 후, 알버트가 11개월이 되었을 때 흰쥐에 다가갈 때마다 망치로 쇠막대를 때리면서 큰 소리를 냈다. 이러한 행동을 7회 반복한 후 소리를 제거하고 흰쥐만을 알버트 앞에 제시했을 때 그는 흰쥐에 대해 공포를 나타내었다. 이 실험으로 왓슨은 인간의 정서인 공포가 큰 소리인 중성 자극과 연합될 수 있다는 것을 보여주었다.

(2) 조작적 조건형성

1950년대와 1960년대에 절정을 이루었던 왓슨의 행동주의를 비판하며 등장한 사람은 스키너였다. 그는 고전적 조건형성이 특정 자극에 대해 반응하는 간단한 반사행동의 학습을 설명하기에는 유용하지만, 유기체 스스로 조작하는 행동을 설명하기에는 부적당하다고 믿었다. 스키너의 실험은 먹이통과 그에 연결된 지렛대, 그리고 먹이접시가 장치된 '스키너 상자'에서 주로 이루어졌다. 상자 속의 쥐는 상자 안을 돌아다니며 탐색하거나 바닥을 긁기도 하는데, 그런 행동들은 어떤 자극에 의해 유발된 행동이라기보다는 자발적으로 선택한 조작적 행동이다. 그러던 중에 우연히 지렛대를 눌러 그 결과로 먹이접시에 먹이가 나오면 먹게 된다. 이와 같은 지렛대를 누르는 행동과 그에 따른 긍정적 결과가 여러 번 반복되면서 지렛대 누르기와 먹이 보상과의 관계를 점차 학습하게 된 쥐는 지렛대를 누르는 조작행동을 반복함으로써 조작적 조건형성operant conditioning을 하게 된다.

오늘날의 발달심리학자들도 스키너의 주장대로 행동의 결과에 따라 그 행동이 나타나거나 사라진다는 것에 대해 동의한다. 그러나 조작적 조건형성에 의해 행동이 결정된다는 스키너의 주장은 외적 자극을 지나치게 강조한 나머지 학습과정에서의 인지적인 측면을 무시했다는 점에서 비판을 받고 있다.

2) 사회학습 이론

사회적 장면에서 이루어지는 인간의 학습을 동물을 대상으로 실시한 연구에 근거해 설명하는 것이 타당할까? 스키너의 조작적 조건형성은 동물에 있어서는 중요한 학습 원리이지만, 인지적 존재인 인간은 동물과 달리 행동과 결과 간의 관계에 대해 생각하며, 실제 경험한 사건보다는 앞으로 일어날 것으로 믿는 사건에 의해 더 큰 영향을 받을 때가 많다. 또한 조건형성 이론은 직접적인 강화나 벌 없이는 어떤 학습도 일어나지 않는다고 가정하지만, 불이 위험하다는 것을 학습하기 위해 모든 아동이 생명의 위험을 무릅쓰고 직접 불을 만져보지는 않는다. 반두라는 사회적 상황 속에서 타인의 행동을 관찰함으로써 더 빨리 학습할 수 있다는 사회학습 이론social learning theory을 주장했다. 외적인 강화 없이도 타인의 행동을 단순히 관찰함으로써 필요한 행동을 학습하는 관찰학습observational learning은 아동이 모델의 행동을 모방하거나 대리적 강화를 통해 학습을 한다고 했다. 언니의 인사하는 행동을 모방해 동생이 인사하는 행동을 배우는 것, 형이 인사해 그 결과로 상을 받는 것을 본 동생의 인사 행동이 증가하는 것을 예로 들 수 있다. 이 외에, 아동은 자신의 행동에 대해 스스로 평가하여 가치 있다고 생각되는 행동을 스스로 강화함으로써 학습할 수도 있다.

한편 반두라1986, 1989는 아동이 적극적이며 사고하는 존재이므로 자기 스스로 자신의 발달과 학습에 기여한다고 보았다. 즉 관찰학습이 완성되기 위해서 관찰자인 아동이 사회적 모델을 자유롭게 선택하고 그 모델의 행동을 적극적으로 주목하고 기억해야만 학습이 가능하다. 이에 반두라는 인간의 발달이 인간과 그 인간의 행동, 그리고 그 인간이 처한 환경 간의 상호작용에 의한다는 '상호결정론'적 입장을 취했다.

3) 사회문화적 이론

러시아의 발달심리학자인 비고스키Vygotsky는 피아제Piaget와 같은 해에 태어나 그의 이론을 피아제와 비슷한 시기에 발표했지만 그의 업적과 저서가 영어로 번역되는 것이 피아제보다 늦게 이루어지면서 뒤늦게 널리 알려진 학자이다. 인지발달의 근원을 사회문화적 환경에서 찾으려 했다는 점에서 그의 이론은 주목받고 있다.

비고스키는 아동 내부에 있는 성장의 힘을 인식하고 아동이 호기심 많은 탐험자와 같다는 피아제의 생각에 동의했으나, 피아제의 '자기주도적' 발견에 대해서는 덜 강조했다. 비고스키는 같은 문화권에 살면서 자신보다 능숙하게 추론하고 문제를 해결하는 사람들과의 상호작용 과정에서 인지발달이 일어난다고 주장함으로써 성장 과정에서 사회적 공헌이 더 중요하다고 생각했기 때문이다.

비고스키에 의하면 아동은 언어를 중요한 매개수단으로 사회적 상호작용을 함으로써 자신이 속한 문화에서 전해져 오는 개념이나 사실, 태도, 기술 등을 내적인 정신과정으로 내면화한다고 했다. 그 과정에서 아동이 혼자서 문제를 해결할 수 있는 현재의 발달수준은 타인의 도움을 받아 문제를 해결할 수 있는 잠재적 발달수준과 차이를 보이게 된다. 근접발달영역 zone of proximal development: ZPD이라 불리는 그 차이는 개인마다 다를 수 있지만, 사회적 협력이나 교사의 지도가 아동의 근접발달영역에 작용한다면 학습에 도움을 주는 비계가 설정되므로 아동의 잠재적인 능력을 최대한 개발하는 데 도움을 줄 수 있다고 했다. 요약하면, 사회문화적 이론sociocultural theory에서는 아동이 사회적 상호작용을 통해서 사회적 지식을 얻게 되며, 그 지식은 개인 내의 지식으로 전환되어 점점 증가되고 복잡해진다고 설명한다.

3. 내·외적인 힘의 상호작용에 의한 발달

아동의 내부와 외부에 있는 발달원동력 간의 상호작용은 이론에 따라 세 가지로 분류된다. 정신분석 이론에서는 본능과 사회적 요구 간의 갈등으로, 인지발달 이론에서는 뇌의 성숙과 환경 속에서의 아동 경험 간의 관계로 이해된다. 발달원동력의 상호작용적 영향력을 성장하는 인간, 그리고 인간이 살고 있는 환경과 그 환경을 둘러싼 더 큰 맥락에서 일어나는 변화 간의 상호 조절로써 설명하려는 생태학적 입장도 있다.[Berns, 1994]

1) 정신분석 이론

인간의 행동을 일으키는 무의식적인 힘을 분석하는 정신분석 이론psychoanalytic theory은 아동의 발달을 성sex이나 공격성과 같은 본능적인 충동을 사회적으로 용납될 수 있는 행동으로 이끌면서 성격이 발달하게 된다고 설명한다. 정신분석 이론은 프로이트의 심리성적 이론psychosexual theory과 그의 이론을 수정해 제시한 신프로이트 학파의 심리사회적 이론psychosocial theory을 포함한다. 전자의 이론은 행동의 영향 요인을 성적인 본능에 초점을 둔 반면 후자의 이론은 사회적 상호작용에 초점을 두었다는 점에서 차이가 있다. 여기서는 프로이트의 이론과 함께 심리사회적 이론의 대표자인 에릭슨의 이론을 살펴보기로 한다.

(1) 심리성적 이론

비엔나의 정신과 의사였던 프로이트는 히스테리 환자를 자유연상free association이나 꿈의 해석과 같은 기법으로 치료하면서 정신적인 문제가 무의식 속에 잠재된 생각이나 욕망에 의해 일어난다고 믿었다. 따라서 인간의 행동은 이러한 정신 또는 성격의 기초적인 과정을 이해함으로써 설명될 수 있다고 했다.

정신과 환자들을 치료하면서 프로이트는 환자들의 정신적인 문제가 억압되어 있던 어린 시절의 성적인 갈등에서 비롯된다는 것을 발견함으로써 가장 중요한 본능을 성적인 본능이라고 하였다. 그러나 어린 아동도 성적인 존재라 할 수 있을까? 프로이트는 그렇다고 생각했다. 그는 성적인 본능을 리비도libido라고 부르며 성을 폭넓게 개념화했다. 손가락을 빨거나 배설하는 것과 같은 신체적 쾌감을 일으키는 모든 행동이 성적 본능에 의한 행동에 포함된다고 보았다. 아동의 발달에 따라 리비도가 집중된 신체부분, 즉 성적 만족을 얻는 신체부분은 생물학적으로 정해진 순서에 따라 입 → 항문 → 성기 → 무의식 속에 잠복 → 성기 부위로 달라진다고 보고 심리성적 발달을 구강기, 항문기, 남근기, 잠복기, 생식기의 다섯 단계로 나누어 설명하였다.

프로이트는 아동이 거치는 각 단계마다 부모의 역할이 중요하다고 믿었다. 아동의 성적인 욕구가 지나치게 충족되거나 충족되지 못하면 아동은 그러한 욕구충족 활동에 집착하게 되어 그 단계에 고착fixation하게 된다. 예를 들어 손가락 빨기 때문에 심하게 벌을 받은 유아는 빨기 욕구를 충족시키지 못해 성인이 되었을 때 줄담배를 피우는 것과 같은 대체 행동으로써 구강기 고착을 나타낼 수 있다. 이처럼 어린 시절의 경험과 갈등은 잔존하여 성인이 되었을 때의 흥미, 활동, 성격에 영향을 미치게 된다.

프로이트의 가장 큰 공헌은 의식적인 경험 속에 감추어진 무의식적 경험과 동기의 존재를 확인하고 심리학자들의 인간에 대한 이해를 변화시켰다는 점이다. 인간의 모든 정신적 활동은 그 이전의 행동이나 사건에 의해 결정된다고 보아 어린 시절의 경험이 지속적으로 영향을 미칠 수 있다는 것과 인간발달에서 애정·불안 등의 정서가 중요한 역할을 한다는 것이 확인

된다는 점에서 프로이트의 이론은 긍정적으로 평가될 수 있다.Crain, 1980; Shaffer, 2000

(2) 심리사회적 이론

독일에서 태어난 에릭슨은 비엔나에서 정신분석학자들로부터 전문적인 훈련을 받은 후 미국으로 건너갔다. 미국 최초의 아동분석가로, 대학생과 군인 그리고 인디언의 생활을 연구하는 학자로 일하며 다양한 사회집단에서 일어나는 발달의 유사성과 차이점을 관찰할 수 있었다. 에릭슨의 이론은 프로이트의 정신분석 이론에 기초하고 있으나 몇 가지 차이점이 있으므로, 그 차이점을 통해 심리사회적 이론의 특징을 살펴보고자 한다.Bee, 1997; Crain, 1980; Shaffer, 2000 첫째, 에릭슨은 아동을 생물학적인 충동에 수동적으로 얽매인 존재라기보다는 환경에 적응하고자 탐색하는 능동적이며 호기심 많은 탐험자로 보았다. 그는 인간 발달의 단계에서 사람들은 성공적으로 적응하기 위해 사회적 현실에 대처해야 하므로 그 역할을 맡은 '자아'의 역할이 중요하다고 믿었다. 둘째, 자신의 다양한 경험을 바탕으로 에릭슨은 자아의 발달과정에서 문화적 요인의 영향을 강조했다. 프로이트는 어린 시절의 경험에서 부모의 중요성만을 강조했으나, 에릭슨은 부모뿐만 아니라 가족, 친구, 사회, 문화 배경도 중요한 요인으로 강조했다. 셋째, 프로이트는 한 단계에서의 실패를 고착으로 설명하고 그 실패를 되돌릴 수 없다는 비관적인 견해를 가지고 있었으나, 에릭슨은 적절한 사랑과 보살핌으로 실패를 수정할 수 있다는 낙관적인 견해를 가지고 있었다. 넷째, 에릭슨은 아동기를 중심으로 발달단계를 제한적으로 언급하기보다는 전 생애에 걸쳐 사회적 환경에 적응하려는 개인의 욕구와 욕구충족 과정에서 야기되는 갈등의 해결을 중심으로 심리사회적 발달의 단계를 제시함으로써 평생발달의 중요성을 강조하였다.

2) 인지발달 이론

인지cognition란 단어는 라틴어의 'cognoscere', 즉 '아는 것to know'이라는 단어에서 유래되었다. 정신분석 이론가들이 성격 발달에 일차적인 관심을 둔 것과 달리 인지 이론가들은 아동의 인지 활동과 인지 기능의 발달을 설명하는 데 초점을 두었다. 그리고 아동을 단순히 외부 자극에 대한 반응자나 무의식적인 욕구를 가진 존재가 아닌 능동적으로 환경과 상호작용하는 존재로 인식하였다.

인지발달 이론은 크게 두 가지로 나뉜다. 사고가 보편적인 연속 단계를 거치면서 발달한다고 주장하는 피아제의 인지발달 이론cognitive-developmental theory과 콜버그Kohlberg의 도덕발달 이론이 한 부류이다. 또 다른 부류는 인간은 마치 컴퓨터처럼 정보를 처리하며, 성장하면서 더욱 효과적으로 정보를 처리하게 된다고 보는 정보처리 이론information processing theory이다.

(1) 피아제의 인지발달 이론

피아제는 1896년 스위스에서 태어나 어려서부터 동물의 환경 적응을 이해하는 데 관심을 보이며 1918년 동물학 박사학위를 받았다. 동물학은 그에게 지식의 기원을 찾는 인식론의 기초를 제공했다. 피아제는 큰 호수에 살던 연체동물을 작은 연못으로 옮겨 키울 때 환경의 변화로 유기체에 구조적인 변화가 일어나는 것을 관찰했다. 이것은 어떤 생물이든 유기체 특유의 발달을 위한 유전인자는 물론 환경의 변화에 적응할 수 있는 유기체 구조상의 유연성도 가지고 태어난다는 것으로, 피아제가 주장하는 유기체와 환경 간 상호작용 이론의 기초가 되었다. 인간의 경우도 이와 유사하게 나이가 들면서 인지구조를 변화시킴으로써 환경에 적응해 나가는 사고 과정의 유연성이 있다고 하였다.

생물학적인 배경에 기초하여 피아제는 유기체의 환경에 적응하는 능력을 지능이라고 정의하였다. 적응을 통해 유기체는 접하고 있는 상황의 요구에 대처할 수 있게 된다. 예를 들어, 배고픈 영아가 손에 쥐고 있던 젖병을 입으로 가져가는 것은 적응적으로 행동하는 것이며, 여행 중인 사람이 지도를 잘 보는 것도 마찬가지이다. 그러므로 인지발달 과정은 아동이 성장하면서 자신의 환경에 더 잘 적응할 수 있도록 돕는 인지구조cognitive structure를 끊임없이 재구성해 나가는 과정인 것이다. 피아제는 인지구조를 도식scheme이라고 불렀다. 도식은 사고 또는 행동의 조직화된 유형pattern으로서 경험의 어떤 측면을 이해하기 위해 아동이 구성한 것이다. 생후 초기에 기본적인 반사를 갖고 태어난 영아는 반사행동의 반복을 통해 행동도식behavioral scheme을 형성해 간다. 이러한 행동도식은 영아가 장난감을 만지고 숫자판을 돌리는 등 환경을 익힐 수 있도록 해준다. 영아기 말에는 시각적 이미지처럼 경험을 정신적으로 나타내는 상징도식symbolic scheme을 형성하며, 학교에 들어간 직후 아동의 도식은 조작적operational으로 된다. 조작적 도식은 내적인 정신활동이나 두뇌활동예를 들면, 인지적 덧셈이나 뺄셈 유형으로서, 정신적으로 정보를 다루며 일상생활에서 부딪히는 문제들을 논리적으로 생각할 수 있도록 해준다. 어떤 연령에서든 아동은 자신을 둘러싼 세계를 이해하기 위해 현재 자신이 가지고 있는 인지구조에 의존한다. 따라서 어린 아동과 나이든 아동은 매우 다른 유형의 도식을 가지고 있으므로 똑같은 사물과 사건에 대해 아주 다른 방식으로 해석하고 반응하게 된다.

아동은 어떻게 더 복잡한 도식을 발달시켜 지적으로 성장하게 되는가? 선천적으로 지식을 갖고 태어났거나 성인에 의해 어떻게 사고하는지를 배우는 것도 아니다. 대신 아동은 호기심이 많고 적극적인 탐험가로서 세상을 능동적으로 이해하고 새롭게 구성하고자 하는 구성주의자로 간주된다. 그들은 주변에서 일어나는 일에 관심을 기울이며, 접하는 사물을 실험하려 하고,

사건들을 연관 지으려 하지만 현재 이해하고 있는 것 즉 도식이 새로이 경험한 것을 설명하지 못할 때는 당황하게 된다.

피아제에 의하면, 아동은 두 가지의 지적 기능을 타고났기 때문에 새로운 도식을 구성할 수 있다고 하였다. 그 하나는 조직organization으로, 현재의 도식들을 새롭고 더 복잡한 지적 구조로 결합하는 기능이다. 또 다른 기능은 적응adaptation으로서 환경의 요구에 적응해 가는 과정을 의미한다. 인간은 일생을 통해 끊임없이 환경에 적응하기 위해 상호보완적인 활동인 동화assimilation와 조절accommodation에 의존한다. 동화는 자신이 이미 가지고 있는 도식에 맞춰 외부의 대상을 받아들이는 인지과정이다. 반면 조절은 자신이 가진 기존의 도식이 새로운 대상을 동화하는 데 적합하지 않아 불평형disequilibrium 상태가 되면 새로운 대상이나 사건을 접했을 때 처음에는 현재의 인지구조로써 이해하려고 하다가동화, 현재의 도식으로는 해결이 부적절하다고 판단되면 도식을 수정하거나조절, 현실과 더 잘 조화될 수 있도록 도식들을 다른 관련 도식들과 통합시키려 한다조직. 그럼으로써 사고 대상을 이해하게 되면 개인 내 인지구조와 환경 간에 조화평형: equilibrium의 상태를 이루게 된다. 그러나 호기심 많고 능동적인 인간은 다시 새로운 대상이나 사건을 접해 인지적 불평형 상태에 빠지게 되고 새로운 동화—조절의 과정이 시작되고 그 결과 그 전보다 더 높은 수준의 평형을 이룬다. 이렇게 평형과 불평형의 상태가 지속적으로 일어나면서 인간은 더 높은 인지수준으로 발전하게 된다.

피아제는 조직과 적응 과정을 통해 새롭게 생기는 인지구조는 기존의 구조와 질적으로 다르다는 가정을 하고, 이러한 인지구조의 질적인 변화를 크게 묶어서 인지발달 단계를 제시하였다. 그가 제시한 인지발달 단계의 특징을 간단히 정리하면 첫째, 모든 아동이 제시된 단계를 동일한 순서로 거쳐가지만 단계를 거치는 속도는 아동에 따라 다를 수 있다. 둘째, 각 단계는 그 이전 단계의 구조들이 통합되어 나타나므로 질적으로 다르며, 더 높은 수준의 단계이므로 단계를 뛰어넘을 수 없다고 주장한다.Crain, 1980; Ginsburg & Opper, 1979; Shaffer, 2000

(2) 정보처리 이론

인지발달이 연속적인 단계에 따라 일어난다고 보는 것과 달리, 정보처리에 관한 연구들은 인간의 사고과정과 발달을 컴퓨터의 작동에 비유하여 설명하려고 한다. 즉, 감각을 통해 들어온 환경으로부터의 정보를 수용하는 순간과 가시적 반응이 나타나는 순간 사이에 무엇이 일어나는지, 아동 내부에서 정보를 조작하는 기제가 무엇인지를 조명하려 한다. 감각을 통해 자료가 입력input되면 기억단기기억과 장기기억과 기억된 것의 통제에 의한 생산과정 throughput을 거쳐 행동으로 출력output하게 된다는 등 다양한 정보처리 모델이 제시되고 있다.Klahr, 1989 예를 들어, 선다형의 시험문제에 답할 때를 생각해 보자. 정보의 처리는 다음과 같은 과정을 거칠 수 있다. 정답이라고 생각되는 보기가 두 개로 압축되면입력, 선택하는 데 갈등을 일으키게 된다. 왜냐하면 보기에 제시된 표현이 공부한 것과 다르기 때문이다부호화. 강의노트나 교재를 머릿속에 그려보고장기기억, 몇 가지 정보를 인출하여 최종적으로 선택한 보기를 답으로 표기하는, 즉 출력을 하게 되는 것이다.

이러한 정보처리 과정들로 조직화된 정신적인 소프트웨어, 즉 아동의 사고는 아동에게 요구된 과제와 기능을 수행할 수 있도록 발달된다.Berns, 1994 그러나 인간은 컴퓨터와는 다른 독특한 존재이며, 무엇보다도 구체적이고 부분적인 행동변화나 문제해결 등은 잘 설명하지만 발달적 변화를 설명하기에는 부족하다는 점에서 정보처리 이론은 한계가 있다고 지적된다.Thomas, 1985

3) 생태학적 이론

체계system란 요소들이 하나의 전체로서 기능할 수 있도록 서로 연관 지어진 집합체를 의미한다. 전체로서의 기능이란 부분들의 단순한 합과는 질적으로 다르다. 예를 들어, 하나의 체계로서 가족 체계는 함께 사는 가족 구성원들 간의 관계로 구성되며, 그것은 개별 구성원의 특성들과는 차이가 있다. 체계 이론에서는 인간과 환경이 함께 기능함으로써 발달이 이루어지는 것으로 생각한다. 행동주의나 사회학습 이론과 같은 환경론적 이론에서도 '환경'을 언급했으나, 환경이란 개인의 발달을 이루는 외적인 모든 힘 혹은 발달이 일어나는 환경적 맥락으로 모호하게 기술되었었다. 그러나 브론펜브레네 Bronfenbrenner는 환경의 영향을 상세히 분석함으로써 인간발달에 관한 새로운 시각인 생태학적 이론ecological theory을 제시하였다.

브론펜브레네는 환경 혹은 자연생태계를 러시아 인형 세트처럼 내재된 구조들의 세트라고 정의했다.1979; 22 즉 발달하는 인간은 가족과 같은 직접적인 미시 체계부터 문화와 같이 멀리 떨어져 있는 거시 체계까지의 여러 환경체계들에 의해 둘러싸여 있다고 했다. 그리고 환경 체계 각각은 인간 및 다른 체계들과 상호작용해 발달에 의미 있는 영향을 미친다고 보았다. 이러한 관점은 생물학적으로 영향을 받은 인간의 특성이 발달에 관련된 환경적 영향력과 상호작용한다고 주장하기 때문에 생물생태학적 이론bioecological theory이라고도 불린다.Bronfenbrenner, 1995

4) 행동유전학

최근 발달 연구자들은 다음과 같은 질문을 제기했다. "타고난 유전인자의 특별한 조합에 의해 나타나는 특정 능력, 특질, 행동패턴이 있는가? 있다면, 그러한 속성들은 개인의 경험에 의해 수정되는가?" 이러한 질문에 초점을 두고 연구한 스카를 비롯한 연구자들을 행동유전학자라고 한다.

유전학과 마찬가지로 행동유전학에서도 개인의 타고난 유전자유전자형; genotype가 관찰될 수 있는 특성이나 행동표현형; phenotype으로 나타나는 과정을 발달이라고 본다. 그러나 엄격한 의미에서는 유전학과 차이가 있다. 왜냐하면 유전학은 동종의 모든 구성원을 특징짓는 유전적 속성과 그 구성원 모두에게 공통된 발달을 결과하는 속성들에 대해 연구하지만, 행동유전학 behavioral genetics은 대부분의 행동특성들을 유전적 성향과 환경 요인들 간의 상호작용의 최종 산물로 보고 동종 구성원 간의 차이를 설명하려 하기 때문이다. 예를 들어, 같은 환경에서 자라는 아동이라도 큰 키의 유전자를 물려받은 아동은 작은 키의 유전자를 물려받은 아동보다 대부분 키가 더 크다. 그러나 전자의 아동이 생후 초 매우 영양상태가 나쁘고 후자의 아동은 영양상태가 좋다면 성인이 되었을 때의 키는 비슷하게 될 것이다. 따라서 행동유전학자들은 유전적 요소가 강하게 드러나는 체격과 같은 속성도 흔히 환경적 요인에 의해 수정될 수 있다고 생각한다.

이상에서 살펴본 발달 이론들을 비교·종합해 보면, 극단적인 행동주의를 제외한 나머지 이론들은 각 이론에서 강조하는 영향력 외의 다른 영향력들도 발달에 기여한다는 것을 인식하고 있음을 알 수 있다. 이는 생물학적, 인지적 및 사회적 존재인 인간의 각 요소들이 상호의존적이고 총체적인 발달 holistic development을 보이므로 특정 요인만으로는 인간의 발달을 충분히 설명할 수 없기 때문이다. 또한 주요 발달과 학습 이론들은 각기 상이한 발달과 학습의 측면에 초점을 두고 있으므로 특정 이론만을 취사선택한다면 인간의 발달을 제대로 이해할 수 없다. 따라서 아동·청소년학자들은 절충적 접근eclectic approach을 취한다. 어떤 주요 이론도 인간발달과 학습의 모든 측면을 설명할 수 없으며 또한 여러 이론들은 아동발달과 학습을 이해하는 데 각각 의미 있는 기여를 하므로, 다양한 이론을 함께 적용함으로써 인간발달과 학습의 복잡하고도 전체적인 과정을 효과적으로 이해하려고 한다.Berns, 1994; Rice, 1998; Shaffer, 2000

4. 아동청소년학 관련 법

인간 발달의 중요한 시기인 아동기에 국가가 얼마나 보호하고 제도적으로 개선을 꾀하느냐에 따라 아동이 처한 삶의 환경은 확연히 달라진다. 특히 현대사회의 모든 행정은 법과 제도의 규정을 적용받기 때문에 아동·청소년 관련법은 아동에게 직간접적으로 영향을 미치게 된다. 우리나라에서 시행되는 아동·청소년 관련법에는 유아교육법, 영·유아보육법, 초·중등교육법, 영재교육법, 아동복지법, 청소년보호법 등이 있고, 국제적인 협약으로 'UN 아동권리협약'이 있다.

1. 유아교육법

유아교육진흥법은 1982년 12월 31일에 제정되었으며, 1991, 1995, 1997년에 일부 개정되었다. 이후 교육기본법의 규정9조에 따라 유아교육에 관한 사항을 정하기 위해 유아교육진흥법을 폐지하고 유아교육법을 2004년 1월 29일에 제정했다. 이 법에서 '유아'라 함은 만 3세부터 초등학교 취학 전까지의 어린이를 말한다. 이 법은 취학 전 유아교육을 공교육체제에 도입하기 위한 법으로, 만 3세부터 초등학교 취학 전까지의 어린이를 대상으로 발달 특성에 적합한 교육과 보호를 제공하는 동시에 보호자의 사회·경제적 활동이 원활하게 이뤄질 수 있도록 지원하는 것이 목적이다. 그동안 유치원 교육은 초·중등교육법에 포함돼 있었으나 별도 법률이 제정돼 교육기본법 아래 유아교육법과 초·중등교육법, 고등교육법, 평생교육법의 체계를 갖추게 됐다. 유아교육법은 영·유아보육법과 함께 유치원과 어린이집에 다니는 만 3세~5세의 모든 유아에게 유아학비와 보육료를 지원하되, 무상의 내용 및 범위는 대통령령으로 정하도록 하고 있고, 국무총리 소속으로 유아교육·보육위원회를 두도록 하였다. 또한 유아교육법은 국가 및 지방자치단체는 유아교육에 관한 연구와 정보제공, 프로그램 및 교재 개발, 유치원 교원 연수 및 평가, 유아 체험교육을 담당하는 유아교육진흥원을 설치하는 것을 골자로 하고 있다. 유치원 학년도는 3월 1일부터 다음해 2월 말까지로, 실정에 따라 종일제와 시간 연장제, 반일제 등을 운영할 수 있고 학기 및 수업일수, 학급편성 등에 대해서도 시행령에서 구체적인 규정을 만들었다.

2. 영·유아보육법

1991년에 가정 내 여성의 역할로 인식되었던 자녀 양육을 국가적·사회적 차원에서 인식하고 이를 제도적으로 현실화시키기 위해 정부는 1991년 1월 14일 영·유아보육법을 제정하고 1997년과 1999년에 일부 개정해 보육시설의 확충에 주력했다. 초기 법에 '영·유아'란 '보호자가 근로 또는 질병, 기타 사정으로 인해 보호하기 어려운 영아 및 유아'였는데, 2004년 법이 전면 개정되면서 '영·유아'란 보호자의 조건과는 무관한 모든 영·유아를 포함하는 것으로 대상과 개념이 바뀌었으며, 영·유아의 심신의 보호와 건전한 교육을 통해 건강한 사회 성원으로 육성함과 아울러 보호자의 경제적·사회적 활동을 원활하게 해 가정복지 증진에 기여함을 목적으로 하여 보육의 공공성을 강화했다. 이를 통해 종전의 단순 '탁아'사업에서 보호와 교육을 통합한 '보육'사업으로 확대 발전하는 계기를 마련했다. 여기서 영·유아라 함은 6세 미만의 취학 전 아동을 말한다. 특히 국가와 지방자치단체뿐 아니라 모든 국민이 영·유아를 건전하게 보육할 책임이 있다고 규정함으로써 영·유아 보육의 중요성을 부각시키고 있다. 또한 일시보육 서비스를 제공하거나 보육에 관한 정보의 수집·제공 및 상담을 위해 중앙육아종합지원센터를, 지방자치단체는 지방육아종합지원센터를 설치·운영하도록 하고 있다. 이처럼 영·유아의 보육에 관해 그 중요성을 강조하고, 국가가 이에 적극적으로 개입해 국가정책으로 추진하는 것은 미래 세대인 영·유아가 건전하게 육성되어야만 국가의 장래가 보장되기 때문이다.

3. 초·중등교육법

초·중등교육법은 1997년 12월 13일 제정되어 1999년과 2000년에 일부 개정되었으며, 이 법은 교육기본법 제9조의 규정에 따라 초·중등교육에 관한 사항을 정함을 목적으로 한다. 초·중등교육을 실시하기 위한 학교의 종류, 국립·공립·사립 학교를 설립 주체에 따라 구분하고 있으며, 지도와 감독, 장학지도, 학교 규칙, 학생·기관·학교 평가에 관한 사항을 정하고 있다. 또한 2장에서는 초·중등교육이 국가의 의무교육임을 정하고 있으며, 제3장에서는 학생과 교직원에 대해 정하고 있다.

4. 영재교육법

최근 들어 사회적 관심으로 부각되고 있는 영재들의 선발, 교육, 지원을 위해 만들어진 법이다. '재능이 뛰어난 사람을 조기에 발굴해 능력과 소질에 맞는 교육을 실시함으로써 개인의 자아실현을 도모하기 위해 제정한 법' **2000. 1. 28. 법률 제6215호**으로서 2000년 제정된 뒤 2001년 1월 법률 제6400호로 1차례 개정되었다. 영재아를 판별하는 기준, 영재학급을 설치 운영하는 법령, 영재교사의 교육 및 연수와 관련된 내용을 다루고 있다.

중앙정부와 지방자치단체에서 담당해야 할 역할에 대한 가이드라인도 담고 있다. 전문 15조와 부칙으로 구성되어 있다.

5. 아동복지법

1961년 12월 '아동복리법'으로 제정·공포되었다가 1981년 4월 전문 개정되면서 '아동복지법'으로 개칭되었다. 아동복지법은 1997년 일부 개정되었으며, 18세 미만의 아동이 건강하게 출생해 행복하고 안전하게 자라나도록 그 복지를 보장함을 목적으로 한다. 아동은 자신 또는 부모의 성별과 연령, 종교, 사회적 신분, 재산, 장애유무, 출생지역, 인종 등에 따른 어떠한 종류의 차별도 받지 않고 자라나야 하며, 안정된 가정환경에서 행복하게 자라나야 한다. 또한 아동에 관한 모든 활동에서 아동의 이익이 최우선적으로 고려되어야 한다. 국가와 지방자치단체는 아동의 건강과 복지증진을 위해 노력해야 하고, 그 시책을 시행해야 한다. 아동의 보호자는 아동을 성장 시기에 맞추어 건강하고 안전하게 양육해야 한다. 모든 국민은 아동의 권익과 안전을 존중해야 한다. 아동복지법의 최근 주요 개정 내용에는 아동학대 개념과 금지유형의 명확화, 아동학대 발견 시 신고의무화, 긴급전화 및 아동보호전문 기관의 설치 등이 포함되어 있다.

6. 청소년보호법

청소년보호법은 청소년의 건전한 육성·보호를 위해 1997년 3월 6일 제정되었으며, 청소년에게 유해한 매체물과 약물 등이 청소년에게 유통되는 것과 청소년이 유해한 업소에 출입하는 것 등을 규제하고, 폭력·학대 등 청소년 유해행위를 포함한 각종 유해한 환경으로부터 청소년을 보호·구제함으로써 청소년이 건전한 인격체로 성장할 수 있도록 함을 목적으로 하는 법률이다. 이 법에서 '청소년'이라 함은 19세 미만의 자를 말한다. 청소년에 대하여 친권을 행사하는 자 또는 친권자를 대신해 청소년을 보호하는 자, 사회 및 국가, 지방자치단체는 청소년이 청소년 유해매체물과 청소년유해약물 등 및 청소년유해업소·청소년폭력·학대 등에 접촉이나 출입을 못하도록 필요한 노력을 해야 하며, 청소년이 유해한 매체물과 유해한 약물 등을 이용하고 있거나 유해한 업소에 출입하고자 하는 때에는 이를 즉시 제지해야 한다.

7. UN 아동권리협약

1989년 11월 20일에 유엔총회에서 만장일치로 채택된 아동권리협약은 국제법으로서 아동을 보호의 대상만이 아닌 권리의 주체자로 인정하고 아동의 시민적·정치적 권리와 경제적·사회적·문화적 권리를 다루고 있다. 전문과 54개의 조항으로 이루어진 아동권리협약은 동 협약을 통해 처음으로 '아동은 18세 미만의 모든 자'라는 정의에 국제적 합의를 이루었으며, 42개의 핵심적인 아동권리를 보장한다. 또한 아동의 특성인 계속적으로 변화하는 능력evolving capacity을 고려하고 보호하기 위해 특별한 조치measures들이 보장되는 국제적인 규준이다. 아동권리협약은 현재까지 10개의 인권협약 중 193개국이라는 가장 많은 비준국을 가지고 있으며, 당사국이 국제협약에 비준한다는 것은 협약의 이행을 위해 당사국이 모든 사법적·행정적 제도들을 정비할 것이라는 약속이며, 자국민에게 국제적 규범과 수준에 걸맞도록 인권을 보호하고 보장하겠다는 의미를 갖는다.

아동권리협약은 네 가지 일반원칙으로 나누어지는데, 먼저 제2조 무차별 원칙에서는 모든 아동의 권리는 어떠한 종류의 차별도 없이 존중받고 보장되어야 한다고 명시하고 있다. 제3조는 아동과 관련된 것에서 아동 최우선의 원칙이 지켜져야 한다고 명시하는데, 이는 상징적이거나 이상적인 의미가 아닌 사법·행정적 맥락에서의 이행을 의미한다. 제6조는 아동의 생명권, 생존권, 발달권이 가능한 최대한도에서 보장되어야 한다고 명시하고 있으며, 여기서의 발달권은 아동의 신체적, 정서적, 언어적, 인지적, 사회적 발달을 모두 포함한다. 마지막으로 제12조는 아동의 의견이 청취될 권리로 본 조항 역시 사법·행정적 의미를 지니며, 단순히 아동이 자신과 관련된 일에 있어서 의견을 제시하는 것을 넘어서 사법·행정적 조치 또는 결정에 영향을 주는 것을 의미한다.

5. 아동청소년학의 최근 동향과 전망

앞에서 아동청소년학과 관련해 필요한 기초들을 여러 측면에서 살펴보았다. 지금 세계는 경제적, 사회적, 심리적으로 많은 변화를 하고 있으며, 이러한 변화는 어느 한 나라에 국한된 것이 아니라 지구촌이라는 이름 아래 거의 대부분의 나라들이 겪고 있는 것이라고 볼 수 있다. 따라서 21세기 세계의 변화에 따라 아동청소년학에도 변화가 요구된다. 이에 기초해 앞으로 우리나라의 아동청소년학이 어떤 방향으로 나아가야 할지에 대해 살펴보고자 한다.

1. 미래 인적 자원으로서의 영·유아: 교육과 보육의 패러다임의 변화

21세기는 지식기반사회로서 국가의 희망적인 미래를 보장하는 가장 주요한 재산인 인적 자원에 대한 관심 증대가 필연적이다. 교육은 개인의 발전뿐 아니라 국가와 사회의 발전을 이끈다. 영·유아기는 교육에의 투자 효과가 가장 높은 시기Heackman, 2006이므로 영·유아들이 건강하고 유능한 미래의 인적 자원으로 성장해갈 수 있도록 유아교육의 질을 국가적 차원에서 관리하고 지원해주는 일은 매우 중요하다.박찬옥, 조형숙, 엄은나, 2008 이는 OECD국가들이 유아교육과 보육에 대한 사회적 관심을 증대시키고, 유아교육 기회의 확대와 더불어 유아교육과 보호를 통합한 서비스의 질적 수준을 제고하는 데 투자를 확대하고 있는 것을 통해서도 알 수 있다. 많은 선진국의 사례를 통해 볼 때 3~6세 유아교육에 대한 기본 방향은 '학교 기반의 공적 체제 하에서 질 높은 교육과 보호를 모든 유아에게 제공하며, 70% 이상이 유아학교에서 교육을 받고 있는 것박영숙, 2005이라 할 수 있다.

특히 부존자원의 부족으로 인적 자원에 전적으로 의존해야 하는 우리에게 세계 최저 수준의 출산율은 국가적 주요 해결 문제로 대두되면서 정부는 새로운 방안을 다각도로 제시하고 있다. 따라서 우리나라도 영·유아기부터 체계적인 인적자원 개발 정책과 여성/고령인구 활용을 극대화할 수 있는 정책 연계가 절실히 필요하다. 더욱이 저출산·초고령화 사회로의 급격한 진입이라는 국가적 위기를 슬기롭게 대처하기 위해서는 이 땅에 태어난 모든 영·유아들이 자신의 잠재력을 최대한 발휘하고 역량을 극대화할 수 있도록 돕는 교육정책을 마련하고 실천하는 일에 최선의 노력을 기울여야 한다.

우리나라도 유아교육의 공교육 체제 확립을 위한 논의가 오래 전부터 있어 왔으나 유아교육 관련자들 간의 이해 상충과 예산 부족에 이유를 두며 별 진전을 이루지 못한 채, 오늘에 이르기까지 해결 과제로 남아 있다. 더욱이 유치원은 교육법상 이미 학교이면서도 여전히 기간학제에 포함되지 못하여, 정책 지원의 사각 지대에서 표류하고 있는 실정이다. 공교육체제란 국가나 공공단체가 적극적으로 관여해 교육의 질을 관리하고 지원하는 체제를 말하는 것으로 교육의 기회균등을 위해 무상성과 의무성을 추구하고, 교육 내용에서도 중립성과 보편성을 추구해야 한다.

유아교육의 공교육화뿐만 아니라 일반 영·유아들을 모두 국가가 책임을 지며, 보육 서비스 자체가 공익을 위한 것으로 영리성을 개념적으로 배제한 공보육에 대한 요구도 증가하고 있다. 맞벌이 부부 및 소규모 가족의 증가, 가족 형태의 다양화 등으로 영향을 받은 가족 구조의 변화에 따라 영·유아의 보호와 교육에 대한 책임의 많은 부분을 국가나 사회가 담당하게 되었으며, 저출산 현상으로 인한 학령인구 감소에 따라 영·유아기의 질 좋은 교육 혜택에 대한 부모의 요구와 기대 수준은 최근에 더욱 높아지고 있다. 세계 교육복지 선진국들은 복지사회 구현과 사회 평등 정책의 일환으로서 보상교육, 보편교육의 필요성을 강조하면서, 정부가 막대한 재정을 유아교육과 보육 정책에 투자하고 있다. 특히 빈곤계층과 소외계층 영·유아들을 지원하기 위한 미국의 헤드스타트Head Start, 영국의 슈어스타트Sure Start, 호주의 베스트스타트Best Start, 캐나다의 페어스타트Fair Start 등이 그 예이다. 이는 기존의 유아교육과 보육의 개념이 하나로 통합된 교육복지형 유아교육 체제 실현에 대한 사회적 요구를 반영하는 변화라 할 수 있다.박찬옥, 조형숙, 엄은나, 2007

교육선진국들은 국가 인적자원개발의 기반으로 생애 기초교육의 중요성을 인식하고 이원화되어 있는 체제를 통합해 교육복지정책을 지속적으로 추진하고 있는 반면, 우리나라는 유치원과 보육시설이 각각 교육부와 보건복지부로 이원화되어 운영되면서 인력과 예산의 낭비는 물론 질적인 교육과 보육이 이루어지지 못하고 있다. 우리나라 출생~만 5세 유아들의 질적인 삶의 보장과 교육과 보육의 질적인 향상을 위해 유아교사의 전문성을 강화하기 위한 교사자격 기준과 양성체계에 대한 재정비, 공교육·보육 시설의 확대, 교육과 보육을 통합한 행정체제뿐만 아니라 국가 예산의 효율적 관리를 위한 재정의 통합, 유아교사의 근무여건 및 시설환경 개선 등을 정부가 추진 중이다. 공교육과 공보육을 일원화된 체제에서 지원하게 된다면 교육의 기회비용을 높이며, 국가의 미래인적자원에 대한 투자 가치 효율성을 극대화하게 될 것이다.

2. 초연결사회의 아동·청소년

인류가 역사적으로 문자를 발명한 이래 15세기 구텐베르크의 인쇄기 발명을 거쳐 20세기 컴퓨터의 등장과 발달을 계기로 21세기 현재는 미디어의 시대에 들어섰다. 미디어는 정보를 시공간적으로 이동시켜주는 문자나 영상을 의미하는 것으로 사람들 간의 커뮤니케이션을 목적으로 한다. 현대사회에는 다양한 디지털 미디어 매체가 공존하고 있으며 그 정보를 바탕으로 우리의 일상생활이 유지된다. 컴퓨터와 인터넷의 발달로 급변기를 맞은 미디어 산업은 케이블과 위성방송으로 새로운 전기를 맞고 있다. IT 강국이라 불리는 우리나라는 전체 인터넷 이용률이 76.3%이고 만 3~5세 유아의 이용률도 51.0%에 이르는 등이경옥, 2007 컴퓨터 및 인터넷의 발전은 디지털 환경에 태어나 자라는 새로운 세대, 즉 디지털 네이티브^{Digital Natives; Prensky, 2001}를 탄생시켰다. 최근엔 스마트폰, 태블릿 PC, 스마트TV와 같이 OS가 탑재되어 다양한 애플리케이션을 이용할 수 있는 스마트 기기의 이용이 증가하고 있는 가운데, 아동·청소년뿐만 아니라 영·유아들도 스마트 기기의 사용 환경에 노출되어 있다. 스마트기기의 보급률이 2011년의 경우 전년도에 비해 약 9배 증가했고, 특히 20-30대 가구의 64.5%가 스마트기기를 보유하고 있으며^{방송통신심의위원회·한국인터넷진흥원, 2012}, 유아의 대부분이 부모를 통해 처음 스마트기기를 접하게 되므로^{임명희, 김성현, 2014} 20-30대 부모와 함께 거주하는 영·유아 자녀들은 부모의 스마트 기기를 접할 기회가 많을 것이라 예상할 수 있다. 영·유아 자녀의 스마트폰과 스마트패드의 이용률은 컴퓨터 이용률보다 높게 나타났으며, 스마트 기기의 최초 이용 시기는 2.27세로 우리나라 영·유아들도 매우 일찍부터 생활 속에서 스마트 기기와 밀접한 관계를 맺고 있음을 알 수 있다.^{이정림, 도남희, 오유정, 2013} 스마트 기기는 기존의 다른 미디어와 달리 시공간을 초월해 이용이 용이한 점이 있어 다른 미디어에 비해 영·유아와 아동·청소년들의 생활에 더욱 깊숙이 들어와 있다.

사람과 사람, 사람과 기기, 기기와 기기가 네트워크로 연결된 초연결 사회^{Hyper-connected society}의 생태계 속에 사는 영·유아, 아동, 청소년들은 인터넷을 비롯한 디지털 미디어 환경을 일방향적 매체인 TV나 비디오보다 재미있는 환경으로 즐기고 있다. 이들은 디지털 미디어를 통해 전송되는 오디오를 듣고, 영상을 보며, 생각을 표현한다. 이들은 디지털 미디어를 통해 서로 의사소통하고 자신들과 의식과 문화를 창출하며 항상 전자매체 혹은 미디어 기기에 접속된 상태에서 일상적인 행동을 하고 삶을 영위한다. 특히 상호작용을 위한 대화형 멀티미디어, 실제 경험을 확장한 가상공간, 상호작용과 재미의 요인이 가미된 교육용 게임 등이 중심이 된 인터넷 공간은 이미 생활 속에 깊게 자리 잡았다. 유아와 아동들의 발달에 영향을 주고 있다.^{이재명, 기}

현영, 이주환, 2012; 유구종, 2012 이러한 디지털 미디어 환경은 생활뿐만 아니라 영·유아와 아동, 청소년의 놀이문화도 바꾸어놓았다.

유아교육기관에 다니고 있는 유아들을 대상으로 귀가 후 일과를 분석한 결과 유아의 43.6%가 TV·비디오·컴퓨터 등 미디어를 활용했고 34.2%가 가정에서 놀잇감을 가지고 놀이를 했으며 18.6%가 학원이나 학습지를 활용했고 2.3%가 바깥놀이를 했다김희정, 2010. 이와 같이 현대의 유아들은 놀이가 중심으로 이루어져야 할 유아교육기관에서조차 또래들과 놀이할 기회를 갖지 못하고 학습지 위주의 개별 활동을 하거나 가정에서도 학습지나 미디어를 통한 가상놀이를 하고 있는 실정이다. 초등학교 아동을 대상으로 한 연구에서는 아동들이 선호하는 놀이 중 TV·비디오 시청과 컴퓨터 놀이가 포함되는 전자매체 놀이가 69%의 선호도를 보였다이소은, 이순형, 2009. 이러한 변화는 우리나라에서 최근 14~15년 정도의 기간 동안 확대된 게임 관련 산업의 시장 규모, 새로 등장한 직업군, TV에서 방영되는 게임 채널 개수들을 통해 살펴보더라도 사회 다방면에 걸쳐 나타나고 있다. 스마트 기기를 이용한 놀이는 이제 단순히 과거 오락실 수준이 아닌 유아들의 '놀이문화'로 자리 잡고 있다.

그러나 너무 어린 연령부터 스마트 기기나 디지털 미디어를 자주 사용하는 경우 과다사용이나 중독으로 빠질 수 있어 위험하며, 과다사용에 대한 부정적 영향에 대한 결과들을 보고하는 연구들성지현, 변혜원, 남지해, 2015; 유은정, 2013; 정윤경, 2014은 디지털 생태계 속에 자라고 있는 우리 시대의 아동들의 학습과 발달에 대한 연구가 필요하며, 이를 바탕으로 영·유아기 부모와 교사, 영·유아 관련 전문가 등을 대상으로 하는 스마트 기기의 올바른 이해와 활용에 대한 교육과 연령에 적합한 미디어 교육 프로그램을 개발 및 실시, 미디어에 대한 과다한 의존을 스스로 조절할 수 있는 능력을 길러야 함을 강조하고 있다. 특히 어린 영·유아는 놀이를 하면서 가장 잘 배운다. 유아들은 놀이를 통해 사물 및 주변 사람들과 상호작용하는 가운데 다양한 경험을 얻으며 그 경험을 반복하는 동안 신체, 언어, 인지, 정서, 사회성 및 창의성 발달 등 전인적 발달을 이루게 된다. 또한 어린 시기부터 반드시 길러야 하는 자기 조절력이나, 공감, 사회적 기술, 문제 해결과 같은 다른 중요한 기술들은 또래나 부모와의 상호작용을 통해 배울 수 있다.Radesky, Shumacher & Zuckerman, 2015 놀이는 역사적으로 볼 때 따뜻한 인간과 인간의 만남 그리고 인간과 자연과의 만남을 특징으로 하는 활동이다. 따라서 유해한 미디어와 미디어에 대한 지나친 노출로 인해 자연스러운 놀이가 점차 사라지는 이 상황으로부터 영·유아와 아동들을 보호하는 차원을 넘어서서 영·유아와 아동들이 문자와 시각적 영상, 동영상, 소리 등을 함께 사용해서 의사소통을 할 수 있게 하고 미디어를 통해서 전달되는 내용을 비판적 의식을 가지고 선별할 수 있게 하는 미디어 교육 및 여러 관련 규정과 정책이 실시되어야 하며 이를 지원하기 위한 연구가 필요하다.

3. 다원화·세계화 시대의 아동·청소년

현대를 가리켜 흔히 포스트모던 시대라고 부른다. 포스트모더니즘의 특징 가운데 대표적인 특징은 다양성과 상대성을 인정하는 것이다. 이러한 특징은 성, 인종, 장애, 민족, 문화 등의 차이점을 인정하고 존중하며 인간의 다양성을 수용하고 편견을 배제한다는 의미를 지닌다고 볼 수 있다. 이러한 의미는 교육과정에도 그대로 반영되어 그 관점을 살리기 위한 교육과정으로 평화교육과정, 현대사회의 과학화와 산업화로 인한 생태를 고려하는 생태교육과정, 인간의 다양성을 수용하고 편견을 배제하고 더불어 사는 것을 강조하는 다문화 혹은 반편견 교육과정, 그리고 장애유아 통합 교육과정 등으로 다양하게 개발·적용되고 있다.

1) 평화교육

오늘날 평화의 개념은 전쟁, 인종분쟁, 무력 사용 등의 문제를 뛰어넘어 정의, 인권, 환경, 폭력 등을 포함하는 광범위한 것으로 인식되고 있다. 특별히 이러한 것들은 이론적으로 생각해야 할 주제가 아니라 실제적 측면에서 살아가야 할 주제로 인식되고 있다.[이은화, 1999] 따라서 평화교육은 일정한 시간에 독립된 과목으로 이루어지는 것이 아니라 일상생활에서 경험을 통해 삶의 태도를 배워 나갈 수 있도록 하는 것으로서, 자신과 타인에 대한 존중과 타인과의 협동, 갈등의 평화적 해결, 문화적 다양성에 대한 이해, 자연과 인간의 조화 등을 주요 교육 내용으로 다루어 아동들의 생활에 교육의 내용이 스며들게 해야 한다.[이기숙, 김정원, 이현숙, 전선옥, 2008] 특히 최근 들어 학교폭력이나 따돌림과 같은 여러 아동·청소년기에 겪는 문제들은 평화교육을 일찍부터 시작해, 예방하는 것이 시급하다.

2) 생태교육

현대사회의 과학화와 산업화로 인해 생태 문제가 제기된 것은 어제 오늘의 이야기가 아니다. 1952년 런던 스모그 현상, 일본 미나마타병의 출현으로 공업의 발달이 인체에 치명적인 영향을 미친다는 보고가 있었다.[박석순, 이두호, 1994] 1960년대 후반부터 1970년대 초반에는 식량과 자원의 부족, 인구의 증가, 미래 에너지로서의 핵의 적합성 고려, 1980년대 이후 온난화와 오존층의 파괴가 대두되었다.^{정은아, 1994} 또한 선진국의 공해 산업이 안전에 덜 민감한 후진국에 수출됨으로써 농약의 유독가스로 인한 수많은 인명 피해 사건의 보도^{한명희, 2000}, 스모그 현상으로 산성비가 내려 호수나 지표수, 토양을 산성화시켜 광범위한 산림을 파괴함으로 인한 물 부족과 가뭄, 사막화로 생물종의 멸종과 온실 효과의 초래^{김낙원, 2001} 등 지구 생태계의 전반적인 면에서 고리를 형성해 위기를 가져왔으며, 그 위기는 지금도 가속화되고 있다. 따라서 과거에는 잘 발생하지 않았던 아토피 피부염, 소아 성인병, 비만 등의 문제가 발생하고 있다. 뿐만 아니라 여러 신체적 질환, 과잉 행동 및 학습장애와 같은 정서적 문제, 생명의 소중함을 느끼지 못하고 자연과 교감하지 못하는 감수성의 문제 등도 야기되고 있다.

이러한 생태계의 위기를 인식하고 이를 해결하기 위한 방안의 하나로서 이루어지는 생태교육은 오늘날 교육의 전반적인 추세라고 볼 수 있다. 그러나 생태교육은 특정 학교나 프로그램을 중심으로 이루어져야 할 성질의 것이 아니다. 이미 많이 훼손된 지구 생태계에서 삶을 영위해야 할 영·유아 및 아동·청소년들이 반드시 염두에 두고 생태계와 더불어 살아가야 할 태도와 생활의 일환으로서 필요한 교육 내용이다.

3) 다문화 혹은 반편견 교육과 새터민 교육

다문화 혹은 반편견 교육과정은 다인종으로 구성된 미국을 중심으로 1980년대에 활발히 연구·적용되었으며 우리나라 학계에서는 1990년대 후반부터 관심을 갖게 되었다. 우리나라의 경우는 특히 외국인 노동자와 외국인이 포함된 가족이 증가하여 국내 거주 외국인이 총인구의 2.2%인 100만 명을 넘으면서 다문화사회로 급속히 접어들고 있다. 또한 우리나라는 결혼한 한국 남성 10명 중 1명이 외국인 아내를 맞이하게 되었다. 국제 결혼가정의 자녀 역시 꾸준히 증가해, 국제결혼가정 자녀의 연령별 현황에 의하면 6세 이하는 57.1%, 12세 이하는 32.2%를 차지했다.[행정안전부, 2008] 이러한 다문화 현상은 세계적인 추세다.

특히 우리나라는 세계 유일의 분단국가로서 현재 20,000명이 넘는 탈북자를 위한 여러 제도가 필요하다. 그중에서도 탈북자들의 자녀를 위한 교육과 부모교육이 매우 중요한 문제라고 볼 수 있다. 탈북자 자녀와 부모인 새터민을 위한 교육은 현실적인 문제이면서 동시에 통일 이후의 국가 통합을 준비하는 중요한 과제라고 할 수 있다. 따라서 우리나라 영·유아 및 아동·청소년들이 서로에 대한 차이점을 인정하고 존중하며 인간의 다양성을 수용하고 편견을 배제하고 다른 점을 수용하며 더불어 사는 것을 강조하는 교육이 필요하다.

4) 통합교육과 장애아동의 부모상담 및 지원

통합교육은 특수교육대상 학생의 교육장소를 분리교육 환경인 특수학교에서 일반학교로 이동시킨 의미 이상으로 일반학교에서 특수교육대상 학생에게 비장애 학생과 동등한 한 학생 구성원 자격을 부여하며 적합한 교육적 지원을 제공하는 것을 내포한다. 즉 통합교육은 물리적 통합, 사회적 통합, 교육과정적 통합을 함축하고 있다. 통합교육은 현재 우리나라 특수교육뿐 아니라 전 세계의 장애학생 교육에서 가장 중요한 관심 개념의 하나이다.[교육과학기술부, 2009]

세계의 선진 국가들은 장애유아가 지니고 있는 개인차를 분리교육의 근거로서가 아니라 다양성으로 받아들이고 있으며, 일반교육환경에 최대한 접근시키려는 방법적 전략으로서 최소제한환경least restrictive environment 하에서 교육과정을 운영하고 있다. 우리나라에서도 장애유아 통합교육의 중요성은 1994년 특수교육진흥법이 개정·공포됨에 따라 이미 교육 관련자들에게 인식되기 시작했다. 또한 1996년 교육법 개정안에 따라 일반 초·중등교육법에서 통합교육이 명시됨으로써 일반 유치원에서 고등학교에 이르기까지 일반학교에서의 통합교육의 실시가 가능하게 되었다. 교육과학기술부가 발표한 '제2차 장애인 복지 발전 5개년 계획(안)'에 의하면 2007년도에는 모든 유아교육기관의 일반학급에서 통합교육을 실시한다는 계획이 수립되어 통합교육을 확대할 수 있는 계기가 마련되었다.이상욱 외, 2011

최근 특수교육대상 학생의 교육환경별 배치 현황을 보면, 일반학교에 배치되어 통합교육을 받은 학생 수는 해마다 증가하고 있다. 2002년에는 전체 특수교육대상 학생의 53.0%가 일반학교에서 통합교육을 제공받다가 2004년에는 57.1%, 2005년에는 59.8%, 2006년에는 62.8%, 2007년에는 65.2%, 2008년에는 67.3%, 2009년에는 68.3%로 매년 증가하고 있다.교육과학기술부, 2009

통합교육의 기본 가치는 개인 학생이 보이는 모든 다양성과 차이를 수용하고 존중하고 나아가 환영한다는 것이다. 통합교육은 개인 학생의 장애 유형이나 심각도에 의해 그 누구도 일반학교 교육에서 배제되지 않음을 천명한다. 통합교육은 단순히 학교교육이라는 범위 안에서의 통합을 의미하는 것 이상으로 가정, 일반 지역사회 환경, 여가생활 및 직업훈련 상황에서의 통합과 긴밀히 연계되는 개념이다. 통합교육은 지역사회의 다양한 환경들에 장애인이 실재하고 참여하는 지역사회통합 노력과 상호지원적이 되어야 한다. 특히 양질의 통합교육 제공을 위해 특수교사와 일반교사의 공유된 책무성과 전문성이 절실히 요구된다. 통합교육의 질 제고 노력의 하나로 2009년 3월부터 유치원 및 전 학교급별 교원양성 교육과정에서 '특수교육의 이해'라는 특수교육 개론 과목이 교직 필수 이수과목으로 책정되어 우리나라 모든 예비 교원들에게 특수교육적 소양을 교육시키고 있다.교육과학기술부, 2009

통합교육뿐만 아니라 장애 또는 특수아 문제를 갖는 아동을 양육하는 부모를 위한 교육의 원리 및 방법을 알려주는 교육과 특수아에 대한 이해와 바람직한 양육 기술을 익히도록 부모를 지원하는 것이 필요하다. 또한 특수아 부모의 심리적응 과정과 독특한 요구에 대해 부모 상담과 이를 지지하는 방안이 함께 고려되어야 한다.

이상에서 살펴본 바와 같이 빠르고 다양한 사회문화적 변화로 인하여 아동청소년학에서 진출, 기여해야 할 부분이 확장되고 있다. 학문의 분야가 다양하고 실천적 성격이 강하기 때문에 자신의 적성과 진로에 맞추어 전문성을 키워나간다면 국가와 사회에 기여할 수 있는 부분이 클 것으로 예상된다.

6. 아동청소년학의 진로

아동청소년학은 어제의 학문, 오늘의 학문이 아닌 바로 내일의 학문 분야이다. 21세기 글로벌 시대를 대비해 건강하고 창의적인 아동과 청소년의 발달과정 이해, 발달 경향의 예측 및 교육, 다문화의 이질성 회복을 위한 유아교육의 문제, 아동·청소년 권리를 실현하기 위한 문제, 각종 장애아동의 치료와 교육 문제 등을 전문적으로 해결하는 학문으로 전망이 매우 밝은 분야다. 전문 영역이 고도로 분화된 현 사회에서는 아동·청소년 전문가들의 필요성에 대한 인식과 그 수요가 높아지고 있다. 그 수요에 비해서 아직까지 공급이 넉넉하지 못한 실정을 감안하면 취업에 관한 전망은 밝다. 실제로 아동청소년학과 졸업생들의 상당수가 아동 및 청소년 관련 기관에서 매우 활발히 활동하고 있다.

아동청소년학 전공자들은 유아교육교사, 보육교사, 특수교사와 같은 교육전문가뿐만 아니라 아동·청소년 전문 연구기관에서의 연구자, 상담 및 치료기관에서의 임상가, 각종 심리검사 도구의 개발자, 도서 및 미디어 사업 분야에서의 아동·청소년교육 콘텐츠 개발자, 영재교육 및 창의성 교육전문가, 언론기관 및 방송사의 기자 및 작가, 동화 및 동요작가, 또는 일러스트레이터, 아동물 영상기획사의 프리랜서, 아동·청소년 교육용 프로그램 개발자, 관공서의 아동·청소년관련 분야의 공무원, 기업에서의 아동상품 기획 및 마케팅 업무자로 진출하고 있다. 또한 아동·청소년관련 전문가들은 각종 학회에서 주관하고 있는 수련 과정을 통해 자격증을 취득할 수 있고, 대학원에 진학하여 학문적인 전문성을 보다 향상시킬 수 있는 기회를 가질 수 있다.

참고문헌

교육과학기술부 (2009). 특수교육 연차보고서.

김낙원 (2001). 생태계의 위기와 기독교 윤리의 실천적 과제. 장로회신학대학교 대학원 석사학위논문.

김춘경, 문혁준, 신유림, 심미경, 옥경희, 위영희, 이경희, 이정희, 정계숙, 정현숙, 제경숙, 조성연, 천희영 (2003). 아동학개론. 서울: 학지사

김희정 (2010). 유아교육기관 귀가 후 유아의 일과 실태 분석. 열린유아교육연구, 15(3), 293-311.

박석순, 이두호 (1994). 지구촌 환경 재난. 서울: 따님.

박영숙 (2005). 영·유아 교육 정책 변화와 비전. 한국유아교육학회 2005 창립 30주년 기념식 및 정기 학술대회.

박찬옥, 조형숙, 엄은나 (2008). 한국 유아교육의 질 제고를 위한 정책 방향 탐색. 유아교육학논집, 12(1), 5-29.

방송통신심의위원회·한국인터넷진흥원 (2012). 2011년 인터넷이용 실태조사.

성지현, 변혜원, 남지해 (2015). 유아의 스마트기기 이용과 발달 수준 및 공감 능력과의 관계 탐색. 유아교육연구, 35(2), 369-394.

신명희, 박명순, 권영심, 강소연 (1998). 교육심리학의 이해. 서울: 학지사.

유구종 (2012). 유아교육기관 스마트폰, 태블릿 PC활용 프로그램 개발 및 유아의 과학적 사고에 미치는 효과. 열린유아교육, 17(3), 85-110.

유은정 (2013). 유아의 스마트폰 중독경향성과 유아의 정서지능과의 관계. 인천대학교 교육대학원 논문.

이경옥 (2007). 디지털 환경과 유아교육. 한국어린이미디어학회 학술대회 자료집, 25-44

이기숙, 김정원, 이현숙, 전선옥 (2008). 영·유아교육과정. 경기:공동체

이상욱, 정희영, 최영해, 장은희, 황현주, 유은정, 신현정, 김성원, 김정희, 윤선화, 정

희정(2011). 유아교육개론. 서울: 학지사.

이소은, 이순형 (2009). 초등학생의 전자매체 놀이문화 실태분석. 아동과 권리, 13(2), 305-332.

이은화 (1999). 유아교육과 평화교육, 유아교육과 평화교육. 13회 유아교육학술대회 자료집, 3-12.

이재명, 기현영, 이주환 (2012). 올드미디어와 뉴미디어를 통한 아동 학습효과의 차이: 동일컨텐츠의 책, 비디오, 타블렛을 통한 학습효과 비교. 한국HCI학회 학술대회, 2012(1), 835-837.

이정림, 도남희, 오유정 (2013). 영유아의 미디어 매체 노출실태 및 보호대책. 육아정책연구소 연구보고, 2013(15), 1-184.

임명희, 김성현 (2014). 유아의 스마트폰·태블릿 PC 이용실태와 부모인식과 유아의 중독적 특성에 관한 연구. 한국보육학회지, 14(4), 237-260.

장병림 (1984). 아동심리학. 서울: 법문사.

장휘숙, 한건환 (2005). 아동연구방법. 서울: 창지사.

정윤경 (2014). 영유아기 스마트기기 과잉 사용에 따른 심리적 조절능력 및 보호요인의 탐색. 한국발달심리학회 학술대회 및 심포지움 자료집: 스마트시대의 발달적 변화.

정은아 (1994). 생태계 보존을 위한 기독교교육의 과제. 한신대학교 대학원 석사학위 논문.

조복희, 정옥분, 유가효 (1997). 인간발달. 서울: 교문사.

한명희 (2000). 환경철학의 세계관과 윤리. 철학연구, 35, 327-356.

행정안전부 (2008). 08년 외국인 주민 실태조사 결과. 서울: 행정안전부(http://www.mopas.go.kr).

Archer, J. (1992). *Ethology and human development*. Hertfordshire, England: Harvester Wheatsheaf.

Bandura, A. (1986). *Social foundation of thought and action: A social cognitive theory*. Englewood Cliffs, NJ: Prentice-Hall.

Bandura, A. (1989). Social cognitive theory. In R. Vasta (Ed.), *Annals of child development* (Vol. 6, pp. 1-60). Greenwich, CT:JAI Press.

Bee, H. (1997). *The developing child* . New York: Longman.

Berns, R. M. (1994). *Topical child development.* Albany, New York: Delmar Publishers.

Bowlby, J. (1973). *Attachment and loss. Vol.2: Separation: Anxiety and anger.* London: Hogarth Press.

Bronfenbrenner, U. (1979). *The ecology of human development: Experiment by nature and design.* Cambridge, MA: Harvard University Press.

Bronfenbrenner, U. (1995). The bioecological model from a life course perspective: Reflections of a participant observer. In P. Moen, G. H. Elder, Jr. & K. Luscher (Eds.), *Examining lives in context* (pp. 599-618). Washington, DC: American Psychological Association.

Crain, W. C. (1980). *Theories of development.* Englewood Cliffs, NJ: Prentice-Hall

Ginsburg, H., & Opper, S. (1979). *Piaget's theory of intellectual development.* Englewood Cliffs, N.J: Prentice-Hall.

Heckman, J. J. (2006). Skill formation and the economics of investing in disadvantaged children. *Science, 312*, 1900-1902.

Klahr, D. (1989). Information processing approaches. In R. Vasta (Ed.), *Annals of child development* (Vol. 6). Greenwich, CT: JAI Press.

Prensky, M. (2001). "Digital Natives, Digital Immigrants". *On the Horizon, 9*(5), 1–6. doi:10.1108 /10748120110424816

Radesky, J. S., Shumacher, J., & Zuckerman, B. (2015). Mobile and interactive media use by young children: The good, the bad, and the unknown. *Pediatrics*, 135(1), 1-3.

Rice, F. P. (1998). *Human development* (3th ed). Upper Saddle River, NJ:

Prentice-Hall.

Shaffer, D. R. (2000). *Social & personality development*. Belmont (4th ed). CA: Wadsworth.

Watson, J. B. (1924). *Behaviorism*. New York: W. W. Norton & Co.

05

행정학

박성민
행정학과·국정관리대학원 교수

사회의 다원화와 다양성의 증대로 현대 사회에서는 수많은 문제와 갈등이 빈번하게 발생하고 있다. 층간 소음 문제를 둘러싼 개인 간 갈등, 비선호시설 입지 문제를 둘러싼 집단 간 갈등, 부당하게 낮은 가격으로 물건을 수출하는 문제를 둘러싼 무역에서의 국가 간 갈등 등이 그 예라 할 수 있다. 이렇게 개인·집단·국가 등 다양한 차원에서 발생하고 있는 갈등을 해결하는 데 가장 핵심적인 역할을 담당하는 주체가 누구일까? 아마도 이 질문에 대해 '정부'라고 대답하는 데 이견이 없을 것이라 생각된다. 정부는 층간 소음 규제 강화, 갈등관리 예방 및 해결 시스템 구축, 반덤핑관세 부과 등 다양한 제도와 정책을 실현시킴으로써 이러한 사회문제와 갈등을 해결하고 있다. 특히 현대 사회의 복잡성과 동태성으로 인해 일상생활에 있어 불확실성이 증가하면서 사회적 문제와 갈등이 폭발적으로 증가하기 시작했고, 이에 현실의 문제해결자로서 정부의 역할이 점차 확대되었다. 더불어 전 세계적으로 국민의 행복 증진이 국정 운영의 핵심 과제로 등장하면서 정부에게 새로운 역할이 요구되고 있다.

이처럼 정부의 역할이 확대됨과 동시에 다양화되면서 행정학에 대한 관심 역시 증가하고 있다. 그러나 행정이 무엇인지, 행정학이 무엇을 연구하는 학문인지에 대해 명확하게 대답할 수 있는 사람은 많지 않을 것이다. 이에 본 장에서는 행정과 행정학에 대한 이해를 돕기 위해 행정이란 무엇인가에 대해 살펴보고 행정학의 학문적 위상과 주요 연구 분야에 대해 살펴보고자 한다. 또한 이를 바탕으로 미래 행정학의 역할은 무엇인지 그 고민을 담아 보고자 한다.

이를 위해 1절에서는 행정의 개념적 정의와 함께 행정의 의미를 보다 명확하게 이해하기 위해 행정과 경영을 비교적 시각에서 고찰해보고자 한다. 또한 행정이 지향하는 바가 무엇인가를 이해하기 위해 행정 가치에 대해 살피고, 이를 바탕으로 행정학의 중요성에 대해 논의해보고자 한다. 2절에서는 행정학의 학문적 위상을 살펴보기 위해 행정학 패러다임의 변화 과정을 다루며, 3절에서는 행정학의 주요 연구 분야를 검토한다. 마지막으로 4절에서는 더 좋은 사회를 구현하기 위한 미래 행정학의 역할에 대해 고찰한다.

1. 행정학의 의의

1. 행정의 개념

과거에는 행정의 개념을 '정부가 행하는 활동'으로 단순화시켜 이해할 수 있었다. 하지만 최근에는 행정의 패러다임이 단일 주체로서 정부의 일방향적 역할을 강조하는 통치government 패러다임에서, 정부·시장·시민사회 등 사회 구성원들의 참여와 네트워크를 강조하는 협치governance 패러다임으로 변화하면서 행정의 개념을 명확하게 이해하는 것이 어려워졌다. 따라서 여기서는 행정의 개념을 이해하는 데 행정의 주체에 초점을 두기보다는 행정의 목적과 행정의 역할에 초점을 두고자 한다.

우선, 행정의 개념을 보다 쉽게 이해하기 위해 '행정public administration' 1이라는 용어의 어원을 살펴보도록 하자. 행정을 구성하는 첫 번째 단어인 공공public은 '타인을 돌보다', '다수를 배려하다'라는 뜻의 라틴어 'pubes'에서 유래된 개념으로, 이는 행정이 지향해야 할 목적이 무엇인가를 나타낸 부분이라고 이해할 수 있다. 다음으로 행정을 구성하는 두 번째 단어인 관리administration는 '봉사하다to serve' 또는 '관리하다to manage'라는 뜻의 라틴어 'adto+ministrate serve, manage'에서 유래된 개념으로, 이는 행정의 역할이 무엇인가를 나타낸 부분이라고 이해할 수 있다.

행정이라는 용어의 어원에 대한 이해를 바탕으로 행정의 목적과 행정의 역할이 무엇인가를 좀 더 구체적으로 이해하기 위해 주요 학자들의 개념 정의를 살펴보면 다음과 같다. 행정의 개념을 광의의 시각에서 정의한 사이먼Simon은 행정을 "공동 목표를 달성하기 위한 협동적 활동"이라고 정의했고Simon et al., 1950, 유사한 맥락에서 왈도Waldo는 행정을 "고도의 합리성을 수반한 인간의 협동 행위"라고 정의했다. 특히 여기서의 합리성은 최소의 비용으로 최대의 성과를 달성하는 것을 의미하며, 협동 행위라는 것은 둘 이상의 사람이 하나의 목적을 달성하기 위해 노력하는 것을 의미한다.Waldo, 1955 따라서 왈도와 사이먼의 견해를 종합하면, 이들은 협동적 행위로서 행정을 이해하고 있음을 알 수 있다.

이와 달리, 화이트White는 행정을 "공공정책의 집행 또는 목적 달성을 위

---

1. 때때로 행정이라는 용어는 관리를 의미하는 'Administration'으로 표기되기도 한다. 그러나 본 장에서의 행정은 공공부문에서의 관리활동으로 논의를 한정했기 때문에 일반적으로 널리 쓰이는 'Public Administration'을 사용했다.

해 이루어지는 모든 작용"이라고 정의했고White, 1948, 나이그로Nigro는 행정을 "공공환경에서의 협동적 노력으로서 입법부·사법부·행정부의 활동과 이들 간의 상호관계를 포함한다. 또한 행정은 정책을 형성하는 데 매우 중요한 역할을 담당하기 때문에 정치 과정의 일부분으로 이해할 수 있으며, 지역사회 내의 개인과 사조직에 서비스를 제공하는 것과 밀접한 관련이 있다."라고 정의했다. 뿐만 아니라 나이그로는 행정이 민간부문의 관리활동이라고 할 수 있는 경영private administration과 분명한 차이가 있음을 지적했다. Nigro, 1968 따라서 화이트1948와 나이그로1968의 견해를 종합하면, 이들은 법과 정책의 집행 수단으로서 행정을 이해하고 있음을 알 수 있다.

마지막으로 유민봉2012은 행정을 "사회의 공공가치를 실현하기 위한 인적·물적 자원을 확보하고 관리해서 국민에게 재화와 서비스를 제공하는 활동이다."라고 정의함으로써 관리 작용으로서 행정을 이해하고 있음을 알 수 있다.

지금까지 살펴본 행정이라는 용어의 어원과 여러 학자들의 개념적 정의를 종합해 살펴보면 행정의 목적은 '공익public interest'과 '공공 가치public values'를 실현하는 것이며, 행정의 역할은 이러한 목적을 효과적으로 달성하기 위해 자원을 효율적으로 관리하고, 공공정책을 집행하는 모든 협력적 활동으로 이해할 수 있다.

2. 행정과 경영의 비교

일반적으로 행정은 공공부문에서의 관리활동을 의미하기 때문에 'Public Administration'이라는 용어를 사용하지만 광의의 관점에서 행정을 이해하고자 했던 사이먼1950과 왈도1955는 'Administration'이라는 용어를 사용함으로써 공공부문에서의 관리뿐 아니라 민간부문에서의 관리활동까지 포함시켜 행정을 정의했다. 또한 유민봉2012은 행정을 정의하는 데 관리 작용 측면을 강조했는데, 이러한 시각은 행정과 경영의 유사성을 강조하는 관점이라 할 수 있다.

특히 1980년 이후 대부분의 국가가 경쟁, 효율성, 전문성 향상을 핵심으로 하는 신공공관리NPM: New Public Management 기조를 바탕으로 정부개혁을 단행하면서 관리에 있어 공공부문과 민간부문의 유사성이 확대되었다. 이에 행정과 경영은 추구하는 목적은 다를지라도 그 목적을 달성하기 위해 각자가 보유하고 있는 인적자원과 물적자원을 조직organizing, 조정coordinating, 통제controling하는 데 있어 매우 유사한 관리 방식을 갖게 되었다.

그러나 나이그로1968는 사이먼1950과 왈도1955의 시각과 달리 행정public administration과 경영private administration 간에는 분명한 차이가 존재한다고 지적했다. 뿐만 아니라 레이니Rainey는 공공재public goods의 특성으로 인해 발생하는 무임승차 문제, 개인의 무능, 외부 효과의 발생 등과 같은 문제를 해결하는 데 공공조직의 역할이 건재하다고 설명했으며, 무어Moore와 보즈만Bozeman은 '공익public interest'과 '공공가치public value' 실현의 매개체로서 공공조직 존재의 중요성을 언급했다. Rainey, 2009; Moore, 1995; Bozeman, 2007 이에 공공조직의 존재 이유를 설명하는 레이니2009, 무어1995, 보즈만2007의 견해를 바탕으로 공공부문의 관리활동을 의미하는 행정이 민간부문의 관리활동을 의미하는 경영과 비교해 어떠한 특수성을 갖고 있음을 예상해 볼 수 있다. 이에 비교적 관점에서 행정과 경영을 살펴보면 목적, 주체, 제공하는 재화와 서비스의 성격 측면에서 행정의 특수성을 발견할 수 있다.

1) 목적

행정의 첫 번째 특수성은 목적 측면에서 살펴볼 수 있다. 행정의 목적은 행정의 개념에서 살펴본 바와 같이 '공익public interest'의 실현에 있는 반면, 경영의 목적은 '사익private interest'의 극대화에 있다. 다만, 최근에는 기업의 사회적 책임social responsibility이 강조되면서 기부문화가 확산되고 있고 공익사업에 참여하는 사례도 증가하고 있다. 그러나 이러한 행위 역시 본질적으로는 기업에 대한 긍정적 이미지 형성을 통한 경제적 이윤 극대화 전략으로 활용되고 있기 때문에 경영의 제1 목적은 여전히 사익 추구라고 할 수 있다.유민봉, 2012

목적 측면에서 행정이 갖는 이러한 특수성으로 인해, 행정에 있어 관리과정에서의 효율성과 같은 경제적 가치는 항상 수단적 가치로 고려될 뿐이다. 또한 '사익'을 추구하는 경영은 이해관계가 형성되어 있는 특정 범위로 한정해 관리기능을 수행하게 되지만, 행정이 지향하는 '공익'은 특정한 개인이나 집단이 아닌 모든 국민을 포용하는 개념이기 때문에 관리기능의 수행 범위와 영향력의 범위가 현저하게 넓다.

2) 주체

행정의 두 번째 특수성은 주체 측면에서 살펴볼 수 있다. 즉, 관리활동에서 누가 주도적인 역할을 담당하는가에 있어서도 행정과 경영은 뚜렷한 차이점을 가지고 있다. 행정에서 'Public'은 목적으로서 공익을 의미하기도 하지만, 주체로서 정부를 의미하기도 한다. 반면 경영의 주체는 일반적으로 기업이라고 할 수 있다. 물론 최근에는 행정에서 일방향적이고 위계적 개념인 통치government보다 수평적·협력적 네트워크 개념인 협치governance 패러다임이 강조되면서 시장과 시민사회의 역할이 중시되고 있지만, 여전히 정부가 주도적인 역할을 담당하고 있는 것이 사실이다. 경영의 경우도 마찬가지로 관리에 있어 정부와 시민사회의 역할이 강조되고 있긴 하지만, 여전히 기업이 주도적인 역할을 담당하고 있다.

주체 측면에서 행정이 갖는 이러한 특수성으로 인해 정부의 활동, 즉 행정은 국민에 대해 강제력을 수반할 수 있다. 왜냐하면 정부가 선거과정을 통해 국민으로부터 이러한 권한을 위임받았다고 간주하기 때문이다.

3) 제공하는 재화와 서비스의 성격

행정의 세 번째 특수성은 제공되는 재화와 서비스의 성격에서 살펴볼 수 있다. 먼저 제공되는 재화와 서비스의 특징 측면에서 행정과 경영의 차이점을 살펴보면, 일반적으로 행정이 제공하는 재화와 서비스는 공공재public goods 혹은 가치재merit goods 성격이 강한 반면, 경영이 제공하는 재화와 서비스는 사적재private goods의 성격이 강하다는 점이다. 여기서 공공재와 사적재를 구분하는 기준으로는 재화가 갖고 있는 비경합성non-rivalry과 비배제성non-excludability이라는 특징을 제시할 수 있다. 비경합성은 한 사람의 소비가 다른 사람의 소비를 방해하지 않는 특징을 의미하며, 비배제성은 대가를 지불하지 않는 사람을 소비에서 배제시키기 어렵다는 특징을 의미한다. 공공재의 경우 비경합성과 비배제성의 특징을 갖고 있고, 민간재의 경우 경합성과 배제성의 특징을 갖고 있다.

공공재가 갖고 있는 이러한 특징으로 인해 공공재는 대가를 지불하지 않은 사람도 누구나 제약 없이 자유롭게 소비가 가능하다. 따라서 수익자 부

행정학

187

담 원칙을 적용하는 것이 어려우며, 이와 더불어 수요를 제대로 파악하기 힘들기 때문에 시장의 자율에 맡겨둘 경우 사회적으로 필요한 적정 수준까지 공급이 이루어지지 않게 되는 문제를 초래한다.

행정과 경영이 제공하는 재화와 서비스의 성격 차이는 거래되는 방식의 차이로 이어지게 된다. 경영의 경우 불완전하긴 하지만 가장 효율적인 메커니즘으로 평가받고 있는 '시장경쟁' 메커니즘을 바탕으로 재화와 서비스가 거래된다. 수요자와 공급자가 만나서 시장의 '가격'이 형성되고 이 가격을 기반으로 재화와 서비스가 거래되는데, 이때 시장에서는 수많은 공급자와 수요자가 존재하게 되므로 공급자와 수요자 모두 가격 수용자Price Taker의 역할을 담당하게 된다. 특히 이때는 수많은 공급자가 경쟁적으로 재화와 서비스를 공급하기 때문에 거래되는 재화와 서비스의 질은 지속적으로 향상되는 것이 일반적이다.

반면, 공공재의 경우 위에서 살펴본 바와 같이 사회적으로는 반드시 필요하지만 민간시장에서는 적정 수준으로 공급이 되지 않는 문제점을 갖고 있기 때문에 정부가 단일 주체로서 이를 공급하는 역할을 담당하게 된다. 일부 분야의 경우에는 시장원리를 도입해 민간위탁 방식, 민영화 방식을 통해 공급이 이루어지고 있지만 대부분의 경우 정부에 의해 독점적으로 제공된다. 즉, 공공재가 거래되는 데 수많은 수요자가 존재하지만 단일 주체인 정부만이 이를 공급하는 역할을 담당함으로써 독점 구조가 형성되는 것이다. 따라서 이러한 독점 구조 하에서 공급자인 정부는 가격 결정자price maker의 역할을 담당하게 되고, 수요자인 일반 국민은 가격 수용자price taker의 역할을 담당하게 된다. 물론 행정의 경우 '공익' 실현의 관점에서 재화와 서비스가 공급되기 때문에 민간부문에서의 독점 시장과 같이 독점 기업의 이윤극대화를 위해 가격을 높게 설정한다는 식의 문제점은 거의 나타나지 않지만, 경쟁의 원리가 적용되지 않아 공급되는 재화와 서비스의 질적 향상이 쉽게 이루어지지 않는다는 문제를 유발시킨다.

3. 행정 가치

위에서 살펴본 바와 같이 행정은 '공익public interest'과 '공공가치public value'의
실현을 위해 존재한다. 행정이 갖는 이러한 특징으로 인해 행정은 관리적 측
면에서의 중요 가치인 효율성뿐 아니라 민주성·책임성·형평성 등의 가치를
함께 고려하게 된다.

   이에 여기서는 '무엇을 위한 행정인가?' 즉, 행정에 있어 규범적 기준이 무
엇인가를 좀 더 명확히 이해하기 위해 행정에서 중요하게 다루어져야 할 가
치에 대해 살펴보고자 한다. 특히 그 자체가 목적이라고 할 수 있는 본질적
가치로서 공익·정의·형평성을 살펴보고자 하며, 본질적 가치 실현을 가능
케 하는 도구적 가치이자 수단적 가치로서 효율성·민주성·책무성 등을 살
펴보고자 한다.

1) 본질적 가치

(1) 공익

행정 가치 중에서 가장 상위에 위치한 것은 앞에서도 계속해서 언급되었던
행정의 목적, 즉 공익public interest이다. 공익은 매우 다의적으로 정의되는 개
념인데, 여기서는 공익의 개념에 접근하는 두 가지 상이한 시각인 과정설과
실체설의 입장에 따라 공익을 정의해보고자 한다. 먼저 과정설은 공익을 하
나의 실체라기보다는 다수의 이익들이 조정·타협되어 가는 과정이며, 그 과

정을 거쳐 얻어진 결과물로서 공익을 이해한다. 반면 실체설은 공익을 사익을 초월해 사회 내에 실재하는 개념으로 이해한다.

실체설과 과정설은 서로 다른 시각으로 공익에 접근하고 있지만, 두 시각 모두 공통적으로 '이익interest'보다는 '공공public'의 의미에 초점을 두고 있음을 알 수 있다. 『우리말 큰 사전』에서는 '공공'을 "일반 사회의 여러 사람 또는 단체에 두루 관계되거나 이용되는" 것으로 풀이하고 있다. 이 풀이를 바탕으로 '공공'의 의미를 해석하면, '공공'은 '여러', '두루'의 표현에서처럼 특정화된 개인이나 집단에만 관련된 것은 아니라는 엄밀성을 함축하고 있지만, 공공에 포함되는 범위가 분명하게 한정될 수 없다는 탄력성도 인정하고 있음을 알 수 있다. 즉, 이는 '공공'의 범위가 용어를 사용하는 주체와 사용되는 영역 및 상황에 따라 달라질 수 있음을 의미하는 것이다.

또한 공공에 담긴 또 하나의 중요한 의미는 '두루 관계되거나 이용되는'의 표현에서 알 수 있듯이 평등성의 개념을 내포하고 있다는 것이다. 즉, 이는 공공의 범위가 모호하긴 하지만 공공의 범위 안에 있는 모든 구성원은 하나의 범주one public로 간주되며, 그 구성원들을 차별적으로 대우해서는 안 된다는 것을 의미한다. 따라서 공공은 유동적인 포괄성과 평등성을 내포한 것으로 이해할 수 있다.

이러한 내용을 종합해보면, 공익이란 '특정 사회 구성원이 아닌 일반 사회 또는 공동체의 여러 구성원에게 차별 없이 두루 관계되는 이익'이라고 정의할 수 있으며 행정의 전 과정에 걸쳐 추구해야 할 최상위 가치라 할 수 있다.유민봉·박성민, 2014

(2) 정의

정의justice라는 용어는 공익만큼이나 다의적으로 정의되고 있다. 여러 학자들의 개념적 정의를 종합적으로 살펴보면 정의는 '옳음righteousness', '공정just',

'평등equal', '공평fairness' 등의 의미를 포괄하는 개념으로 이해할 수 있다. 따라서 정의는 사회가 어떻게 조직화되어야 하는가에 대한 기준을 제시하는 개념이라 할 수 있다.노화준, 2007

특히 정의를 '공정성fairness'으로 개념화시킨 롤스Rawls, 1971는 『정의론 A Theory of Justices』에서 공정한 사회를 구현하기 위해 모든 사람들이 기본적인 자유를 평등하고 완벽하게 누릴 수 있어야 한다는 제1원칙과, 사회적으로 약자인 사람들의 편익을 최대화시켜야 하며, 모든 사회·경제적 불평등은 기회 균등의 원리가 실현된 상태에서만 용인될 수 있다는 제2원칙을 제시했다. 이러한 내용을 바탕으로, 정의는 결국 공정한 사회 구현과 인간의 존엄성 실현을 위한 가치로 이해할 수 있다.노화준, 2007; 이종수·윤영진 외, 2007

(3) 형평성

형평성equity은 일반적으로 모든 사람들이 차별받지 않고 동등하게 대우받아야 한다는 평등equality의 개념과 밀접한 관계가 있다. 다만 형평성은 동등한 상황에 놓여 있는 사람들을 동등하게 취급해야 한다는 수평적 평등horizontal equality뿐 아니라 동등하지 않은 상황에 놓여 있는 사람들을 서로 다르게 취급해야 한다는 수직적 평등vertical equality의 개념까지 포함하는 가치로서, 좀 더 '공정한 평등'의 의미로 이해할 수 있다.이종수·윤영진 외, 2007

특히, 수직적 평등의 경우 정의와 마찬가지로 서로 다른 사람들을 동등하게 만들기 위한 목적으로 불평등을 용인할 수 있다는 개념을 내포하고 있다. 다만 이러한 불평등이 어떠한 기준에서 용인될 수 있는가의 문제는 사회 구성원들의 인식과 규범에 따라 다르게 나타날 수 있기 때문에, 이에 대한 판단기준을 만들고자 하는 노력이 지속되고 있다. 또한 일반적으로 형평성의 개념은 때때로 수단적 가치 부분에서 중요하게 다루어지는 효율성과 상충trade-off 관계로 해석되는 경우가 많은데, 이보다는 두 가치의 관계를 보완적 시각에서 이해하는 것이 바람직할 것이라 생각된다.

2) 수단적 가치

(1) 효율성

행정의 비효율성은 과거부터 현재까지 정부개혁에 있어 가장 중요한 쟁점으로 다루어지고 있는 부분이다. 특히 경쟁 메커니즘이 존재하지 않는다는 점이 행정 비효율성의 가장 큰 원인으로 지적되면서 '경쟁' 원리를 핵심으로 하는 신공공관리NPM: New Public Management 기조에 입각한 정부개혁이 지속적으로 진행되고 있다. 이에 행정에서 시장주의, 고객중심주의, 성과주의 등이 관리의 중심축으로 부각되었고 탈관료화, 권한위임, 객관적 성과평가 제도 도입 등 여러 가지 관리적·제도적 변화가 수반되었다.

이에 수단적 측면에서 가장 핵심적인 가치로 부상한 것이 바로 효율성이다. 효율성이란 일반적으로 비용최소화 측면에서의 경제성economy과 투입-산출 비율로서의 능률성efficiency, 목표달성도를 의미하는 효과성effectiveness을 모두 함축하는 개념이다. 투입과 산출을 동시에 고려한 것이 경제성과 능률성이고, 결과인 산출만을 갖고 실현된 성과와 계획된 목표를 비교하는 것이 효과성이다. 따라서 효율성은 생산성productivity과도 유사한 개념으로 이해할 수 있다. 여기서 중요한 점은 행정 활동의 경우 주로 재화의 공급보다 서비스 제공을 중심으로 이루어지기 때문에 행정 전체의 효율성은 인적자원의 효율적 관리에 의존하는 바가 크다는 점이다.

또한 효율성의 개념을 이해하고 이의 달성 정도를 파악하는 데 있어 중요한 점은 산출의 양적 측면과 질적 측면을 모두 고려해야 한다는 것이다. 양적인 목표를 달성했다 하더라도 질적인 수준이 낮은 경우, 산출 전체를 놓고 보았을 때 목표를 달성했다고 보기 어려우며 이때의 관리를 효율적이었다고 말할 수 없기 때문이다. 예를 들어, 서울 시민 모두에게 수돗물을 공급하고 있다 하더라도 물속에 대장균이나 유해 소독약품이 포함되어 있다면 위생적인 물 공급이라는 질적인 목표를 달성하지 못한 것이기 때문에 이러한 행정은 효율성 확보에 실패한 것이라 볼 수 있다.유민봉·박성민, 2014

(2) 민주성

행정에 있어서 민주성democracy의 개념은 국민주권의 원리와 국민에 대한 책임성 및 대응성, 임명권자 및 법에 대한 합법성 등의 확보를 의미하는 대외적 민주성과 조직 내의 참여적 민주성과 같은 대내적 민주성 개념을 포괄해서 논의할 수 있다.

먼저, 대외적 민주성의 개념은 대통령이나 국회의원을 국민이 직접 선출하고 이들로 하여금 국민에 대한 책임성을 확보하도록 하는 것을 의미한다. 특히, 대외적 민주성의 확보에 있어서는 행정윤리의 확보, 통제 메커니즘의 확립 및 제도 구축뿐 아니라 일반 국민이 자유롭게 행정에 참여participation할 수 있는 환경을 구축하는 것이 매우 중요하다. 국민이 행정에 참여하는 방식은 직접참여, 합법적인 중재기관에 의한 참여, 대표자에 의한 참여 등 다양한 형태로 가능한데, 여기서 중요한 점은 이러한 참여가 형식적 수준에서 그치는 것이 아니라 실질적으로 국민의 목소리가 행정 과정에 반영되는 적극적 차원의 참여를 가능케 해야 한다는 것이다.

다음으로 대내적 민주성의 개념은 정부 관료들을 관리하는 인사행정에서의 민주성 확보로 이해할 수 있다. 이는 기술적·법해석적·몰가치적·최소비용 지향이라는 가치를 기반으로 하는 폐쇄적 인사관리PM: Personnel Management 방식이 아닌 경쟁적·다가치적·성과중심적·탈관료적·자율적 가치를 기반으로 하는 개방적 인적자원관리HRM: Human Resource Management 방식으로의 전환을 요청하고 있는 부분이라고 이해할 수 있다. 이와 더불어 규율과 관리 중심의 시각이 아닌 자율과 참여적 가치를 바탕으로 하는 후기 신공공관리적 시각을 반영한 변혁적 인사행정 패러다임으로서 인적자본관리HCM: Human Capital Management 방식 또한 대내적 민주성의 확보를 위해 중요하게 고려해야 할 관리 방식이다.

(3) 책무성

책무성accountability은 좋은 행정을 구현하기 위해 핵심적으로 요구되는 가치로서 공공조직·민간조직·시민사회 등 행정의 제 주체들이 공적인 관계를 유지하고 각자의 이해관계에 책임을 져야 하는 것을 의미한다. 누가 누구에게 책임을 지는가는 조직과 기관, 내·외부의 결정과 행동에 따라 달라지게 되는데 일반적으로 책임의 범위는 그들의 의사결정과 행위에 영향을 받는 사람을 대상으로 규정하게 된다.UN ESCAP, 2011

특히 책무성accountability은 대응성responsibility의 개념과 혼용되기도 하는데 대응성의 경우 좀 더 자율적인 책임성으로서 공공부문의 모든 기관과 과정이 합리적인 시간 안에 이해관계자를 만족시켜야 한다는 자율적 책임성으로 이해할 수 있다. 반면 책무성은 좀 더 제도적인 책임성으로서 투명성과 합법성을 제외하고는 논의될 수 없는 개념이다.

따라서 책무성을 확보하기 위해서는 그 과정에서 투명성transparency과 합법성legality을 종합적으로 고려해야 한다. 여기서의 투명성은 정책을 결정하고 집행하는 데 있어서 규칙과 규제를 따르고자 하는 태도로서 이는 정책의 결정과 집행을 통해 영향을 받게 되는 모든 사람들이 직접 자유롭게 이용 가능하도록 모든 정보가 공개되어야 한다는 소극적 차원의 투명성과 이러한 정보가 누구나 쉽게 이해할 수 있는 형태와 매체로 제공되어야 한다는 적극적 차원의 투명성까지 포함하는 개념이다.

또한 합법성의 경우 행정관리의 모든 과정에서 공정한 법적 체계의 준수를 의미하는 것이다. 이러한 합법성은 인간 권리의 완전한 보장, 특히 소수자들의 권리 보장 측면에서 반드시 필요한 부분이라 할 수 있으며, 이를 실현하기 위해서는 법의 공정한 집행을 위해 사법부의 독립이 선행되어야 하며 공정하고 부패하지 않은 경찰력이 요구된다 할 수 있다.UN ESCAP, 2011

4. 행정학의 중요성

지금까지 행정의 개념, 행정의 특징, 행정이 지향해야 하는 규범적 기준들에 대해 살펴보았다. 이에 대한 이해를 바탕으로 여기서는 행정학의 중요성을 이해하기 위해 행정학의 학문적 특성을 살펴보고자 한다.

행정학은 공공성publicness을 특징으로 하는 행정현상을 연구하는 응용사회과학의 한 분야로서 이에 대한 지식knowledge과 기술skill, 가치value를 학습하는 학문이다.이종수·윤영진 외, 2007 행정학의 학문적 특성은 행정학의 목적을 살펴봄으로써 좀 더 쉽게 이해할 수 있다. 윌슨Wilson, 1887은 『행정의 연구The Study of Administration』에서 "행정학은 정부가 무엇을 가장 적절하게, 성공적으로 수행할 수 있는지, 그리고 이러한 업무를 어떻게 하면 가장 최소의 비용으로 가장 효율적으로 수행할 수 있는지에 대해 탐색하는 학문이다……. 행정학 연구의 궁극적 목적은 혼란과 고비용을 야기하는 경험적 실험의 시행착오를 극복하고 안정적인 원리에 기반을 둔 행정관리적 방법을 창출해 나가는 것이다The object of administrative study is to rescue executive methods from the confusion and costliness of empirical experiment and set them upon foundations laid deep in stable principle."라고 행정학의 목적을 명시하였다.

이러한 목적을 바탕으로 행정학의 학문적 특성을 제시하면 다음과 같다. 첫째, 행정학은 기술적descriptive이고 설명적explanatory인 학문이다. 윌슨Wilson, 1887이 제시한 행정학의 첫 번째 목적은 정부가 해야 할 일을 규정하는 것이다. 이를 가능케 하기 위해서는 행정현상을 있는 그대로 기술하는 작업이 선행되어야 할 것이며, 그 후 결과로서 발생한 행정현상의 원인이 무엇인가를 설명하기 위한 노력이 수반되어야 한다. 이러한 과정을 통해 행정에서의 문제점을 발견할 수 있으며, 이를 바탕으로 행정학은 정부가 수행해야 할 과제를 도출하게 된다.

둘째, 행정학은 처방적prescriptive이고 도구적instrumental인 학문이다. 윌슨Wilson, 1887이 제시한 행정학의 두 번째 목적은 정부가 수행해야 하는 일을 최소의 비용으로 가장 효율적으로 수행할 수 있는 방법을 탐색하는 것이다. 행정현상에 대한 기술과 설명을 통해 행정에서의 문제점을 발견했다면 행정학은 그것을 가장 효과적으로 치료할 수 있는 백신, 즉 관리기술을 개발해 사회에 처방하게 된다.

셋째, 행정학은 규범적normative인 학문이다. 행정학이 지향하는 궁극적인 목적은 '공익'을 실현하는 데 있으며 이와 더불어 정의·형평성과 같은 사회적 가치를 중요하게 다룬다. 즉, 행정학은 우리 사회를 더 나은, 더 바람직한 방향으로 이끌 수 있는 가치 정향성을 지니는 학문이다유민봉, 2012.

행정학은 이러한 학문적 성격을 바탕으로 좋은 정부를 구현하는 데 있어 중추적인 역할을 담당하게 된다. 특히 행정학은 좋은 정부를 구현하기 위한 좀 더 효과적인 관리기술을 개발하는 것뿐 아니라 이를 통해 사회 전반의 삶의 질 향상까지 유도할 수 있다는 측면에서 그 중요성을 찾아볼 수 있다이종수·윤영진 외, 2007. 앞서 살펴본 바와 같이 사회의 다원화와 다양성의 증대로 여러 가지 사회문제가 발생하면서 정부의 역할이 어느 때보다 강조되는 시점이기 때문에, 좋은 정부 구현, 사회 전반의 삶의 질 향상 측면에서의 중요성을 바탕으로 행정학의 학문적 위상은 더욱 높아지고 있다고 말할 수 있다.

2. 행정학 패러다임

여기서는 행정학이 어떠한 원동력을 바탕으로, 어떠한 변화를 거쳐서 현재와 같은 독자적 학문 영역을 구축할 수 있었는가에 대해 이해해보고자 한다. 이를 위해 과학의 역사적 발전과정을 설명하는 데 유용한 개념이라 할 수 있는 패러다임을 중심으로 논의를 전개하고, 현대 행정학 패러다임이 등장하게 된 배경을 바탕으로 현재까지의 발전과정에 대해 살펴보겠다.

1. 행정학 패러다임의 의의

패러다임Paradigm은 쿤Kuhn, 1970이 『과학혁명의 구조The Structure of Scientific Revolutions』에서 과학의 역사적 발전과정을 설명하는 데 활용한 개념이다. 개념적으로 패러다임은 '이론적 틀'로 정의되고 있으나, 쿤의 논의에서 패러다임은 이론 이상의 의미를 갖는 것으로서 법칙, 이론의 적용, 연구 방법론 또는 특정 과학자 공동체가 공유하는 신념·가치·기술 등의 총체로 이해할 수 있다.

쿤은 이러한 패러다임이라는 개념을 활용해 과학혁명의 과정에서 과학의 위상을 전과학·정상과학·과도과학·혁명과학 등 4단계로 구분해 설명했다. 첫 번째 단계인 '전과학Pre-Science'은 특정 분야에서 근본적인 문제들에 대해 학자들 간의 의견이 일치되지 못하고 논쟁이 지속되면서 지배적인 패러다임이 형성되지 못한 상태이다. 이후 연구자들의 합의에 의해 지배적인 패러다임을 확보하게 되면 그 과학은 '정상과학Normal Science'의 지위를 차지하게 된다. 이때 지배적인 패러다임으로 인정받은 과학은 '공통 가정Common Assumption'을 형성하게 되고 연구자들은 확고한 준거틀을 바탕으로 연구를 수행하게 된다. 특히 정상과학에 진입하게 되면, 이 가정은 당연한 것으로 여겨지기 때문에 추가적인 논의는 불필요한 것으로 간주되며, 이에 패러다임은 상당 기간 동안 안정적으로 유지된다. 그러나 시간이 흐름에 따라 정상과학의 지배적인 패러다임으로 설명할 수 없는 이례 현상이 나타나게 되고, 이러한 이례 현상이 누적되면서 정상과학은 위기를 맞게 된다. 이에 이례 현상들을 설명하기 위해 대체 패러다임이 경쟁적으로 등장하게 되는데, 이러한 과도기적 단계를 '과도과학extraordinary science'이라고 부른다. 마지막으로 과도과학 단계에서 등장한 다양한 대체 패러다임 가운데 특정 패러다임이 기존의 패러다임이 설명하던 현상은 물론 누적된 이례 현상까지 성공적으로 설명하게 되면서 기존의 패러다임이 정상과학의 지위를 상실하게 되는 과학혁명이 일어나게 된다. 이 단계를 '혁명과학revolutionary science'이라고 부르며, 혁명과학 단계를 거쳐 대체 패러다임이 지배적 패러다임으로서의 안정적 지위를 확보하게 되면 다시 정상과학의 위치로 전환되어 과학혁명이 완결된다.Kuhn, 1970

쿤의 과학혁명관과 패러다임에 대한 논의는 과학뿐 아니라 사회과학 전반에 걸쳐 유용하게 활용되고 있다. 과학에 있어 패러다임은 탐구의 모델이자 기준이 되며 문제의 규정자와 문제해결의 심판자로서의 역할을 수행한다. 이는 사회과학에서도 마찬가지로 패러다임은 연구의 접근 방향을 제시하고, 실증적 연구의 기초가 되는 개념과 전제를 제시하며, 결과 해석을 위한 논거를 제시한다는 측면에서 그 중요성을 찾아볼 수 있다.Kuhn, 1970

그러나 사회과학의 경우 패러다임의 의미와 패러다임 전환 및 대체 가능성에 대한 많은 논란이 존재한다. 자연과학과 달리 사회과학의 경우 경쟁이론보다 우월한 이론으로 증명된 이론이라는 의미의 패러다임은 존재하지 않기 때문이다. 사회과학을 포함한 응용과학의 경우 순수과학과는 상이한 과정을 통해 패러다임의 선택과 대체가 일어나게 된다. 응용과학의 경우 이론을 연구하는 학자뿐 아니라 이론을 실제에 활용하는 전문가, 특히 사회과학의 경우 정치인들까지 패러다임에 대한 평가와 이를 토대로 한 패러다임의 선택과 전환에 중요한 역할을 담당하게 된다.^{이명석, 2007}

대표적인 응용사회과학인 행정학에서도 패러다임과 관련된 논의가 지속적으로 진행되어 왔다. 특히 행정학 패러다임과 관련된 논의에서 중요하게 고려된 문제는 '학문적 정체성'에 관한 것이었다. 행정학의 경우 독자적인 학문 영역으로서의 정체성을 확보하고 있지 못하다는 문제가 제기되어 왔는데, 이는 보편적으로 널리 인정되는 통일된 독자적 패러다임이 존재하지 않는다는 것을 의미하는 것이다. 하지만 행정학에서도 분명 다양한 패러다임이 존재하고 대체되어 왔으며, 이러한 패러다임 변화는 기존의 패러다임보다 행정현상에 대한 설명력·이해력·예측력을 향상시키고자 하는 노력에서 비롯된 것이라 할 수 있다.

앞서 살펴본 바와 같이 행정학은 규범적 학문으로서 우리 사회를 더 나은 방향으로 이끌 수 있는 가치정향성을 지녀야 하고 처방 학문으로서 현장에서 문제를 진단하고 예측하며, 이미 발생했거나 앞으로 발생할 문제에 대해 해결방안을 제공해야 하는 사명을 지니고 있다.^{유민봉, 2012} 이러한 관점에서 행정학이 그가 속한 사회의 특수성을 바탕으로 어떻게 이론화되어 발전해 왔는지, 어떠한 가치들을 중요하게 고려해 왔는지를 살펴보는 것은 행정학을 이해하는 데 있어 매우 중요한 부분이라 생각된다.

2. 현대 행정학 패러다임의 등장

행정학은 인류 역사와 함께 존재했기 때문에 학문의 기원을 명시하는 것이 쉽지 않다. 17세기의 관방학, 19세기의 슈타인 행정학을 그 출발로 보는 시각도 있으나 이 시기의 행정학은 독자적인 학문 영역을 구축하지 못하고 정치학이나 재정학, 법학의 일부로 다루어졌기 때문에 학문적 정체성에 대한 비판을 받아 왔다. 이에 실질적으로는 엽관주의의 비효율성을 극복하기 위해 정치와 행정이 분리되어야 한다는 주장이 시작된 19세기 말이 현대 행정학의 기원으로 평가되고 있다. 따라서 여기서는 19세기 말 정치·행정 이원론을 현대 행정학 패러다임의 출발로 명시하고 최근까지 패러다임의 변화에 대해 살펴보고자 한다. 특히 그러한 발전과정을 살펴보기에 앞서 현대 행정학 패러다임이 등장하게 된 배경에 대해 구체적으로 살펴보고자 한다.

현대 행정학 패러다임의 등장 배경은 엽관주의의 폐해에서 찾아볼 수 있다. 미국에서는 일찍이 대통령의 책임정치를 구현하기 위한 목적으로 엽관주의spoils system 원리가 적용되고 있었다. 엽관주의란 선거에서 승리한 대통령 당선자가 정부의 모든 공직을 전리품spoils으로 획득하게 되고, 그 전리품을 선거에서의 충성도에 따라 정당원들에게 나누어주는 제도를 의미한다. 이에 정권이 교체되면 전임 대통령이 임명한 공직자는 경질되고 새로 부임한 대통령에 의해 공직의 전면 교체가 이루어지게 된다. 엽관주의가 미국 정치에서 받아들여지게 된 배경에는 여러 요인이 있었지만 가장 중요한 요인은 엽관주의가 행정의 민주성을 향상시킬 것이라는 기대 때문이었다. 그 당시 미국에서는 상류 계급의 엘리트들이 건국 초기부터 관직을 지배하면서 그들의 이익만이 대변되고 있었고, 이들이 관직을 장기간 지배하면서 부패문제가 발생했다.Mosher, 1982 따라서 공직을 소수의 엘리트에 의한 독점이 아니라 일반 국민을 잘 대표하고 그들의 의사를 대변할 수 있는 사람들에게 공유시킴으로써 민주정치의 발전에 기여할 수 있다고 보았고, 이에 엽관주의를 도입하게 된 것이다.

그러나 1800년대 중반 미국에서 엽관주의의 병폐가 만연하면서 정부개혁 운동가를 중심으로 엽관주의의 문제점이 제기되기 시작했다. 엽관주의의 병폐는 공직의 질적 저하로 요약할 수 있다. 공무원 임용에 있어 실제 일을 수행할 수 있는 능력이나 자격보다 정치적 이념이나 대통령에 대한 충성심이 우선시되었기 때문에 전반적인 공무원의 질적 저하 문제는 당연한 것이었다. 또한 새 정부의 인사에서 살아남은 공무원도 다음 선거에 필요한 돈과 시간을 요구하는 당의 압력에 못 이겨 대부분 공직을 떠났기 때문에 Shafritz et al., 1992, 새로 임명된 사람은 전임 정부의 정책이나 행정사무를 인수받지도 못한 채 대부분 아마추어로서 업무를 수행할 수밖에 없는 구조였다. 이로 인해 행정의 지속성이나 전문성이 확보될 수 없었다. 뿐만 아니라 정치인들이 공직에 유입됨으로써 행정이 정치화되고, 기업인들과의 유착에 의한 부패가 만연되어 갔다. 소수 엘리트들의 공직독점에 의한 부패를 척결하고 행정의 민주성을 높이고자 개혁의 논리로 도입한 엽관주의가 다시 개혁의 대상이 된 것이다.

이에 정치적 측면에서는 일반 시민들이 정치 과정에 더 많이 참여할 수 있도록 정치제도를 개혁하고, 행정적 측면에서는 행정을 정치와 분리하고, 효율성과 전문성을 중심으로 하는 행정개혁이 시도되었다. 이러한 개혁 과정에서 결정적인 역할을 한 것이 미국 인사제도의 대전환을 가져오고 현대 인사제도의 기틀을 제공한 펜들턴법Pendleton Act, 1883이었다. 펜들턴법은 엽관주의의 병폐를 극복하고자 공직을 정치적으로 중립화시킴으로써 정치적 충성심이나 개인적 정실이 공직 임명에 개입되는 것을 금지했다. 또한 정치적인 이유로 현직자의 신분상에 불이익을 주거나 선거운동에 참여하도록 강요하지 못하게 했으며 공무원은 경쟁시험을 통해 선발하도록 했다. 이러한 내용은 현재 실적주의를 기초로 하는 미국 공무원 인사제도의 법적 토대가 되었다. 즉, 펜들턴법은 행정의 정치적 중립을 천명했고, 행정의 전문성 확보를 위한 실적주의 인사제도를 확립하는 데 기본이 되었다. 그리고 이는 정치·행정 이원론을 기반으로 행정을 하나의 독립된 분과학문으로 정립하는 데 그 기틀을 제공했다는 측면에서 중요성을 찾아볼 수 있다.유민봉·박성민, 2014

3. 현대 행정학 패러다임의 발전 과정

현대 행정학 패러다임의 발전 과정은 헨리Henry, 1975의 시각을 바탕으로 살펴보고자 한다. 그는 『행정학의 패러다임Paradigms of Public Administration』이라는 연구에서 행정학의 정체성을 탐색하기 위해 행정학 패러다임의 변화 및 전개 과정을 살펴보았다. 특히 그는 연구의 제도적 장소를 의미하는 영역 Locus 2과 연구의 대상을 의미하는 초점Focus 3이라는 두 가지 기준을 통해 현대 행정학의 패러다임을 다섯 가지로 구분했다. 정치·행정 이원론1890-1926, 행정원리론1927-1950, 정치·행정 일원론1950-1970, 행정과학1956-1970, 독자적 행정학1970-현재 등이 그것인데, 그가 사용한 행정학 패러다임은 상호 배타적인 것이 아니라 중복적overlapping인 것으로 이해할 수 있다. Henry, 1975

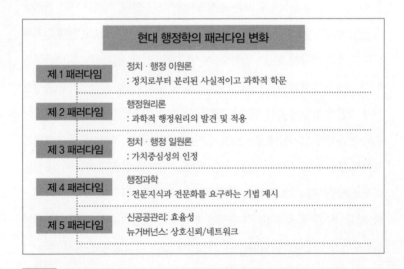

2. 연구 영역의 제도적 장소: The institutional 'where' of the field(Henry, 1975).
3. 연구 영역의 특정한 대상: The specialize 'what' of field(Henry, 1975).

1) 제1 패러다임: 정치·행정 이원론(1890-1926년)

앞에서 살펴본 바와 같이 미국의 행정개혁 과정에서 핵심적 역할을 한 것이 바로 펜들턴법이었다. 특히 펜들턴법의 개혁기조와 유사한 맥락에서 윌슨 Wilson, 1887은 『행정의 연구The Study of Administration』에서 행정의 영역을 관리의 영역이라고 규정함으로써 정치와 행정의 분리를 주장했다. 그는 행정학의 목적을 정부가 무엇을 적절하게, 성공적으로 할 수 있는지, 그리고 이를 어떻게 하면 가장 최소의 비용으로 가장 효율적으로 수행할 수 있는가에 대해 탐색하는 것이라고 하면서 관리작용으로서의 행정학의 역할을 강조했다.

윌슨이 정치와 행정의 분리를 주장한 이래로, 굿나우Goodnow, 1900와 화이트White, 1926 등이 그의 주장을 지지하면서 정치·행정 이원론은 현대 행정학 패러다임을 논의하는 데 그 출발점으로서 중요한 위상을 차지하게 되었다. 굿나우Goodnow, 1900는 『정치와 행정Politics and Administration』에서 행정현상과 정치현상을 분리하고 이에 상응하여 행정학을 정치학과 분리해 설명했다. 따라서 정치는 국가의 정책이나 국가 의지의 표명을 다루는 것인 반면, 행정은 이러한 국가 정책을 집행하는 것과 관련이 있는 것으로 구분지었다.박동서, 2001 이후 화이트White, 1948는 『행정학 입문론Introduction to the Study of Public Administration』에서 정치는 행정에 간섭하지 말아야 하며, 행정 연구는 과학성을 추구할 때 스스로 가치중립적인 학문이 될 수 있다고 주장했다. 더불어 행정의 임무는 경제와 효율이라고 언급했다. 따라서 윌슨1887, 굿나우1900, 화이트1948를 중심으로 전개된 정치·행정 이원론은 정치로부터 행정을 독립시킴으로써 비효율과 부패의 문제를 해결하고, 이를 통해 좀 더 효율적인 정부를 구현하고자 했던 의지를 담은 것으로 평가할 수 있다. 또한 행정학을 정치학과 분리시켜 그 영역을 분명하게 제시함으로써 행정학을 하나의 독립된 분과학문으로 정립하는 토대를 제공했다는 측면에서 그 중요성을 찾아

볼 수 있다.

이러한 논의를 종합할 때 현대 행정의 제1 패러다임은 정치와 행정을 구분 짓는 것을 주요 내용으로 하고 있으며, 결국 '행정학이 어디에 있어야 하는가?'라는 영역locus의 문제에 중점을 두고 있음을 알 수 있다. 즉, 행정학은 정부 관료제를 중심 대상으로 연구해야 한다는 영역 중심의 행정학에 대한 개념 시도가 이러한 정치·행정 이원론을 낳게 한 것이다. 정치·행정 이원론 패러다임은 훗날 가치와 사실의 이원론 개념과 연계됨으로써 그 중요성이 더욱 부각되었다. 특히 정치·행정 이원론은 행정학도들에게 행정이 '사실적factual'이고 '과학적scientific'이어야 한다는 인식을 주지시켰으며, 이에 정치·행정 이원론은 사실 중심의 인사행정, 조직이론, 예산론 등으로 연구 범위를 한정시켰고, 가치적 문제를 다루게 되는 정책 형성과 이와 관련된 것들은 정책학도들에게 맡겨야 한다는 생각을 주지시켰다.

2) 제2 패러다임: 행정원리론(1927-1950년)

정치·행정 이원론 이후, 현대 행정학의 제2 패러다임으로 등장한 것이 행정원리론이었다. 1930년대 미국은 경제대공황을 겪으면서 관리지식에 대한 수요가 높아졌고, 이로 인해 행정학에 대한 요구와 관심이 증가했다. 특히 절약과 능률이 좋은 정부를 구현하는 데 가장 중요한 가치 기준으로 등장하면서, 능률성을 제고하기 위한 과학적 관리기법을 형성하는 것에 중점을 두었다.

윌로우비Willoughby, 1929는 『행정원리론Principle of Public Administration』에서 "행정에는 과학적 원리가 존재하므로, 이러한 과학적 행정원리를 발견하고 실무에 적용하는 방법을 습득하면 행정전문가가 될 수 있다."고 언급했다. 따라서 행정원리론자들은 행정에는 어떠한 장소, 환경, 문화 및 제도적 맥락과 관계없이 특정 원리가 존재하며, 그것을 발견하고 적용할 수 있다고 믿었다. 즉, 행정에 있어서 보편적 원리의 정립과 적용이 가능하다는 강력한 믿음을 갖고 있었던 것이다.박동서, 2001 특히 윌로우비Willoughby, 1929의 연구 이후 귤릭과 어윅Gulic & Urwick, 1937의 연구 이전까지의 10년 동안은 영역locus보다는 초점focus에 중점을 둔 행정학 이론들이 연이어 나타났다. 일반적으로 이 기간이야말로 행정학이 최고의 명성을 얻은 시기였다.

폴렛Follet, 1924의 『창조적 경험Creative experience』, 페이욜Fayol, 1930의 『산업과 일반적 관리Industrial and General Management』, 모니, 알랜과 레일리Monney, Alan & Reily, 1939의 『조직의 원리론Principles of Organization』 등이 모두 행정의 원리를 강조한 연구들이다. 특히 귤릭과 어윅의 『행정학 논문집Papers on the science of public administration』은 행정원리론의 극치로 평가되고 있다. 이들은 인간조직체의 연구를 통해서 귀납적으로 얻어지는 일종의 보편적 원리들을 제시하려고 했다. 이 연구에서 귤릭1937은 기획planning, 조직화organizing, 충원staffing, 지휘directing, 조정coordinating, 보고reproting, 예산 운영budgeting이라는 최고 관리자의 일곱 가지 관리기능을 발견하고 POSDCoRB라는 표현으로 행정원리를 제시했다.Gulick, 1937 이와 함께 부국편성의 원리, 명령일원화의 원리, 통솔범위적정화의 원리, 명령계통의 원리, 분업 및 조정의 원리 등이 행정원리론의 주요 내용으로 다루어졌다.박연호·이종호·임영제, 2010

이처럼 행정원리론 패러다임 하에서는, 행정학이 실제의 공·사 조직에 적용될 수 있는 학문적인 산출을 생산하고 선도해야 한다는 생각이 지배적이었기 때문에 이러한 일반적인 원리 발견에 대한 관심이 높을 수밖에 없었다. 이에 행정원리론은 공·사 부문을 막론하고 일반적으로 적용될 수 있는 원리를 강조했기 때문에 학문의 영역locus보다는 초점focus에 중점을 둔 패러다임으로 평가되고 있다

3) 제3 패러다임: 정치·행정 일원론(1950~1970년)

현대 행정학의 제3 패러다임은 행정학과 정치학의 연계를 재정립하는 시도로서 일반적으로 이는 정치·행정 일원론으로 불린다. 기존의 지배적 패러다임이었던 정치·행정 이원론과 행정원리론에 대한 비판과 도전은 1930년 중반부터 시작되어 1940년대에 들어와 두 개의 축을 중심으로 상호 강화되는 방향으로 가속화되었다. 하나의 축은 정치와 행정이 어떠한 형태로든 결코 분리될 수 없다는 정치·행정 일원론적 입장이었고, 다른 하나의 축은 행정의 원리들이 서로 모순된다는 비판이었다.

버나드Banard, 1938는 『관리자의 기능The Fuctions of the Exacutive』에서 종래의 정치·행정 이원론과 행정원리론을 중심으로 하는 행정학 주류에 대한 반박을 시도했다. 이러한 시도는 그 당시에는 어떠한 자극을 주지 않았지만, 마르크스1946, 애플비Appleby, 1949, 사이먼1946; 1947, 왈도1948 등의 학자에 의해 정치·행정 이원론과 행정원리론에 대한 신랄한 비판이 지속적으로 제기되면서 현대 행정학의 패러다임을 재정립하게 되었다.

마르크스는 『행정의 요소들Elements of public administration』에서 종래에 몰가치적 혹은 가치중립성을 중시했던 행정관을 수정하고 행정이 가치중심적인 정치와 밀접, 불가분의 관계를 지닌다고 지적하면서 정치·행정 이원론에 대해 본격적으로 의문을 제기했다. 이는 애플비가 『정책과 행정Policy and Administration』에서 현대의 행정을 정책 형성이라고 이해한 부분과 일맥상통하는 것이라 할 수 있다.

또한 사이먼은 『행정의 격언들The Proverbs of Administration』과 『행정행태론 Administrative Behavior』에서 행정원리론자들의 견해가 '실험을 거치지 않은 격언'에 지나지 않는다고 말하면서 원리론의 허구성을 지적했다. 즉, 행정원리론에서 제시하고 있는 과학적 관리 원칙들이 일관성을 갖추지 못해 서로 모순된다는 것이었다. 왈도 역시 『행정국가론The Administrative State』에서 불변의 행정원리에 대한 관념, 그 원리들을 결정하는 데 이용되는 방법론상의 모순, 원리론자들의 사고를 지배하는 절약과 능률, 가치의 협착성을 공격했다.

이에 현대 행정학의 패러다임이 가치중심성을 인정하고 정책결정의 역할을 강조하는 정치·행정 일원론으로 재형성된다. 따라서 제3 패러다임인 정치·행정 일원론에서는 행정학의 영역Locus이 새롭게 정의되었다.

다만, 행정학의 발전과정에서 정치·행정 일원론이 몇 가지 중요한 의미를 갖고 있음에도 정치·행정 일원론은 훗날 '행정학의 정체성 위기Identity Crises of Public Administration'를 유발시켰다는 비판을 받기도 했다. 정치·행정 일원론 패러다임에 의해 1950년대에 이루어진 행정학 연구에서는 행정학을 정치학의 한 분야 혹은 유사 분야로 이해했기 때문이다.

4) 제4 패러다임: 행정과학(1956~1970년)

현대 행정학의 제4 패러다임은 행정과학으로서의 행정학public administration as administrative science이라 할 수 있다. 이는 정치과학으로서의 행정학, 즉 정치·행정 일원론으로부터 촉발된 행정학의 정체성 위기를 극복하기 위한 대응으로 이해할 수 있다. 여기서의 행정과학이란 조직이론과 관리과학의 모든 연구를 포함하는 개념으로 사용된다.

조직이론은 조직의 행태를 잘 이해하고 더 나은 방향으로 유도하기 위한 것으로서 행정학자뿐 아니라 사회학·심리학·경영학자들이 모두 관심을 갖는 분야이다. 1960년대 이래 조직이론은 행정학의 중심적 초점focus이 되어왔다. 마치와 사이먼March & Simon, 1958의 『조직론Organizationism』을 비롯하여 사이서트와 마치Cycert & March, 1965의 『조직 안내서Handbook of Organization』, 톰슨Thompson, 1967의 『조직행위론Organizations in Action』 등의 연구들은 행정과학을 행정학의 패러다임으로 택하는 데 확고한 이론적 근거를 제공했다고 할 수 있다.Henry, 1975 이와 더불어 관리과학은 의사결정에 있어서 합리적인 대안선택을 촉진하고, 관리의 효율성을 향상시키기 위한 최적의 방법을 찾아내는 기법으로 이해할 수 있다.

행정과학으로서 행정학은 전문지식과 전문화를 요구하는 기법을 제시하며, 어떤 제도적 장소나 환경에 그것을 적용해야 하는가에 대해서는 중요하게 다루지 않는다. 즉, 공공부문인지 민간부문인지에 대해 관심을 두지 않고 보편적인 행정과학을 추구하려고 했던 것이다. 따라서 제4 패러다임인 행정과학으로서의 행정학에서는 행정학의 영역locus보다는 초점을 더욱 중요시했던 시기라고 할 수 있다. 이에 행정과학으로서의 행정학은 관리라는 초점을 강조하면서 정치학과는 구분되는 독자적인 행정학의 정체성을 확보하는 데 성공했다. 그러나 행정과학으로서의 행정학은 공공부문이라는 영역의 중요성을 부각시키지 못했고, 이에 '공익'이라는 행정학의 본질적 목표를 적절하게 다루지 못했다는 비판을 받았다.이명석, 2007

5) 제5 패러다임: 독자적 행정학(1970년-현재)

현대 행정학의 제5 패러다임에서는 이미 어떤 형태로든 형성된 패러다임을 소개하기보다는 현재의 시점에서 행정학을 살펴보는 것이다. 특히 헨리Henry는 행정학이 '행정학으로서의 행정학public administration as public administration'의 위상을 확보할 수 있어야 한다고 주장하면서, 이를 위해서는 행정학이 적절한 영역locus과 초점focus을 담아내야 한다고 말했다. 따라서 행정학으로서의 행정학은 조직이론과 관리과학 등 순수과학적인 초점과 정부를 포함하는 공공부문뿐 아니라 민간부문에서 이루어지는 행정까지를 유연하게 포괄하고 정책과학, 정치경제학, 정책분석 및 정책평가 등 인접 관련 분야를 광범위하게 포함할 수 있는 영역을 확보해야 한다고 설명했다.이명석, 2007

앞서 살펴본 바와 같이 행정학의 패러다임은 영역과 초점에 대한 논의를 중심으로 변화되어 왔다. 특히 정치와 행정의 관계를 어떻게 설정할 것인가에 대한 문제는 패러다임의 변화에 있어 중요한 역할을 담당했다. 정치의 역할은 국가의 의지 결정에 있고, 행정의 역할은 이러한 결정을 효과적으로 집행하는 데 있다는 주장은 행정학의 독자적 영역을 구축하는 정치·행정 이원론의 토대가 되었다. 그러나 행정국가의 대두로 종래의 정치의 역할인 결정 기능이 행정의 역할 범주에 포함되면서 정치와 행정의 기능적 일원론이 현실적으로 정당성을 얻게 되었다. 다만, 이러한 현실적인 고려를 하더라도 여전히 정치는 결정의 장에 머물러 있으며, 행정은 결정 내용을 실현하는 시공에 놓여 있다는 것은 부인할 수 없는 사실이다. 따라서 좀 더 적실한 행정 패러다임을 도출하기 위해서, 또 행정학으로서의 행정학의 위상을 유지하기 위해서는 영역과 초점을 조화롭게 담아내려는 노력이 지속되어야 할 것이다.

가장 최근에 행정학에서 지배적인 패러다임으로 주목받고 있는 신공공관리NPM: New Public Management와 뉴거버넌스New Governance 패러다임은 기존의 패러다임이 설명하지 못하는 이례 현상들을 해결하고자 하는 노력, 영역과 초점을 조화롭게 담아내려는 노력의 산물이라고 볼 수 있다. 이 두 패러다임은 1960년대 신행정학NPA: New Public Administration이 등장하면서 강조되기 시작한 패러다임이다.

신행정학은 1968년 미국 시라큐스 대학에서 열린 미노브룩Minowbrook 회의에 참석한 젊은 학자들이 기존 행정학 이론의 부적합성을 지적하고 새로운 접근 방법을 모색하고자 했던 하나의 운동movement을 의미한다. 이들은 행정학이 과거의 단순한 법의 집행이나 효율성 또는 경제성을 이념으로 하는 서비스 제공에서 탈피해 규범적으로 무엇이 바람직한 것인지에 대한 적극적 가치배분의 입장을 취해야 한다고 주장했다. 이들 학자의 주장은 1960년대 월남전에 대한 반전 시위, 인종폭동, 높은 실업률 등의 시대적 상황을 배경으로 등장한 것으로서 행정이 빈민층·소수민족·장애자 등의 이익을 증진시켜야 할 책임이 있음을 강조했다.^{유민봉, 2012} 정부의 정책적 역할을 강조한 신행정학의 흐름에 따라 행정에 있어 공공선택적 접근이나 정책연구가 중요시되었다. 또한 기존의 실증주의적 접근에 대한 반성과 대안으로서 포스트모더니즘 행정학이 부각되었다. 그러나 1970년대 경제위기 이후 나타난 신공공관리를 통해 다시 한 번 행정에서 능률성이 지배적인 가치로 고려되는 상황을 맞이하게 되었다. 그 후 이에 대한 반성으로 거버넌스에 대한 논의가 나타났고, 인접 사회과학의 영향을 받아 신제도주의에 대한 관심도 증대되었다.

이처럼 시대적 흐름에 따른 패러다임의 변화는 결국 그 시대가 추구하는 가치와 방향성을 반영하고 있다. 여기서는 최근 일련의 정부개혁 움직임에 가장 큰 영향을 준 두 패러다임인 신공공관리와 뉴거버넌스에 대해 개괄적으로 살펴보고자 한다.

(1) 신공공관리

신공공관리NPM: New Public Management는 뿌리 깊은 관료제형 정부관리 방식을 개혁하기 위해 1980년대부터 진행된 일련의 개혁 프로그램과 그 이면에 담겨 있는 가치와 믿음을 모두 묶어 일컫는 말이다. 특히 신공공관리는 관료제 중심의 전통적 관리방식과 비교해 경쟁과 성과, 고객을 강조하며 행정이념으로서 효율성을 강조한다. 이에 신공공관리라는 용어는 기존의 관료제 중심의 정부 패러다임을 대체할 수 있는 새로운 패러다임으로 개념화되어 사용되곤 한다.Hood & Jackson, 1991; 유민봉, 2012

　대부분의 국가들이 좀 더 좋은 정부를 구현하기 위해 지속적으로 공공부문에 대한 개혁을 시도했지만, 신공공관리를 기반으로 하는 개혁의 강도는 이전과는 분명한 차이를 갖고 있는데 여기에는 '출발과 지속'의 두 가지 배경이 작용했다. 먼저 복지국가의 산물이라 할 수 있는 거대한 공공관료제의 성장이 비효율성으로 인해 국민들의 불신을 초래했다는 데에서 '출발'의 배경을 찾을 수 있다. 이미 정부 실패를 경험한 국민들은 세금을 정부지출에 사용하는 것을 비생산적인 일에 자원을 허비하는 일로 간주했다. 뿐만 아니라 대표적인 시장실패 사례로 일컬어지는 1970년대의 오일 쇼크를 겪게 되면서 과다한 복지비용이 정부 재정에 큰 부담으로 작용했다. 이러한 시기에 영국과 미국에서 등장한 신자유주의 정권은 공공부문 개혁의 강도를 높이게 된 결정적 계기로 작용했다.Mascarenhas, 1993 그 결과 능률성과 경제성이 공공부문의 핵심적 가치로 자리 잡게 되었고, 작은 정부, 규제완화, 경제적 자유주의, 민영화, 기업경영 등의 용어가 유행어처럼 확산되었다.

　매스카렌하스Mascarenhas, 1993는 OECD 국가들에서 나타난 정부개혁의 범위나 정도 등은 국가별로 차이가 존재하지만 추구하는 목표나 관리기법은 유사성을 지니고 있다고 설명하면서 이러한 개혁의 움직임을 공공부문에서의 기업문화 구축이라고 표현했다. 국민의 요구에 대한 관료제적 대응문화가 실적과 인센티브 중심의 기업 문화로 이전되었으며, 경험과 충성을 기반으로 하는 공무원 사회가 실적·결과·관리기술을 중시하는 방향으로 바뀌어 가고 있기 때문이다.

2) 뉴거버넌스

행정활동에 있어서 국가정부의 역할뿐 아니라 시장기업, 시민사회NGO의 역할이 확대되고 특히 이들의 독자적인 기능과 역할보다는 상호간의 참여와 협력이 강조되기 시작되면서 이에 대한 대응 패러다임으로서 뉴거버넌스New Governance 개념이 등장했다.권기헌, 2007 그리고 이 과정에서 정부·시장·시민사회 등 다양한 행위자들의 역할과 이들 간의 관계가 재정립되었다.

특히 뉴거버넌스가 등장하는 데 있어서는 국가 공동화 혹은 국가 쇠퇴 현상이 큰 동인으로 작용했다.유재원·소순창, 2005 세계화·분권화·민영화 등으로 인해 국가 공동화 현상이 발생했고, 이에 따라 사회의 다른 세력들이 새로운 권력의 중심으로 이동하면서 자신들끼리 혹은 국가와 제휴해 공동으로 문제를 해결해야 할 필요성이 생겼고, 그 결과 네트워크 형태의 뉴거버넌스가 새로운 패러다임으로 대두되었다. Rhodes, 1997; Pierre & Peters, 2000

때때로 국가·시장·시민사회 간의 협력적 국정운영의 형태를 거버넌스Governance라고 표현하면서 이를 기존의 행정 패러다임을 대체하는 개혁적인 개념으로 사용하는 경우도 있다.이명석, 2007 그러나 UN ESCAP2011이 "거버넌스는 의사결정 과정과 이를 집행하는 과정이다."라고 정의한 것처럼 거버넌스를 행정에서의 새로운 패러다임으로 이해하기보다는, 광의의 시각에서, 모든 부분에서 발생하게 되는 의사결정 과정으로 이해하는 것이 바람직하다고 할 수 있다. 이에 행정학에서 새로운 패러다임으로서 거버넌스를 논의할 때는 뉴거버넌스라는 용어를 사용하는 것이 더 적절하다고 생각된다.이명석, 2002 4

뉴거버넌스에 대한 학자들의 정의는 다양하다. 이종수·윤영진 외2007는 뉴거버넌스를 공공 서비스 전달 또는 공공문제를 해결하는 과정에서 정부라는 제도적 장치에 전적으로 의존하기보다는 정부와 민간부문 및 비영리부문 간의 협력적 네트워크를 적극 활용하는 것으로 이해했고, 권기헌2007

---

4. 거버넌스는 광의의 개념으로서 정부(government)라는 실체가 아니라 'governing의 방식(기제)'을 의미하며, governing은 집단활동을 조정하고 규율하고 해결하는 의미로 이해할 수 있다(유민봉, 2012).

은 뉴거버넌스를 계층제 중심의 수직적 모형보다는 네트워크 중심의 수평적 모형으로서 시장 및 시민사회와의 신뢰와 협동에 기초한 좀 더 많은 참여와 조정, 연결 및 네트워크를 강조하는 개념으로 파악했다. 따라서 뉴거버넌스를 계층제를 기반으로 하는 국가 중심의 거버넌스나 계층제 중심의 운영관리에 관리주의적 기법과 시장주의적 요소를 도입한 신공공관리와는 구분되는 것으로 보았다. 비슷한 맥락에서 유민봉2012은 뉴거버넌스를 정부·시민사회·시장을 네트워크로 연결한 협력기제로서 전통적인 통제 중심의 정부를 극복하고, 신공공관리에서 나타날 수 있는 책임성의 공백까지 대체·보완하는 개념으로 간주했다. 이명석2006은 거버넌스란 제3의 조정 양식으로 사회문제를 해결하는 데 있어 계층제나 중앙집권적인 행정체제와 같은 공식적 권한에 의존하지 않는 자발적 협동이라는 점을 강조했다.

　뉴거버넌스에 대한 이러한 정의를 종합해보면 뉴거버넌스는 협의의 거버넌스로서 정부·시장·시민사회 사이의 협력적 네트워크로 이해할 수 있다. 즉 뉴거버넌스의 핵심은 공공서비스를 전달하거나 공공문제를 해결하는 과정에서 정부라는 제도적 장치에 전적으로 의존하기보다는 상호 신뢰를 기반으로 하는 정부와 민간부문 및 비영리부문 간의 협력적 네트워크를 적극 활용하는 것이라고 할 수 있다.이종수·윤영진 외, 2007

3. 행정학의 연구 분야

여기서는 실제 행정학이라는 학문을 공부하면서 어떠한 주제들을 다루게 되는지에 대해 간략하게 살펴보고자 한다. 이에 가장 전통적이고 핵심적인 연구 분야라고 할 수 있는 인사, 조직, 재무와 함께 현대 행정에 있어 그 중요성이 점차 확대되고 있는 도시·지방, 복지, 환경 분야를 살펴보고자 한다.

1. 인사

"인사人事가 만사萬事다."라는 말에서 알 수 있듯이 행정조직에서 사람을 관리하는 일은 모든 일의 성패를 좌우할 만큼 중요한 일이다. 조직의 목표달성에 있어 사람의 중요성은 야구나 농구에서 유능한 선수를 스카우트해 팀 성적을 올리고자 하는 노력만 보아도 쉽게 알 수 있다. 물론 팀 성적은 유능한 선수를 스카우트하는 것뿐 아니라, 조직이 스카우트한 선수를 얼마나 잘 훈련시켰는지, 선수 본인 또한 훈련 기간 동안 얼마만큼 능동적으로 참여하고 배우려고 노력했는지 등에 따라 달라진다. 공무원도 마찬가지이다. 유능한 인적자원을 모집·선발하여 적재적소에 배치하고 다양한 방식으로 이들을 개발시키고 관리함으로써 행정의 효율성과 효과를 높일 수 있다. 사람을 관리하는 활동은 고대의 부족사회이든 현대의 계약사회이든, 조직의 형태를 취하고 있으면 시간과 공간을 초월해 항상 존재하는 것이며, 그 중요성 또한 마찬가지이다. 다만, 과거에는 상식과 관행에 의존해 사람을 관리했지만, 현대에는 인간 행태에 대한 과학적 지식과 전략적 사고를 기반으로

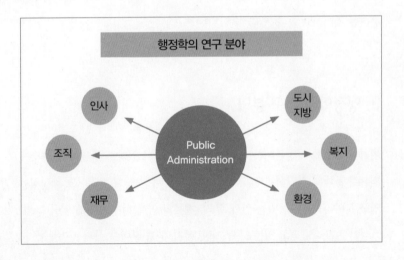

관리가 이루어지고 있다는 점에서 차이가 있다.

정부는 쓰레기 수거, 건축 인·허가, 위생검사, 교육 등의 서비스와 도로, 항만, 공공체육관 등의 공공재public goods를 국민에게 직간접으로 제공한다. 이것은 행정의 궁극적 목표라 할 수 있는 사회의 공공가치를 실현하는 구체적 활동이다. 이러한 재화와 서비스의 제공은 기계에 의해서 자동으로 이루어지는 것이 아니다. 돈을 포함한 물적자원과 사람, 즉 인적자원을 적절히 활용함으로써 효율적이고 효과적으로 공공재를 공급할 수 있게 된다. 이처럼 행정활동은 국민생활과 직결되는 재화와 서비스를 제공하는 외부적 정책활동과 이를 효과적으로 수행하기 위한 조직 내부의 인적·물적자원의 관리활동으로 구분해 생각해볼 수 있다.

인사행정은 이 중에서 다양한 외부 환경 요소와 상호작용해 개방적·조절적 성격을 가지는 정부조직 내의 인적자원에 관한 수단적 관리활동을 의미한다. 따라서 인사행정은 조직의 목표를 달성하기 위해 공공부문의 인적자원인 공무원을 확보하고, 개발하고 활용하며, 이들의 활동에 대한 평가와 보상을 제공하는 등 모든 관리활동을 포함한다. 이에 인사행정에 있어 첫 번째 단계인 확보는 공직의 빈자리를 채우는 과정으로 모집·선발에 관한 내용을 다루며, 두 번째 단계인 개발은 공무원의 능력을 조직의 목표달성에 기여할 수 있도록 변화시켜 나가는 과정으로 교육훈련, 인사이동, 경력개발 등에 관한 내용을 다룬다. 또한 세 번째 단계인 유지·활용 단계는 공무원이 건전한 의식을 갖고 직무에 몰입할 수 있도록 관리하는 과정으로 노동조합, 동기 부여, 다양성 관리 등에 관한 내용을 다루며, 네 번째 단계인 평가는 직무수행 결과에 대한 관리 과정으로 근무성적 평정, 역량평가 등 공무원의 성과평가에 관한 내용을 다룬다. 특히, 정부개혁이 지향하는 관리 역량 향상 및 책무성 강화에 있어 성과평가 및 성과관리가 유용한 도구로 활용되어 왔기 때문에 이에 대한 중요성은 더욱 증대되고 있다.박성민·김선아, 2013 마

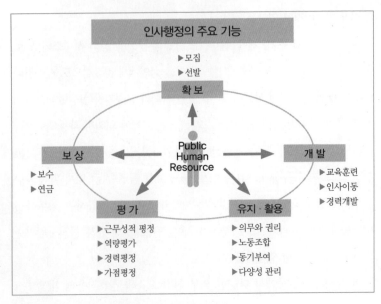

인사행정의 주요 기능

▶ 모집
▶ 선발

확 보

Public
Human
Resource

보 상
▶ 보수
▶ 연금

개 발
▶ 교육훈련
▶ 인사이동
▶ 경력개발

평 가
▶ 근무성적 평정
▶ 역량평가
▶ 경력평정
▶ 가점평정

유지 · 활용
▶ 의무와 권리
▶ 노동조합
▶ 동기부여
▶ 다양성 관리

자료. 유민봉 & 박성민(2014)의 내용을 바탕으로 필자가 재구성

지막 단계인 보상은 직무수행으로 인해 공무원에게 주어지는 대가에 대한 관리 과정으로 보수와 연금 등에 관한 내용을 다룬다. 이처럼 인사행정은 국민에게 재화와 서비스를 효과적으로 제공하기 위해서 인적자원을 어떻게 how to 동원하고 관리할 것인가에 대한 구체적인 방법과 기술을 다룬다. 그러므로 인사전문가에게는 계층구조의 수직선상에 있는 관리 책임자에게 요구되는 관리에 대한 일반적 지식이 아니라 인사에 관한 전문화된 지식과 기술이 요구된다.유민봉 · 박성민, 2014

2. 조직

조직학의 시각에서 조직은 다양하게 정의될 수 있는데 조직은 "일정한 환경

하에서 특정한 목표를 달성하기 위한 관리체계"로서 "특정 목표를 합리적으로 실현하는 수단이 되며 분업과 효율의 원칙에 따라 편성되고 비정의성 및 보편성을 가지고 있는 집합체"로 요약, 정의될 수 있다.권기헌, 2009, 179 따라서 조직관리론은 이러한 조직들을 어떻게 효율적이고 효과적인 방식으로 운영해 나갈 것인가에 대한 고민과 물음에 대한 해결책을 제시하는 학문으로 이해할 수 있다. 응용학문으로서의 조직관리론은 조직행태론·조직론·관리론·행정학·경제학·정치학·심리학·교육학 등 다양한 학제적 뿌리를 바탕으로 발전해 왔다. 역사적·통시적 관점에서는 ① 계층제·전문화·분업화 등을 강조한 테일러Frederick Taylor의 과학적 관리론scientific management, ② 집권화centralization, 단순화simplification, 그리고 통일화unification를 통해 강력한 계층제적 통제를 갖춘 관료제 구축을 추구하는 베버Max Weber의 관료제 이론, ③ POSDCoRB 등의 행정의 불변적·근본적 원리가 존재함을 믿는 귤릭Gulick과 어윅Urwick 등의 행정관리학파의 고전 행정학 시각정치·행정 이원론에 영향을 받아 왔고, 그 이후 이에 대한 반론즉, 정치·행정 일원론으로 등장하는 다양한 이론들 즉, ① 사이먼Herbert Simon의 행태주의론을 비롯해 ② 조직의 비공식적 요소들과 조직 내 인간관계를 강조한 메이요E. Mayo 등의 인간관계론human relations approach, ③ 조직원의 참여와 재량권을 강조한 조직인본주의organizational humanism, ④ 조직의 생태학적 요소와 개방적 시스템조직과 환경은 끊임없이 상호작용하면서 지식·정보·에너지를 교환하는 동태적 개념으로 파악에 초점을 맞추고 있는 번스Burns와 스탤커Stalker 등의 상황이론contingency theory 등 현대 조직이론들의 시각들을 종합적으로 수용해 점진적으로 발전해 왔다고 할 수 있다. 특히 공공조직의 특수성에 초점을 맞춰 논의되고 있는 행정관리론즉, 공공영역에서의 조직관리에 대한 연구은 여러 가지 측면에서 민간부문에서의 조직관리 기법, 목표, 전략과는 차별화되고 있으며, 그 실무적·이론적 중요성이 지속적으로 증대되고 있다.

조직을 구성하고 있는 요소들은 다양한 기준으로 구별, 분류, 도식화할 수 있는데, 공공부문 조직관리학의 저명한 학자 레이니Rainey, 2009는 자신의 조직분석 개념틀a framework for organizational analysis을 통해 조직을 구성하고 있는 요소 및 변수들을, ① 사람가치관, 태도, 성격, 지식, 동기, 몰입, 팀워크, ② 구조와 프로세스공식화, 집중화, 전문화, 커뮤니케이션, 의사결정 프로세스, ③ 환경정치, 경제, IT, 사회문화 등, ④ 목표와 미션목표의 명확성과 구체성, ⑤ 리더십과 전략, ⑥ 조직문화, ⑦ 업무와 기술, ⑧ 조직성과와 효과성 등으로 세분화하여 분석하고 있다.Rainey, 2009, 19-22 이러한 조직을 구성하는 변수들은 전통적으로 ① 분업의 원리, ② 조정·통합의 원리, ③ 계층제의 원리, ④ 통솔범위의 원리, ⑤ 명령통일의 원리 등에 의해 관리되고 있으며, 조직 내 하부조직들은 공식 조직과 비공식 집단에 의해 구성되어 있다고 할 수 있다. 공식 조직이란 정부의 조직 관계, 법령, 직제에 규정된 것, 즉 공식적·인위적으로 만들어진 공식적 분업 체제를 의미한다고 할 수 있는 반면, 비공식 집단이란 자연발생적 결사체로서 내면적·자생적·정의적 하부 조직체로서의 위치를 가지고 있다고 볼 수 있다. 비공식 집단은 정의성·귀속감을 증가시켜 공식적 조직의 능률을 높여 주는 순기능적 역할을 하는 반면, 한편으로는 분파의식의 증대로 인한 갈등 초래 및 의사결정 지연 등의 부작용을 초래하고 있음이 많은 연구를 통해 밝혀지고 있다.

조직과 개인의 관계에 따라 조직을 강제적 조직소외적 관계, 공리적 조직타산적 관계, 규범적 조직도덕적 관계 등으로 분류할 수 있는데, 바람직한 조직관리란 조직과 개인의 관계를, ① 조직 내 민주화, 인본주의화, 사회적 형평성 추구를 통해 조직원의 인권·정의·형평 등 인간의 존엄성을 강조하고, ② 조직의 발전된 시스템을 통한 개인의 성과, 자아실현 및 창조적 능력 개발을 도모하며, ③ 직무 만족 및 조직 내 삶의 질 제고를 통해 조직과 개인의 공존 및 공영 전략을 유지, 발전시키는 조직을 이루는 것을 의미한다고 할 수 있다. 이러한 맥락에서 박성민·김선아2015는 기존의 조직관리와 차별화된 접근 방식을 바탕으로 개인의 다양성, 동기, 문화, 스트레스, 리더십, 구조, 갈등, 커뮤니케이션 등 조직관리의 주요 주제들을 개인과 조직의 행복 실현이라는 맥락에서 다루고 있다. 전통적 시각에서 조직관리는 효율성, 성과와 같은 경제적 가치를 조직 관리의 주요 목표로 상정했으나, 박성민·김선아2015는 여기에서 한 걸음 더 나아가, 경제적 가치와 더불어 인본주의적 가치들을 반영해 개인과 조직의 행복 실현을 조직 관리의 최종 목표로 설정한 것이다. 이러한 최신의 시각을 반영하여, 공공부문의 조직 관리에 있어서는 다양한 공공 가치들을 고려해 개인과 조직, 사회가 상호간 일치성을 가지고 목표·미션·가치 등을 추구할 수 있도록 하는 전략적 조직관리 접근 방식이 현대 한국 사회의 공공조직들이 직면하고 있는 다양한 문제점들을 해결하고 조직의 궁극적 발전과 변혁transformation을 선도하는 새로운 행정관리론적 기법으로 자리잡고 있다.유민봉·박성민, 2014 특히 다양한 행정가치들을 고려하여 개인과 조직, 사회가 상호간 일치성을 가지고 목표·미션·가치 등을 추구할 수 있도록 하는 전략적 조직관리 접근 방식은 현대 한국 사회의 공공조직들이 직면하고 있는 다양한 문제점들을 해결하고 조직의 궁극적 발전과 변혁transformation을 선도할 수 있는 새로운 행정관리론적 기법으로 제시할 수 있다.유민봉, 박성민, 2014

3. 재무

정부가 추구하는 목표를 달성하기 위해서는 인적자원과 물적자원을 효과적으로 확보하고 활용하는 관리 노력이 수반되어야 한다. 앞서 살펴본 인사행정이 인적자원을 효과적으로 관리하기 위한 지식을 탐구하는 학문이라고 한다면 재무행정은 물적자원을 효과적으로 관리하기 위한 지식을 탐구하는 학문이라 할 수 있다. 즉, 재무는 정부의 살림살이를 연구하는 분야로서 효율성과 책임성을 바탕으로 중앙정부·지방자치단체 등과 같은 행정의 주체가 조직의 목표 달성 및 과업 수행, 정책의 집행을 위해 필요한 재원을 합리적으로 조달·배분하고, 이를 관리·사용하는 모든 과정으로 이해할 수 있다. 예산은 행정목표를 현실화하는 데 있어 매우 중요한 요소이기 때문에 예산의 효율적 집행과 법적·정치적 책임성 확보를 위한 균형적 관리가 필요하다. 이에 재무행정에서는 재원의 취득 방식, 예산 편성, 예산 심의, 예산 집행, 결산 등 예산 과정 전반의 관리, 회계 기록, 회계 검사, 성과주의, 목표 관리, 결과지향 예산제도 등 예산제도 및 예산결정 이론 등을 연구한다.

예를 들면, 현재 우리나라가 도입해 시행하고 있는 국가예산제도 중 하나인 성과관리제도BSC: Balanced Score Card는 재정사업의 목표와 성과지표를 설정하고 지표에 의한 평가 결과를 재정운영에 반영하는 제도로서 일정 재정사업또는 사업군을 통해 달성하고자 하는 성과목표를 사전에 설정하고, 성과목표의 달성 여부를 측정할 수 있는 계량화된 성과지표를 개발해 성과목표와 사업시행 결과를 지표에 의해 비교 평가하고 그 결과를 재정운영에 환류하는 제도를 말한다. 특히 BSC는 고객 관점, 내부 프로세스 관점, 재무 관점, 성장과 학습 관점 등의 네 가지 차원에서 조직의 성과를 분석하고 평가하는 '균형적 성과측정 시스템'으로 재무적·계량적 관점에 바탕을 둔 획일적 예산분석 시스템의 한계를 넘어 다차원적 관점에서 성과를 파악하고, 조직 내부 활동에 대한 균형적 평가를 도와주며, 궁극적으로는 미래의 재정사업 및 예산제도 수립에 있어 타당성 있는 제도 구축과 효과적인 전략수행을 가능하게 해주는 유용한 조직성과 관리 시스템이자 국가예산제도라 할 수 있다. Kaplan & Norton, 1992

4. 도시·지방

우리나라의 경우 도시와 농어촌 간의 개발 격차가 매우 큰 편이다. 이러한 격차로 인해 농어촌 지역에서는 거주인구가 적어 일손 부족 문제가 발생하고 있지만, 반대로 도시에서는 인구집중률이 너무 높아서 출퇴근길 교통 체증, 주택 부족 문제, 환경 문제, 도시 범죄 증가, 공공재 부족 문제 등 다양한 문제점들이 발생하고 있다. 도시행정은 이렇게 도시화로 인해 발생한 도시문제를 해결하고 이를 사전에 예방하기 위한 지식을 탐구하는 연구 분야라 할 수 있다. 이에 도시행정에서는 쾌적한 도시환경을 구축하기 위한 도시 설계, 개발, 교통, 환경, 주택, 토지, 범죄, 재난 등을 연구한다.

다음으로 지방행정의 경우, 앞서 살펴본 바와 같이 행정을 논의할 때 핵심 주체로서 언급되는 것이 정부인데 일반적으로 이때의 정부는 중앙정부 즉, 중앙행정기관을 의미한다. 반면 지방행정에서는 중앙행정기관에 의한 관리활동이 아닌 지방행정기관에 의한 관리활동을 연구 대상으로 한다. 우리나라의 경우 1995년에 지방자치제가 전면 실시되었는데 이러한 지방자치 실시의 근거는 분권화를 통한 행정의 민주성 향상, 지역적·적시적 행정 제공을 통한 행정의 능률성 향상에서 찾아볼 수 있다. 즉, 지방행정은 행정의 민주성과 능률성 향상을 목적으로 지방자치를 효과적으로 구현하기 위한 지식을 탐구하는 연구 분야라 할 수 있다. 이에 지방행정에서는 정부간 관계론, 특히 중앙과 지방 간의 법·제도적 관계 및 행정·재정적 관계, 정치적 관계에 대해 연구하며 지방정부의 인사정책 및 기관 구성, 재정정책, 지역개발정책, 주민참여제도 등을 연구한다.

5. 복지

사회구성원들은 일상생활을 영위해 나가는 데 있어 질병·장애·노령·실업·빈곤 등 다양한 사회적 위험에 노출된다. 복지행정은 국가나 지방자치단체, 혹은 공공기관이 이러한 사회적 위험으로부터 사회 구성원들을 보호하기 위해 어떠한 역할을 담당해야 하는가에 대한 지식을 탐구하는 연구 분야라 할 수 있다.

특히 우리나라의 경우 저출산이 심각한 사회문제로 대두되고 있고, 고령화 사회, 다문화 사회로 진입하면서 복지행정에 대한 수요가 빠르게 증가하고 있다. 뿐만 아니라 과거에는 극빈자, 병약자, 사회적 낙오자 등 복지 서비스를 필요로 하는 사람들에게 선택적으로 접근해 복지 서비스를 제공하는 것이 일반적이었지만, 최근에는 사회 구성원 모두를 대상으로 하는 보편적 복지의 구현으로 접근 방식이 전환되면서 복지행정의 중요성이 더욱 강조되고 있다. 즉, 과거의 복지행정이 사회적 약자들의 상태를 개선하는 것에 중점을 두었다면, 현재의 복지행정은 체계적이고 항상적이며, 예방적인 사회적 안전망을 구축해 구성원들의 삶의 질뿐 아니라 사회의 질을 개선하는 것을 목적으로 한다. 이에 복지행정에서는 복지정책의 구현을 가능하게 하는 인적자원 및 조직, 재정 관리, 전달 체계 및 전달 방식, 복지 프로그램의 수립 및 집행, 평가 등을 연구한다.

6. 환경

우리나라뿐 아니라 전 세계적으로 관심이 집중되고 있는 연구 분야 중 하나가 환경 문제의 해결에 관한 것이다. 대기·수질·토양 등 우리를 둘러싸고 있는 모든 부분이 인간의 활동에 의해 오염되어 왔기 때문이다. 그러나 이러한 환경오염 문제는 인간의 자율에 맡겨둘 경우 줄이고자 하는 어떠한 동인도 발생하지 않기 때문에 강제력을 갖는 정부가 이의 해결에 있어 매우 중요한 역할을 담당하게 된다. 따라서 환경행정은 환경오염 문제를 효과적으로 해결·방지하고 쾌적한 환경을 조성·보전하기 위한 지식을 탐구하는 연구 분야로 이해할 수 있다.

환경행정의 목적은 우리나라 환경정책기본법에서 제시되고 있는 바와 같이 환경의 질적인 향상과 보전을 통해 쾌적한 환경을 조성하고, 이를 통해 인간과 환경 간의 조화와 균형을 유지함으로써 국민의 건강과 문화적인 생활의 향유 및 국토 보전과 항구적인 국가 발전을 도모하는 것에 있다. 이에 환경행정에서는 대기·수질·토양 오염 관리, 폐기물 관리, 소음·진동·악취 관리, 환경영향평가제도, 지속가능한 발전, 범지구적 환경문제 해결을 위한 국제 협력, 환경 문제 해결을 위한 시민, 기업의 역할 등을 연구한다.

4. 행정학의 미래

지금까지 행정에 대한 개념과 행정학의 중요성, 행정학 패러다임의 발전과정 및 주요 연구 분야에 대해 살펴보았다. 이를 바탕으로 현재의 행정학이 주로 '좋은 정부good government'를 구현하기 위한 관리기술을 구축하는 데 중점을 두고 있음을 알 수 있다. 특히 좋은 정부를 구현하기 위해, 신공공관리 패러다임이 강조하는 효율성을 중심으로 지속적인 개혁이 시도되고 있다. 뿐만 아니라 정부개혁에 있어 또 다른 중심축을 담당하고 있던 것은 뉴거버넌스 패러다임이다. 이에 행정에 있어 정부뿐 아니라 시장, 시민 사회 간의 상호 신뢰를 바탕으로 하는 협력적 활동이 강조되었다. 그러나 현재까지 시도된 여러 가지 정부개혁의 내용을 살펴보면 여전히 정부의 역할과 기능을 중심으로 이를 개선하는 데 초점을 두고 있음을 알 수 있다. 이에 좀 더 효율적인 인적자원 및 조직관리 방안을 탐색하고 더 효율적으로 예산을 관리하는 것에 노력이 집중되고 있다.

이러한 현실에서 행정학이 더 발전적인 위치를 확보하기 위해 미래의 행정학은 어떤 모습이어야 할 것인가에 대해 고민해보자. 누군가는 새로운 영역locus을, 누군가는 새로운 초점focus을 제시함으로써 행정학의 미래상을 제안할 수 있을 것이다. 어떠한 형태의 고민이든 궁극적으로 미래의 행정학이 나아가야 할 부분은 '공익public interest'의 실현이라는 행정 가치를 기반으로 개인과 사회, 나아가 국가 수준의 삶의 질quality of life을 개선하는 것에 있을 것이라 생각된다.

이를 위해 첫째, 현재의 행정학이 '좋은 정부'를 구현하는 것에 중점을 두었다면 미래의 행정학은 '좋은 사회good society'를 구현하는 것에 중점을 두어야 할 것이다. 이는 뉴거버넌스가 중시하는 것과 마찬가지로 좋은 사회를 구현하기 위해 정부뿐 아니라 시장, 시민사회, 일반 국민 등이 함께 노력해야 함을 의미하는 것이다. 이에 행정학은 정부가 해야 할 일이 무엇인가를 고민하는 것뿐 아니라 시장과 시민사회, 일반 국민의 모습은 어떠해야 하는지, 좋은 사회를 구현하는 데 있어 이들이 구체적으로 어떠한 역할을 담당할 수 있는가에 대한 고민까지 포용할 수 있어야 할 것이다.

둘째, 새로운 행정개혁 패러다임으로서 후기신공공관리Post-NPM적 접근이 필요할 것이라 생각된다. 후기신공공관리는 신공공관리의 한계 및 부작용을 보완하기 위한 반작용적 조치들을 개념화한 것으로서 이에 대한 논의는 1995년에 마크 무어Mark Moore가 기존의 관료제 모형과 신공공관리NPM 모형을 뛰어넘어 '공공가치'를 창조하는 새로운 모형을 제시하면서 언급되었다.권기헌, 2013 앞서 살펴본 바와 같이 신공공관리는 지난 20여 년간 전통적인 행정을 대신하는 준 세계적 패러다임으로 제시되어 왔으며, 행정개혁의 국제적 표준 모형으로 인식되기까지 했다.Schedler & Proeller, 2002 그러나 조직의 성격과 근본적 목적이 상이한 민간 관리기법을 공공부문에 적용함으로써 발생하는 여러 가지 문제점으로 인해 많은 비판을 받아온 것도 사실이다. 이러한 문제는 행정현상이 갖고 있는 '공공성'이라는 특수성 때문이었다. 이러한 특수성으로 인해 행정 활동에 있어서는 효율성뿐 아니라 형평성·민주성과 같은 사회적 가치를 중시해야 하는데 신공공관리에 기초한 정부개혁은 이러한 가치들을 담아내지 못했다. 뿐만 아니라 공직사회에서는 민간부문과 달리 경제적 인센티브가 효과적인 관리도구로서의 역할을 해내지 못했고 성과 중심의 관리체계가 개인 간의 위화감을 조성해 조직 전체에 부정적 영향을 미치기도 했다.이종수, 2010 이에 신공공관리에 대한 비판이 증가함에 따라 보완적 조치로서 후기 신공공관리가 등장하게 되었다.

앞서 살펴본 바와 같이 신공공관리 관점의 정부개혁은 성과와 능률성을 강조하는 반면, 후기신공공관리 관점의 정부개혁은 인본주의와 형평성을 강조한다. 다만, 이러한 정부개혁 가치의 변화를 논의함에 있어 신공공관리적 개혁가치가 후기신공공관리적 개혁가치로 완전히 대체되는 것을 의미하는 것은 아니다. 다양한 개혁가치들은 상충되는 가치라 할지라도 밀물과 썰물과 같이 상호작용하면서 함께 공존하며, 시대적 흐름에 맞춰 조정되고 발전해 나간다. 따라서 신공공관리와 후기신공공관리 시각에서 진행된 정부개혁의 주요 원칙들은 다양한 개혁가치를 포함하고 있다. 특히 이러한 개혁가치들은 '가치 공존'을 통해 개인적 차원에서는 조직 구성원의 성장을 유도하고, 조직적 차원에서는 진취적·역동적 공직문화 형성 및 효과적인 조직운용을 위한 지침을 제공하는 등 다양한 측면에서 긍정적인 역할을 수행한다. 이에 신공공관리와 후기신공공관리의 주요 개혁가치들을 살펴보면, 조직문화적 측면에서 바라볼 때, 바타Bhatta, 2003는 시장주의·분권화·성과주의 등을 신공공관리 시각의 기본적 개혁가치로 보았고, 와이즈Wise, 2002는 신공공관리에서 후기신공공관리로 변화하는 과정에서 새롭게 등장하는 개혁가치로 사회적 형평성·민주화·휴머니즘 등의 중요성을 역설하고 있다. 또한 박성민과 호아퀸Park & Joaquin, 2012은 미연방정부 공무원들을 대상으로 실시한 실증연구에서 신공공관리와 후기신공공관리의 개혁가치들이 공존하고 있음을 밝히고 있었다. 그들은 신공공관리 개혁가치로 ① 성과·결과 지향적 가치, ② 시장·고객 지향적 가치, ③ 목표·전략 지향적 가치가 중심을 이루고 있음을 밝혔고, 후기신공공관리 개혁가치로 ① 사회적 형평성 가치, ② 인본주의적 가치, ③ 민주적 가치가 중심을 이루고 있음을 밝혔다.

특히 정부개혁에 있어 핵심가치에 대한 논의와 함께 이러한 개혁가치를 실질적으로 구현하기 위해 어떠한 도구를 적절히 활용해야 하는가에 대한 고민도 함께 이루어져야 할 것이다. 앞서 살펴본 박성민과 호아퀸Park & Joaquin (2012)은 내재적·잠재적 개혁가치들을 구현하는 데 있어서 '일과 삶 균형WLB: Work Life Balance' 정책을 중심으로 하는 인사관리 체계를 핵심적인 도구로 활용할 수 있음을 언급했다. 유사한 맥락에서 김선아·김민영·김민정·박성민2013의 연구에서도 정부의 개혁가치가 조직성과 향상이라는 단기적 목표를 넘어 개인과 조직, 국가 차원에서의 삶의 질 향상이라는 고차원적 목표로 전환되고 있음을 언급하면서 일과 삶 균형 정책의 중요성을 언급했다. 행정개혁에 있어 '일과 삶 균형' 정책의 중요성은 개인·조직·사회 등 다양한 차원에서 발견할 수 있다. 먼저, 개인적 차원의 성과로 '삶의 질quality of life' 향상을 기대할 수 있으며, 조직적 차원의 성과로 직무만족, 조직몰입, 업무성과 향상, 이직률 저하 등과 같은 '근로의 질quality of work life' 향상을 기대할 수 있다. 뿐만 아니라 사회적 차원의 성과로 출산율 상승, 일자리 창출 등을 기대할 수 있게 된다. 이러한 내용을 종합할 때 일과 삶 균형 정책은 조직 구성원 개인의 삶의 질 향상과 조직성과 향상에 기여하는 것뿐 아

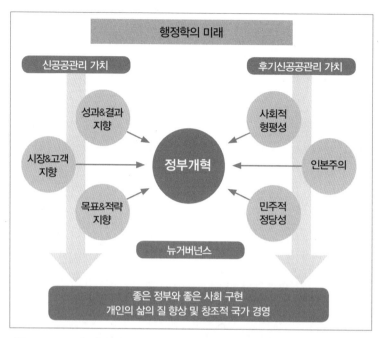

자료 Park & Joaquin(2012)의 내용을 바탕으로 필자가 재구성

니라 조직이 생산하는 서비스 품질 향상이라는 연쇄 효과를 일으켜 사회 전반의 삶의 질 향상 및 높은 수준의 사회자본 형성에 기여할 수 있다는 측면에서 중요한 문제이다. 즉, '일과 삶 균형' 정책은 개인의 삶의 질과 근로의 질 향상을 통해 좋은 정부를 구현하고, 사회 전반의 삶의 질 향상 및 사회자본 형성을 통해 좋은 사회를 구현하는 데 있어 핵심적인 역할을 담당하는 것이다.김선아·김민영·김민정·박성민, 2013 여기서 논의된 일과 삶 균형 정책뿐 아니라 행정학자와 실무자들의 고민을 통해 만들어진 다양한 정책도구들이 신공공관리, 후기신공공관리, 뉴거버넌스 패러다임의 개혁가치를 실현하는 데 효과적으로 활용되길 바란다.

현 정부는 이러한 학문적 논의를 실질적으로 구현하기 위해 다양한 노력을 전개하고 있다. 구체적으로, 정부 운영의 새 패러다임으로 '정부 3.0'을 제시하고, 개방·공유·소통·협력 등의 4대 키워드를 바탕으로 소통하는 투명한 정부, 일 잘하는 유능한 정부, 국민 맞춤형 서비스 정부를 구현을 목표로 중앙 및 지방 차원에서 다양한 정책을 개발하여 실행하고 있다. 특히, 이러한 '정부 3.0' 패러다임의 궁극적 목표로서 국민 신뢰와 국민 행복을 제시하고 개인의 행복이 커질수록 더 나은 국가가 될 수 있음을 강조하고 있다.

미래 행정학의 주역으로 성장할 여러분들의 지식과 지혜가 신공공관리, 후기신공공관리, 뉴거버넌스 패러다임의 개혁 가치를 실현하고, 궁극적으로 국민 행복 증진에 기여하는 정부 구현에 기여할 수 있길 희망한다. 이를 통해 미래의 한국 행정학이 효율성과 더불어 다양한 사회적 가치를 적극적으로 포용하여 다문화적 신뢰사회를 구현하고, 개인의 삶의 질 수준과 품격을 향상시킴은 물론, 행복한 국정 운영에 있어 선도적인 역할과 의미 있는 기여를 할 수 있는 실천적·개혁적 학문으로서의 위치를 확고히 할 것이라 확신한다.

참고문헌

권기헌. (2007). 『정책학의 논리』. 서울: 박영사.

권기헌. (2009). 『행정학』. 서울: 박영사.

김선아·김민영·김민정·박성민. (2013). 「'일과 삶 균형' 정책과 정책 부합성이 조직효과성에 미치는 영향에 관한 연구: 공공조직과 민간조직 비교를 중심으로」. 『한국행정학보』, 47(1), 201-237.

노화준. (2007). 『정책학원론』 (제2전정판). 서울: 박영사.

민 진. (2004). 『조직관리론』 (제2판). 서울: 대영문화사.

박동서. (2001). 『한국행정론』 (제5전정판). 서울: 법문사.

박성민·김선아. (2013). 「정부 성과관리-캐나다」, 공동성 외, 『성과관리: 외국제도편』, 서울: 대영문화사.

박성민·김선아 (2015). 조직과 인간관계. 서울: 박영사.

박연호·이종호·임영제. (2010). 『행정학개론』 (제3판). 서울: 박영사.

유민봉. (2012). 『한국행정학』 (제4판). 서울: 박영사.

유민봉·박성민. (2014). 『한국인사행정론』 (제5판). 서울: 박영사.

유재원·소순창. (2005). 「정부인가 거버넌스인가? 계층제인가 네트워크인가?」. 『한국행정학보』, 39(1), 41-64.

이명석. (2002). 「거버넌스의 개념화: '사회적 조정'으로서의 거버넌스」. 『한국행정학보』, 36(4), 321-338.

이명석. (2006). 「제도, 공유재 그리고 거버넌스」. 『행정논총』. 44(2), 247-275.

이명석. (2007). 「행정학 패러다임과 거버넌스」. 『국정관리 연구』. 2(2), 3-30.

이종수. (2010). 『새 미래의 행정』. 서울: 대영문화사.

이종수·윤영진 외. (2007). 『새 행정학』 (제4판). 서울: 대영문화사.

Appleby, P. H. (1949). *Policy and administration*. University of Alabama Press.

Barnard, C. (1938). *The functions of the executive*. Harvard University Press.

Bhatta, G. (2003). Post-NPM themes in public sector governance. *State Services Commission Working Paper*, 17, 1-15.

Bozeman, B. (2007). *Public values and public interest: Counterbalancing economic individualism*. Gerogetown University Press.

Goodnow, F. (1900). *Politics and administration: A study in government*. Russel & Russel.

Gulick, L., & Urwick, L. (1937). *Paper on the science of administration*. Institution of Public Administration.

Henry, N. (1975). Paradigms of public administration. *Public Administration Review*, 35(4), 378-386.

Hood, C., & Jackson, M. W. (1991). *Administrative argument. Dartmouth Publishing*.

Kaplan, R. S., & Norton, D. P. (1992). The balanced scorecard: Measures that drive performance. *Harvard Business Review* (January-February), 71-79.

Kuhn. T. S. (1962). *The structure of scientific revolutions*. University of Chicago Press.

March, J., & Simon, H. A. (1958). *Organizations*. Wiley.

Marx, F. M. (Ed.). (1946). *Elements of public administration*. Prentice-Hall.

Mascarenhas, R. C. (1993). Building an enterprise culture in the public sector: reform of the public sector in Australia, Britain, and New Zealand. *Public Administration Review*, 53(4), 319-328.

Moore, M. H. (1995). *Creating public value: Strategic management in government*. Harvard University Press.

Nigro, F. A. (1968). *Modern public administration*. Harper & Row.

Park, S . M. & Jaoquin, M, E. (2012). Of alternating waves and shifting shores: The configuration of reform values in the U.S. federal bureaucracy. *International Review of Administration Sciences, 78*(3), 514-536.

Pierre, J., & Peters, G. B. (2000). *Governance, politics and the state*. Macmillan .

Rainey, H. G. (2009). *Understanding and managing public organizations* (4th ed.). Jossey-Bass.

Rawls, J. (1971). *A theory of justice*. Harvard University Press.

Rhodes, R. (1997). *Understanding governance: Policy networks, governance, reflexity and accountability*. Open University Press.

Schedler, K., & Proeller, I. (2002). The new public management: A perspective from mainlad Europe. In K. Mclaughlin, S. P. Osborne & E. Ferlie (Eds.), *Current trends and future prospects*. Routledge.

Shafritz, J. M., Riccucci, N, M,, Rosenbloom, D. H., & Hyde, A. C. (1992). Personnel Shafritz, J. M., Riccucci, N. M., Rosenbloom, D. H., & Hyde, A. C. (1992). *Personnel management in government* (4th ed.). Marcel Dekker, Inc.

Simon, H. A. (1946). The proverbs of administration. *Public Administration Review, 6*(1), 53-67.

Simon, H. A. (1948). *Administrative behavior*. Free Press.

Simon, H. A., Smithburg, D. W., & Thompson, V. A. (1950). *Public administration*. Alfred A. Knopf.

Thompson, J. D. (1967). *Organizations in action*. McGraw-Hill.

United Nations Economic and Social Commission for Asia and the Pacific. (2011). *What is good governance?*. Retrieved from http://www.unescap.org/pdd/prs/ProjectActivities/Ongoing/gg/governance.asp

Waldo, D. W. (1955). *The study of public administration*. Doubleday.

White, L. D. (1948). *Introduction to the study of public administration*. McMillan.

Willoughby, W. F. (1929). *Priniples of public administration*. Brookings Institution.

Wilson, T. W. (1887). The study of administration. *Political Science Quarterly, 2*(2), 197-222.

Wise, L. R. (2002). Public management reform: Competing drivers of change. *Public Administration Review, 62*(5), 556-567.

06

신문방송학

송 해 룡
신문방송학과 교수

1. 신문방송학의 개념 및 범위

어떠한 원리가 미디어와 관계가 있으며, 그 연구는 어떻게 이루어지고 있는지를 누군가가 묻는다면 바로 답변하기가 그리 쉽지는 않다. 미디어 관련 직업이 워낙 다양하고, 그 형태가 급격히 변화하고 있기 때문이다. 또한 미디어의 개념이 복합적이며 그 이해가 매우 다양하기 때문이다. 여기서 우리는 미디어에 대한 정의가 간단하지 않음을 볼 수 있다.

미디어medium라는 말은 라틴어에 어원을 두고 17세기에 등장했다. 그 의미는 자연과학과 언어문법에서 '공간적인 중심', '가운데' 혹은 '수단의 의미'로 사용되었다. 우리나라에서 자연과학적인 맥락에서 미디어는 화학적이고 물리적인 변화를 일으키는 '매질'[1]로 표기되고 있다.

유럽에서 미디어의 개념은 18세기에 들어서서 현재의 의미와 같은 '어떠한 것을 전달하는 요소'로 정착되기 시작했다.

18세기와 19세기에 미디어 개념은 심령론, 자력학磁力學, 광학 그리고 음향학에서 특별한 위상을 부여받기 시작했다. 미디어라는 용어는 이러한 과정을 거쳐서 제2차 세계대전 이후에 복수 즉, Medium에서 Media로 표기되기 시작했다. 이후 라디오가 출현하면서 일상생활에서 매스미디어mass media로 정착되었다. 우리나라에서 이 매스미디어는 매스커뮤니케이션이라는 말을 축약한 '매스컴'으로 정착되었다.[2]

1. 미디어의 발달과 미디어 연구 영역

1970년대는 매스미디어의 시대가 전 세계적으로 시작된 시기였다. 유럽과 미국을 넘어서서 신문·라디오·TV는 1970년대 아시아와 아프리카에서 새로운 시장을 엄청나게 만들어냈다. 매스미디어의 보급 확대와 폭넓은 사회적 수용은 모든 국가에서 국가발전과 관련해 가장 핵심적인 정책 주제였다. 그래서 1970년대에 매스미디어에 대한 연구는 사회과학의 어떤 분야보다도 활발하게 연구가 된 학문 영역이었다. 1950년대와 1960년대에 논의된 매스미디어 효과이론에 대한 비판뿐 아니라 새로운 이론들이 1970년대에 만개했다.

매스미디어가 발전하면서 한편에서는 미디어의 개념을 확대시키려는 학문적 노력이 이루어지기 시작했다. 그 가운데 미디어를 1차 미디어, 2차 미디어, 3차 미디어로 나누어서 미디어의 개념을 신문·라디오·TV·영화 같은 매

---

1. 사회과학에서는 매체로 사용되지만, 자연과학에서는 매질로 사용되고 있다. 동일한 현상도 사회과학과 자연과학에서 서로 다르게 표현하고, 그 의미를 전혀 다르게 개념화하고 있는 것이다.
2. 이 축약 용어는 일본에서 건너왔다. 우리는 대중매체라는 표현을 쓰고 있지만, 일상생활에서는 잘 사용되지 않는 학술용어가 되었다. 최근에는 '언론'이라는 말이 더 포괄적인 의미를 가지면서 활용 폭이 넓어지고 있다. 미디어는 주로 '매체'로 번역되지만, 본 글에서는 미디어를 사용한다.

스적인 특성을 넘어서서 개념의 확장을 꾀하기 시작했다. 1차 미디어에는 인간의 음성, 연기 동작, 얼굴 표정 같은 것이 지칭되었다. 즉 기계기술적인 것이 없는 커뮤니케이션이 이루어지는 형태를 말하는 것이다. 2차 미디어는 기술적인 도움을 받아 어떠한 것을 전달하는 문자가 속한다. 인쇄술이라는 기술의 도움으로 제작된 책이 대표적이다. 3차 미디어는 전화·라디오·TV처럼 송신자와 수신자, 생산자와 소비자가 모두 어떠한 기기器機, device를 필요로 한다. 이러한 미디어 분류는 매우 단순하지만 미디어를 설명하는 데 유용하고 그 의미를 끌어내는 데 일반적인 방향을 제공한다.

미디어에 대한 오해를 줄이기 위해 1차, 2차 미디어를 구분했지만, 이것이 2차 미디어가 1차 미디어에 비해 우월하다거나 대체할 수 있다는 것을 의미하는 것은 아니다. 3차 미디어의 발달이 1차, 2차 미디어를 없앨 수 없다는 이해 역시 중요하다. 즉 뉴미디어가 구미디어를 없앨 수 없다는 것이다. 예컨대, 우리는 현재 디지털미디어 시대에 살고 있지만 점점 더 입을 통한 말 즉, 구어口語가 중심이 되고 있으며, 문자 역시 더욱더 필요해지고 있다. 전화, TV, 컴퓨터, 인터넷이 절대로 문자를 없애지 못하고 말을 없앨 수 없는 것이다.

이러한 세 가지 형태의 미디어 개념은 얼마나 수많은 것이 미디어의 개념에 속할 수 있는지를 잘 보여주고 있다. 신문방송학言論學은 얼마나 많은 것이 이 미디어의 대상이 될 수 있는지를 연구하는 것 외에 이 대상이 갖는 고유한 기능과 효과를 연구한다. 20세기에 이루어진 미디어의 급속한 발전과 미디어에 대한 사회의 문화적 요구는 우리가 모든 것을 개관할 수 없을 정도로 미디어의 의미를 변화시켰다. 20세기에 미디어의 이용은 거의 모든 분야에서 엄청나게 늘어났다. 이러한 미디어 이용의 폭넓은 증가는 미디어의 효과에 대한 문제를 탐구하도록 유도했다. 예를 들어 미디어가 동반한 정치문화의 구조 변화와 예술문화의 생산구조의 다양화는 엄청난 학술적 관심의 대상이 되었다. 현재 뜨거운 주제인 글로벌화 역시 미디어의 발달이 가져온 효과이며, 그 결과인 것이다.

20세기의 미디어 발전이 가져온 폭넓은 연구주제와 다양한 문제는 서로 상이한 인식적 관점에서 논하고 바라보도록 한다. 미디어의 연구 영역이 분화되어 전문화된 모습으로 바뀌었기 때문이다. 상이한 인식적 관점과 이에 따른 방법론의 다양화는 미디어의 활용에 따른 전문화에 따라 그 학술적인 접근을 분화시킨 것이다. 광고, PR, 문화연구, 디지털미디어, 저널리즘, 미디어 경제, 사이버 커뮤니케이션, 스포츠 커뮤니케이션과 같은 개념을 낳게 한 것이다. 이 각 학문 분야는 개별적인 인식적 관점을 배경으로 하여 독자성을 갖도록 했음을 볼 수 있다. 여타 다른 복잡한 문제를 다루기 위해 도입한 학술적인 접근방법과 이론들이 미디어를 주제화시키고 있다. 커뮤니케이션 효과이론의 발전을 보면, 1940년대에 심리학이 미디어의 효과를 집중적으로 연구하고, 이에 대한 이론적인 틀을 제공했음을 볼 수 있다.

사회학은 다른 문제의 틀에서 미디어의 사회적인 기능을 탐구했다. 정치학은 매스커뮤니케이션의 정치적 효과를 면밀히 조사했다. 20세기 초에 시작된 미디어 연구 방법이 유럽과 미국에서 다른 모습을 보였지만, 제2차 세계대전 이후에 양적인 방법론, 실험, 모델에 기초한 경험실증적인 사회과학으로 비슷해지는 모습을 보였다. 자연과학처럼 어떠한 정확한 '결과'를 끌어내는 방향성을 지향했다. 독일의 신문방송학인 '푸블리치스틱publizistik'도 이러한 모습을 보였다.

신문방송학이 경험실증적인 학문 영역이 되면서 미디어에 대한 이해와 연구방법은 복잡한 시스템의 하나로 그 모습이 그려졌다. 관계의 모델로 그 모습이 그려지고, 이에 따라 연구의 틀이 구조화되었다. 전형적인 틀은 바로 송신자, 메시지, 미디어, 수용자 그리고 효과라는 5가지 구조관점이다. 'Who says what in which channel to whom with what effects' 라는 라스웰

방정식은 실증적인 사회과학으로서 신문방송학의 연구틀을 형성시켰다. 이 라스웰 방정식은 지금까지 신문방송학 연구의 뼈대를 형성하고 있다. 신문 방송학 연구가 이 틀 위에서 발전해 왔다는 것은 부인할 수 없는 역사적 사실이다. 미디어의 사회적·정치적인 의미 그리고 미디어 효과에 따른 문제 외에 저널리스트의 기사 형태와 효과, 광고, PR 등에 대한 연구는 이제 핵심적인 연구 영역이 되고 있다. 디지털미디어의 발달에 따른 커뮤니케이션 과정의 변화는 이러한 역사 위에서 이제 새로운 연구의 장場을 끊임없이 확장시키고 있다.

2. 인문과학과 미디어

경험실증적인 사회과학만이 미디어를 다루는 것이 아니다. 1970년대 이후에 우리 사회의 문화적인 살림살이는 미디어의 발달로 인해 근본적으로 변화되었다. 이로 인해서 인문학의 관심 역시 크게 증가한 것을 볼 수 있다. 이와 관련해 미디어 텍스트의 개념, 미디어 이론 그리고 미디어 역사의 서술에서 다양한 논의가 새롭게 이루어지고 있다. 무엇보다도 미디어의 디지털화는 이러한 논쟁을 뜨겁게 하고 있다.

1970년대 후반에 문학이론가, 예를 들어 독문학자·불문학자·영문학자들이 방송 프로그램의 차원에서 '문학 개념의 확장'을 요구한 것을 볼 수 있다. 독일의 독문학자는 독문학의 대상이 더 이상 고전적인 문학에 한정되어서는 안 된다는 주장을 했다. 문학은 인쇄미디어와 영상미디어의 발달로 인해 미디어의 독특한 미학적이고 사회역사적인 발전 그리고 문화적인 효과의 의미를 묻고, 답변한다는 것이다. 시대를 말하는 작가의 작품이 단지 책에 국한되는 것이 아니라 라디오 드라마, TV 드라마 또는 신문과 방송의 보도 영역으로 넓혀서 이것에 더 큰 의미를 부여해야 한다는 것이다.

이러한 새로운 콘셉트와 접근방법은 어문학 또는 인문학의 범주에서 미디어 텍스트를 다양하게 이해하고 해석하는 방법론을 발전시켜야 한다는 것이다. 이러한 시대적 요구와 인문학의 위기는 독일에서 1980년대의 시작과 함께 연극학과와 문학부에서 영화와 TV와 관련해 일련의 강좌를 개설토록 한 것을 볼 수 있다. 이러한 시대적 노력은 미디어 텍스트에 관한 미디어학적인 연구에 접목된 것을 볼 수 있다. 이 학술적인 방법론의 접목은 문학과 인문학의 대상과 방법론의 스펙트럼만을 확장시킨 것이 아니라 미디어 이론적인 문제를 제기했다. 미디어의 내용에만 정향되거나, 이와 관련한 미학적인 문제점을 주로 탐구한다는 것은 문학의 의미를 충분히 이해하지 못한다는 것이다. 실제로 문학에서 지금까지 간과된 미디어 기술과 미디어 이론에 대한 탐구가 없었음을 성찰한 것이다. 미디어 기술을 중심에 두는 미디어 이론에 대한 탐구를 촉구한 것이다.

1980년대 이러한 성찰을 통해 인문학에서 벤야민^{Walter Benjamin}, 브레히트^{Bertolt Brecht}의 저술에 대한 새로운 논의가 이루어졌다. 이 논쟁은 사실 새로운 것은 아니었지만 철학과 예술학의 영역으로 확대되었다.

우리나라에서도 독문학과와 철학과에서 이에 대한 논의가 심도 있게 이루어지고 있다. 고대의 미학과 미디어미학의 관점에서 여전히 이 인문학적 논의는 미디어학에 영향을 주고 있으며, 시의적인 의미를 지속적으로 재생산하고 있다. 예술이론적인 관점 외에 인문학적인 미디어 논쟁에서 미디어의 사회적·문화적인 의미에 대한 비판적 관점은 이어지고 있다. 프랑크푸르트의 비판이론에서 이러한 학술적인 접근방법의 맥은 이어지고 있다. 프랑크푸르트학파의 비판이론은 문화학의 탄생과 관련한 새로운 연구방법의 연장선에서 이제는 미디어 이론의 영역으로 깊숙이 편입되어 정착되었다고 할 수 있다.

이러한 비판이론 외에 미디어 성찰과 관련해 미디어의 의미를 새롭게 조명한 미디어 이론적인 연구방법이 뉴미디어의 발달과 함께 등장했다. 케이블 TV, 위성방송의 도입에 따라 다매체 다채널 시대를 연 1990년대는 신문과 지상파방송에 한정된 미디어 논쟁을 멀티미디어로 확대시켰다. 컴퓨터가 매개하는 새로운 형식의 커뮤니케이션의 등장은 기존의 미디어 이론에 폭넓은 수정을 요구했다. 이에 따라 인문학은 문화학과 미디어학이라는 개념을 끌어내면서 디지털미디어와의 접목을 시도하고, 이를 통해 새로운 커뮤니케이션 연구를 끌어내고 있다.

3. 사회과학과 미디어

1921년 라디오 방송의 시작과 1932년 TV 방송의 시작은 인류사에 혁명이었다. 증기기관차가 산업사회의 시작이었다면, 방송미디어의 등장은 산업사회를 발전시키는 동력의 하나가 되었다. 20세기에 등장한 과학기술 가운데 방송기술은 가장 크고 폭넓게 사회, 인간 그리고 사회 시스템에 영향을 미쳤다. 전기가 우리의 생활방법을 바꾸고, 원자탄이 국가 간의 관계를 변형시켰지만 일반 사람의 의식구조를 바꾸는 데는 한계가 있었다. 주로 전문가와 관련된 기술이었다.

그러나 방송기술은 어린아이부터 노인까지 계층에 관계없이 모든 사람에게 영향을 미쳤다. 선거와 기업의 활동에 미친 방송의 영향은 가장 두드러진 것이었다. 선거방송과 이를 통해 이루어진 투표 행태에 미친 영향은 민주주의 발전에 초석이 되었다. 방송이 제공하는 광고는 기업의 마케팅과 기업전략에 절대적인 존재가 되었다. 이외에 방송이 제공하는 문화 프로그램은 방송을 새로운 문화의 요인으로 자리 잡게 했다. 방송의 이러한 영향은 사

회적 기능으로 전환 되면서, 여론형성 기능, 문화전수 기능, 사회환경 감시기
능, 사회화 기능, 오락 기능을 강조했다. 매스커뮤니케이션을 확대시키면서
방송은 사회과학의 연구 영역과 스펙트럼의 폭을 넓혔다. 우리나라에서 라
디오 방송은 1927년에 경성방송국이라는 이름으로 시작을 했고, 1956년에
상업 TV 방송이 개국되면서 본격적인 매스커뮤니케이션의 시대로 접어들
었다. 그러나 TV에 의한 실질적인 매스커뮤니케이션 시대는 1961년 KBS-
TV의 개국 이후라 할 수 있다.[3] KBS-TV와 MBC의 개국은 매스커뮤니케
이션에 대한 학술적인 관심을 끌어내는 사회적 시스템의 탄생이었다. 비록
아날로그 기술에 의한 소채널 방송이었지만, 그것은 사회 진화의 의미를 가
졌다.

　매스커뮤니케이션에 대한 사회과학적 연구는 효과의 연구라고 해도 지나
치지 않을 정도로 이 효과의 문제를 연구의 대상으로 삼아 왔다. 그래서 정
치학·심리학·사회학에서 축적된 연구 방법론이 폭넓게 원용되었다. 이에 기
초해 신문방송학은 커뮤니케이션 이론을 발전시켜 왔다. 이 커뮤니케이션
이론은 크게 쉐논과 웨버의 소위 '수학적 커뮤니케이션 모형'에 근거하고 있
음을 볼 수 있다. 커뮤니케이션 이론에서 자주 언급되는 노이즈, 피드백 개
념은 바로 이 수학적인 커뮤니케이션 모델에서 근원하고 있다. 이 이론은 매
우 기계론적인 모습을 담고 있다. 또 다른 모형은 라스웰의 모형이다. 누가
무엇을 어떤 채널을 통해서 누구에게 어떠한 효과를 미치느냐 하는 소위
S-M-C-R 모델이다. 이 모델은 송신자 연구, 내용 연구내용분석, 미디어 연
구, 수용자 연구 그리고 효과 연구로 연구 영역을 세분화시켰다. 이 모델은
방법론적인 틀에서 많은 비판의 대상이 되었음에도 매스미디어의 효과와
방송에 대한 다양한 연구를 진행시킨 틀이 되었다. 정치학적인 접근방법은

---

3. 한국방송사의 시대 구분은 학자에 따라 의견이 분분하다.

정치커뮤니케이션이라는 연구 분야를 독립시켰다. 이 정치커뮤니케이션은 정치적 선동, 선전, 여론, 선거와 관련된 커뮤니케이션 활동으로 정의되고 있다. 정치활동의 주체가 다양해지면서 미디어의 활용 형태도 달라졌기 때문에 그 연구의 스펙트럼은 매우 넓어졌다. 정치이념과 국가의 정체에 따라 매스미디어의 의미와 정치 커뮤니케이션의 의미는 크게 달라진 것을 볼 수 있다. 매스미디어 특히 TV의 보도는 여론형성 기능, 의제설정 기능을 통해 긍정적 측면과 부정적 측면을 발생시켰기 때문에 야누스적인 모습으로 묘사되었다. 매스미디어의 정치적 기능은 사회과학적인 접근을 꽃피우게 한 방향제의 의미를 가지게 되었다. 이 외에 매스미디어가 일반 사람의 여가생활에 미치는 연구 역시 다양한 모습을 띠었다. 매스미디어의 사회화 기능과 오락 기능은 미디어에 대한 다학문적인 접근을 유도했다. 여가생활과 매스미디어, 폭력과 TV 방송의 함수관계 등은 많은 연구가 이루어지고 사회적인 의제를 설정시켰다. 최근 디지털미디어 및 스마트미디어의 도입 및 사회적 수용과 관련한 논의는 좀 더 폭넓은 사회과학적인 접근을 요구하고 있다.

4. 미디어 학자와 커뮤니케이션 효과 이론

철학이나 정치학과 비교해볼 때 신문방송학은 미디어 기술이 탄생시킨 비교적 학문적 전통이 짧은 신생 학문이다. 물리학이나 화학과 비교해서 나노과학, 시스템공학 등이 신생 학문인 것처럼 말이다. 그러나 그 학문적인 근원은 철학처럼 오래되었다. 언론학이라는 용어를 쓰면, 서양의 아리스토텔레스, 동양의 공자에까지 거슬러 올라가는 것이 신문방송학이다. 신문방송학이 독립적인 학문 영역이 되기까지 여러 다른 분야의 연구 결과가 있었기 때문이다. 여러 곳에서 언급했듯이 신문방송학은 심리학, 정치학, 사회학 그리고 최근에는 정보통신공학의 영향을 많이 받았다. 커뮤니케이션학의 비조라 일컬어지는 몇몇 학자와 한국에 미디어 이론을 소개하고 기틀을 세운 학자를 소개하면 다음과 같다.

(1) 윌버 쉬람Wilbur Schramm : 영문학을 전공한 학자이면서 커뮤니케이션학의 기초를 세운 사람으로 평가된다. 커뮤니케이션을 기호화encoding와 기호해독decoding 과정으로 모형화했다. 발신자source, 메시지message, 목적지destination라는 세 가지 기본요소로 커뮤니케이션 과정을 설명했다.

(2) 조지 미드George H. Mead : 사회심리학적인 관점에서 커뮤니케이션을 분석했다. 의미는 개인이 다른 사람들과 함께 사용하는 언어와 그 개인의 생각 속에서 창조되며, 상징적인 상호작용을 통해 형성된다는 관점을 밝혀냈다. 커뮤니케이션 과정을 상징적 상호작용으로 개념화했다.

(3) 페스팅거L. Festinger : 심리학의 부조화 개념을 이용해 커뮤니케이션 과정을 설명했다. 사람들은 자신의 견해와 반대되는 의견을 듣는 것을 회피하고, 자신의 행동과 조화를 위해 신념을 바꾸는 과정을 설명한 '인지부조화 이론'을 제창했다.

(4) 라자스펠트P. Larzarsfeld : 오스트리아 출신의 사회학자로 미디어 효과론을 발전시켰다. 2단계 가설이라는 의견 형성과정을 설명하면서 커뮤니케이션 이론의 발전에 크게 기여한 '의견지도자opinion leader'의 개념을 제시했다. 이 이론에 근거해 미디어의 '소효과론'이 탄생되었다.

(5) 매콤과 쇼Maxwell E. MacCombs and Donald L. Shaw : 매스미디어가 만들어내는

사회적 의제 설정의 기능을 강조해 '의제설정기능이론agenda setting theory'을 제창했다. 매스미디어의 새로운 효과를 강조하는 패러다임을 제창하면서 소위 '중효과론'을 끌어내었다.

(6) 노엘레 노이만E. Noelle-Neumann : 독일의 커뮤니케이션 학자로서 매스미디어의 누적성, 모든 곳에 존재하는 임재성臨在性, 반응을 요구하는 공명성共鳴性을 강조하면서 매스미디어의 강력한 사회적 효과를 제시했다. 이 이론은 '침묵의 소용돌이spiral of silence'라는 이름으로 소위 '강효과론'을 끌어내었다.

(7) 차배근 : 미국의 켄트 대학에서 커뮤니케이션과 방법론을 전공하고 돌아온 후 서울대 신문학과 교수로 재직했다. 미국의 커뮤니케이션 이론을 한국에 소개하고 확산시키는 데 크게 일조한 2세대 커뮤니케이션 학자로 평가받고 있다.

5. 신문방송학의 연구 영역

21세기에 신문방송학은 인문학과 사회과학 그리고 자연과학 간을 구분하던 전통적인 경계선을 뛰어넘는 복합학문으로 발전하고 있다. 이처럼 신문방송학이 복합학문의 위상을 갖게 하는 추동력은 디지털 기술의 발달과 이에 따른 사회구조의 변동에서 찾을 수 있다.

디지털 기술은 미디어의 다양성을 높이고, 다른 기존의 요소와 결합할 수 있는 능력이 뛰어나기 때문이다. 멀티플렉스로 표현되는 디지털미디어의 복합성은 기존 신문방송학을 복합학문의 대열로 들어서게 했다.

전통적으로 신문방송학에서 다룬 효과이론은 주로 '어떠한 사건이나 현상에 대한 기억, 회상'을 주제로 했다. 심리학적인 개념을 사용하면 '인지 혹은 인식연구'라고 할 수 있다. 이와 같은 연구의 방향은 매스미디어가 사회와 개인에게 미치는 문화적이고 의사소통적인 영향을 탐구토록 했다. 그래서 아날로그 기술에 기초한 신문방송학은 20세기에 문화지향적인 미디어연구와 정치 시스템 지향적인 미디어연구 사이에서 여러 형태의 모습을 했다. 예를 들어 1970년대와 1980년대의 신문방송학은 문화적 요인으로서 방송의 구조·기능에 대한 재해석과 새로운 과제를 중요한 연구주제로 삼았다. 연구주제의 폭과 대상이 넓어지면서 학과의 정체성 문제가 나왔고, 이것은 신문방송학과가 여러 이름으로 분화되는 계기가 되었다.[4] 학과의 분화와 학과 개명은 기존의 신문방송학에서 다루던 영역을 전문화시켜서 독립된 학과로 만들었으며, 또한 연구 영역을 다변화시키고 심화시켰다.[5]

1980년대와 1990년대에 신문방송학과에 불어온 비판커뮤니케이션 열풍과 뉴미디어의 도입에 따른 '미디어 산업적 연구방법'은 신문방송학의 연구 스펙트럼을 경제, 경영, 법학 그리고 전자공학으로까지 확대시켰다. 비판커뮤니케이션은 매스미디어의 '권력화 기능'을 해부하면서 그 문제점을 공적인 장으로 끌어들였으며, '현실을 구성하는 도구'로서 그 모습을 탐구했다. 현실 구성과 관련한 미디어 이론 논쟁은 20세기에 가장 활발하게 논쟁이 이루어진 연구 영역이며, 지금도 여전히 논의되는 것을 볼 수 있다.

이러한 연구배경의 핵심은 문화는 이제 미디어문화가 되었다는 것이다. 또한 매스미디어는 커뮤니케이션 도구의 의미, 메시지를 생산하고 전달하는

---

4. 1990년대에 들어오면서 신문방송학과, 언론정보학과(서울대), 광고학과, 광고홍보학과, 대중미디어학과, 영상학과, 커뮤니케이션학과, 멀티미디어학과 등으로 그 이름이 바뀌었다. 유사 학과를 셈하면 그 다양한 이름은 10개가 넘을 것이다.
5. 광고학과, 광고홍보학과, 홍보학과, 방송정보학과의 분화를 가장 적절한 예로 들 수 있다.

기기, 메시지의 생산과 전파를 위한 기구 그리고 메시지의 송출로 그 의미가 구성된다는 것에 있다. 매스미디어를 통해 일어나고 재생산되는 모든 사회현상을 '대중문화의 현상'이라는 울타리에서 연구하는 것이 신문방송학의 탐구 영역이라는 것이다.[6] 그러나 기실 이것은 구미디어로 불리는 전통적인 '신문, 지상파 방송'에 한정되어 이루어진 것이다. 뉴미디어인 '케이블 TV, 위성방송, 인터넷, DMB, IPTV'가 수용되는 현 시점에서 신문방송학의 연구는 '대중문화현상'을 넘어서 '개인의 문화현상'을 더욱더 중요한 연구 대상으로 삼고 있다. 이것은 시대적인 요구이며 강제라고 할 수 있다.

위성방송과 케이블 TV가 제공하는 다채널은 타깃 집단을 더 중시하고, 인터넷을 통한 사이버커뮤니케이션은 개인 차원을 더욱더 중시하도록 한다. 그래서 신문방송학은 이제 복합학문으로서 신문, 방송, 정치 커뮤니케이션, 광고, 사이버, PR, 저널리즘, 미디어경제, 텔레커뮤니케이션, 커뮤니케이션 일반이론, 영상론, 디지털미디어 등의 분화 영역을 상호 연계하는 연계성을 중시하고 있다. 신문방송학은 명실공히 여러 학문이 접점을 이루는 십자로의 영역이 되고 있다.[7]

신문방송학은 폭이 매우 넓고 범주가 다양하다고 하겠다. 신문방송학은 경험실증주의, 문화학적인 접근, 구조주의적인 접근, 시스템론적인 접근 등의 학문적인 방법이 요구되고 또 활용됨을 쉽게 볼 수 있다. 디지털, 스마트미디어 시대가 되면서 이 연구 영역과 접근 방법은 더욱 다양해질 수밖에 없다. 예컨대, 미디어심리학, 미디어법제, 미디어경제, 미디어사회학, 미디어정보학 같은 전문 영역에서 이루어진 결과가 신문방송학의 연구에 새롭게 접목되어야 한다. 커뮤니케이션의 본질이 변형되고 있는 것을 볼 수 있다. '의

---

6. 백선기(2000) 참조.
7. 권상희 외(2006) 참조. 이 책은 다양한 연구 영역의 현재적인 상황을 간결하게 설명하고 있다. 신문방송학 전공자를 위한 입문서라 할 수 있다.

미의 공유과정'이라는 고전적인 이해를 벗어나 커뮤니케이션이 '의미를 나누는 과정', '정보를 전달하는 과정'으로 변화되면서 매스미디어의 특성과 개인 미디어의 특성이 공간과 시간에 따라 크게 달라지는 것을 눈여겨보아야 한다는 것이다. 이에 따라 신문방송학을 전공한 사람들의 직업군도 크게 변화되는 것을 볼 수 있다. 21세기에 미디어 관련 직업군은 더욱더 다양해지고 있다.

2. 미디어에 대한 이해[8]

1. 미디어 문명과 진화 과정

인류 진화는 커뮤니케이션의 발전을 동반했다. 점차 고도화된 커뮤니케이션 기술과 상징의 사용은 인류의 발전을 이루어내는 동력이었다. 집단생활, 도구이용 등의 행위는 커뮤니케이션을 전제로 가능했다. 커뮤니케이션은 미디어를 통해서 이루어진다. 사람과 사람 사이에 미디어가 존재함으로써 커뮤니케이션이 이루어진다. 사람과 사람 사이의 관계를 이어주는 것이 커뮤니케이션이라면, 커뮤니케이션의 보조수단이 미디어인 것이다. 여기서 미디어는 '인간화예, 이동전화', '인간의 확장예, 인터넷'이라는 관점에서 모든 커뮤니케이션 수단을 포괄한다. 미디어 발전의 역사는 직접 커뮤니케이션면대면 커뮤니케이션; face to face communication이 갖는 시간적·공간적 제약을 극복하는 역사로 해석할 수 있다. 테크놀로지의 눈부신 발달은 다양한 형태로 응용이 되면서 커뮤니케이션 제약 요인을 극복하고 있다. 디지털 기술의 다양한 변신은 이

---

8. 김원제 · 송해룡(2015) 참조.

를 잘 보여준다.

사회문화적인 변화와 미디어 발전은 밀접한 상호 관련성을 갖는다. 중세 후기와 르네상스 시대의 사회적인 변화가 인쇄술의 발명으로 확대되었고, 인쇄술의 발명은 다시 서구 합리주의의 확산과 발달을 뒷받침했다. 17세기 말에 신문과 잡지가 등장한 것은 당시 정치경제적인 변화, 상품 유통구조의 발전, 그리고 이와 관련한 정보 욕구와 밀접한 관련이 있다. 전신기의 발명과 인터넷이 증권거래소를 통한 경제 교역을 가속화시킨 것은 미디어 발전이 경제적인 측면과 밀접한 관련이 있음을 보여준다. 따라서 서구에서 산업과 시장의 발전이 이루어지고, 기계화가 일찍 시작된 것은 인쇄술의 발명이 동반한 사회적인 커뮤니케이션 변화 과정의 결과라 할 수 있다.

모든 미디어는 필요성에 대한 하나의 반응이며, 동시에 또 다른 발전을 위한 자극이 되기도 한다. 필요성 그 자체는 정치, 경제 또는 사회적인 분야를 구성하는 구체적인 사회 상황과의 반응에서 생겨났다. 따라서 기술의 혁신과 사회적 과정은 서로 고립된 무관한 관계로 볼 수 없다. 미디어의 변천^{발전}은 일반적인 문화 욕구 변화를 담아내는 시스템의 일부로서 진행되어 왔다. 역사적으로 미디어 변천에는 나름대로 규칙성이 있다. 새로운 미디어는 그 이전 미디어의 형식과 내용을 통합하는 형태로 발전한다. 즉 모든 미디어는 다른 미디어를 기반으로 하거나 그 내용을 필요로 한다. 미디어의 효용성은 바로 어떤 미디어의 '내용'을 다시 활용하고 있기 때문에 강력하고 효력이 있다. 영화의 내용은 소설, 연극 혹은 오페라인 것이다. 따라서 새로운 미디어가 도입될 때마다 미디어 문화에서는 기능의 재분배가 이루어진다.

오늘날 우리는 근본적인 패러다임의 변화를 경험하고 있다. 문자로 각인된 커뮤니케이션 문화에서 시청각으로 각인된 커뮤니케이션 문화로 변화를 경험하고 있다. 언어는 현실을 개념, 상징, 기호로 전환하지만, TV에서는 개념과 기호^{문자, 말, 문장}로 우회하지 않고 바로 직접적인 전달이 이루어진다. 논리적인 사고 즉, 특정 생각에서 다음 생각으로 논리적인 발전을 꾀하고, 전체 생각 구조가 부분으로 구성되는 그런 사고는 직관으로 배열되는 개별 영상과 음성의 '퍼즐'로 대체된다.

영상 미디어로서 TV는 이전의 라디오와 영화처럼 이미 발전된 청각 미디어와 시각문화 전통을 받아들이고 변화시키며, 새로운 기술과 결합함으로써 자신의 독특한 커뮤니케이션 전통을 창조하고 있다. TV는 영상언어라는 가장 효과적인 언어를 구사한다. TV라는 미디어는 실상을 장면, 몸짓, 상징으로 풀어내고, 이들을 언어로 해석한다. 이것은 논증의 언어가 아니라, 시청자들에게 기억과 동일화를 불러일으키는 언어이다. 실상을 장면, 몸짓, 상징으로 풀어내는 것은 그 이전의 미디어인 영화와 연극에서 이미 그 기원을 갖고 있기 때문에 시청자는 이러한 커뮤니케이션 형식에 이미 익숙해져 있다. 따라서 시청자는 TV 담론을 수용하고 이해하는 데 전혀 어려움을 느끼지 않았기 때문에, 단기간에 빠른 확산과 이 미디어의 대중화를 가능하게 했던 것이다.

회화에서 시작해 사진, 영화를 거쳐 TV로 영상미디어가 변천하면서 미디어 간에 새로운 기능 분배가 이루어졌고, 그것은 우리의 인지 구조와 지식 구조에도 변화를 주었다. 기존의 미디어 형태를 옹호하는 사람은 이러한 기능의 분배를 두려워했으며, 새로운 미디어가 등장해 야기하는 가치 변화를 두려워했다.

사진술이 발명되었을 때 사실주의 화가들과 특히 초상화 화가들은 자신들의 장르가 민속 예술로 전락할까 봐 두려워했다. 영화는 연극을 몰아낼 정도로 위협적이었지만, 영화는 다시 TV의 희생물이 되었다. 그리고 만능 기계인 컴퓨터는 모든 것을 동시에 쓸어버리고 있다. 컴퓨터는 영상, 음성, 공간, 문자 등 모든 것을 만들어낼 수 있기 때문이다.

이러한 이행 단계에서 사회적, 문화적 영향이 반영되고 있음은 물론이다.

즉 대중문화의 수용과 대중문화의 오락 기능이 점증하고, 사회에서 처리해야 할 정보의 양도 증가함에 따라 TV가 갖는 의미도 커졌다. TV는 기술의 발전과 정보 내용을 특별히 구조화할 수 있는 장점 때문에 오락과 정보 전달의 양과 속도에서 새로운 잠재성을 갖게 되었던 것이다.

결국 미디어 이용과 사회적 인식구조, 그리고 사회문화 간에는 밀접한 관련이 있음을 누구도 부정하기 어렵다. 미디어는 충분조건은 될 수 없지만, 특정 경우에서 필요조건임은 분명하고 일정한 발전을 촉진하는 것은 의심할 여지가 없다. 따라서 미디어 시스템은 사회적으로 구성된다는 주장은 더 큰 설득력을 얻는다.

미디어의 융합에 따른 멀티미디어의 특성은 대부분 기존의 미디어에서 발견할 수 있는 것들이다. 영상은 TV 등의 방송과 영화에서, 전자게임은 게임기에서, 문자는 책과 신문 등의 인쇄미디어에서, 소리는 음향 기기에서 이미 사람들에게 익숙해져 있던 것이다. 그러나 이런 것들을 합한 종합적인 파급효과는 기존의 매체들을 뛰어넘는 혁명적인 것이 될 수도 있다.

이제 스마트미디어 시대의 미디어 패러다임은 '변화' 수준을 넘어서 '혁명'을 겪고 있다. 방송의 경우 기술 발전에 따라 스마트미디어가 확산되고 있고, 3D, UHD 방송과 같은 고화질 실감형 방송으로의 진화도 빠르게 진행되고 있다. 스마트미디어 환경의 진전에 따라 방송은 양방향 서비스가 가능한 디지털 케이블 TV·IPTV 등장에 따라 영화, SW 등과 융합하며 '콘텐츠 플랫폼'으로 진화하고 있다.

위성방송, 디지털 케이블 TV, DMB, IPTV, 웹TV, 스마트TV 등 이름만으로는 쉽게 그 차이점을 구별하기 어려운 미디어들이 우리의 미디어라이프를 새롭게 구성하고 있다. 이들 새로운 미디어들은 초고속망을 통해 인터넷 접속을 지원하며 게임, 생활정보, 음악, 비디오 등 다양한 분야의 콘텐츠를 온—디멘드on-demand 방식으로 제공해준다. 이러한 새로운 미디어 환경에서 이용자는 어떤 콘텐츠를 어떤 채널을 통해 언제 이용할 것인지에 대한 자신의 선택권을 강화하고 있다. 또한 이용자들은 이들 미디어플랫폼를 통해 스마트 환경에 접속함으로써 콘텐츠 생산 과정에도 직접 참여하고 있다.

2. 스마트미디어 시대로의 진입

최근 강력한 커뮤니케이션 혁신이 이루어지고 있는데, 바로 스마트미디어 혁신이다. 스마트폰, 스마트TV, 스마트패드로 대표되는 스마트미디어 환경이 생활이 되고 있다.

스마트TV는 콘텐츠와 미디어는 물론 커뮤니케이션까지 하나로 융합되는 스마트미디어 환경의 도래를 의미한다. 스마트TV는 소비자가 직접 원하는 콘텐츠와 애플리케이션을 선택 후 이용하는 방식이기 때문에 쌍방향성을 토대로 능동적인 이용 행태를 보일 것으로 전망된다. 스마트TV가 기존의 IPTV, 웹TV 등과 가장 큰 차이점은 제3의 개발자third party가 제작한 다수의 애플리케이션을 이용할 수 있다는 점이다. 나아가 SNS를 활용한 다양한 정보공유 및 커뮤니케이션이 가능하기 때문에 새로운 미디어로 부각된다.

모바일 기기 속의 애플리케이션 즉, 앱App은 앱티즌Apptizen= App + Netizen의 라이프스타일을 바꾸고 있다. 특히 실용적 기능을 더 많이 갖춘 앱들이 등장함으로써 앱은 퍼스널 에이전트personal agent 역할을 수행하고 있다. 퍼스널 에이전트로서 앱은 개인과 밀착되어 생활의 갖가지 요소들을 해결해주는 정교하고 편리한 존재다. 이제 앱은 생활과 업무에 날개를 달아주는 대리인이자 동반자가 된다.

앱은 단순한 위젯 기능들을 가지고 사람이 작동시켜주기를 기다리는 것이 아니라 사람의 여러 가지 패턴들을 이해하고 분석한 후 그것을 토대로 실질적인 편의를 제공한다. 앱이 사용자를 보조하고 챙겨주는 든든한 개인 비서, 동반자가 되는 것이다. 직접 제안하고 챙겨주고 빈틈을 메우며, 건강까지도 책임진다. 카테고리별로 가장 복합적이고 지능적인 앱만이 살아남아 진화를 거듭하는 방식이다. 앱이 퍼스널 에이전트에 가까워질수록 사용자는 더 많은 여유 시간을 확보하게 되며 그만큼 삶을 풍요롭게 꾸려나갈 수 있다.

퍼스널 에이전트 앱이 가진 강점은 '개인에게 밀착된다'는 특징이다. 필요한 일을 더 잘 처리할 수 있도록 편의와 가속을 더한다. 곁에 대기하고 있다가 내가 부르면 언제든 다가와 내 생활의 요소를 해결해주는 요술램프의 '지니'이다. 이제 스마트폰 하나면 정보습득, 업무수행, 사회적 관계 형성, 여가활동 등이 가능하다.

스마트 미디어 환경은 N-Screen의 현실화를 이루었으며, 홈네트워킹의 보급화를 앞당기는 동인이 되고 있다. 기존의 TV와 PC, 모바일로 이어지던 3Screen 환경에서 스마트TV와 태블릿 PC, 클라우드 컴퓨팅 등의 다양한 플랫폼을 기반으로 한 단말의 등장으로 스크린의 제약을 넘는 미디어/플랫폼의 OSMU를 실현한다.

N-Screen 환경은 미디어의 구분과 한계를 뛰어넘어 트랜스 미디어로서의 역할을 수행할 수 있도록 해준다. 기존 미디어 간 단절되어 있는 구조에서는 단순한 정보전달에 그쳤다고 한다면 트랜스 미디어는 여러 매체가 유기적으로 연결돼 언제 어디서든 사용자가 원하는 모습으로 콘텐츠를 융합할 수 있다.

스마트미디어는 미디어가 ICT 인프라와 결합해서 시공간 및 기기 제약 없이 다양한 콘텐츠를 이용자에게 융합적, 지능적으로 전달할 수 있도록 발전 중인 매체를 포괄적으로 지칭한다.

트렌드	변화	예시
비물질화 (Dematerialization)	소형화	전자책, 전자지갑
가상화 (Virtualization)	현실→가상	게임, 증강현실
이동성 (Mobility)	이동성 증대	위치 기반 서비스
지능성 (Intelligence)	스마트화	음성인식
연결성 (Networking)	초연결	소셜 네트워크
상호작용 (Interactivity)	단방향→양방향	이러닝
융합 (Convergence)	융복합화	디바이스의 다기능화

표 1. 스마트미디어의 특징[9]

소통의 도구로 사용자와 상호작용이 가능하며, 시간적·공간적 제약이 없이 융합 콘텐츠를 제공하는 똑똑한 매체이다. 대표적 미디어인 전화, 책, TV가 스마트폰, 전자책, 스마트TV로 진화하는 모양새이다.

스마트미디어는 기술 발전 트렌드에 따라 변화하고 있으며, 다양한 형태

그림 1. 스마트미디어의 범위(예시)[10]

9. 지식경제부(2012). 스마트미디어 표준화 종합지원전략. 참조.
10. 지식경제부(2012). 스마트미디어 표준화 종합지원전략. 참조.

사회과학입문

로 실현 중이다.

스마트미디어 산업은 전자출판, 이러닝, 모바일, 게임, 광고 등 매우 광범위하며, 관련 서비스, 콘텐츠, 기술도 다양하다.

스마트미디어는 수평적으로 연결된 개방형 플랫폼이 ICT 인프라를 통해 이용자별로 다양한 융합 콘텐츠를 제공해준다. 타 산업과 융합해 이용자 중심의 새로운 서비스 개발을 촉진하고 산업 경쟁력을 향상시키는 상생의 생태계 중추 역할을 수행할 것으로 기대된다.

3. 콘텐츠에 대한 이해[11]

1. 콘텐츠의 개념 및 진화

콘텐츠의 사전적인 의미는 두 가지가 있다.

첫째는 '내용, 알맹이, 목록' 등을 의미하며, 둘째는 '만족시키다. 기쁘게 하다' 등의 의미로 사용된다. 결국 콘텐츠의 본래적 의미는 구체적인 알맹이이자 내용인 동시에 이를 통해 만족을 줄 수 있는 것이라는 의미로 유추 해석할 수 있다.

사전적 정의로 보면, 라틴어 'contentum'에서 유래된 단어로 "담겨 있는 것 thing contained 또는 내용물"Oxford English Dictionary, 2007을 의미한다.

가장 널리 인용되는 개념으로서 콘텐츠는 논문, 서적, 문서의 내용이나 그 목차를 의미하는 과거의 개념을 넘어서 영화, 방송, 뉴스 등 미디어의 내용이나 게임, CD-ROM 타이틀 등 컴퓨터 관련 저작물의 내용을 지칭하

---

11. 김원제 · 송해룡(2015) 참조.

는 용어로 사용되고 있다. 따라서 콘텐츠 산업의 범위에는 출판, 정보 서비스, 영상물, 게임 및 소프트웨어 등이 모두 포함된다고 볼 수 있다.

콘텐츠는 미디어를 통해 전달되는 내용물 및 메시지 등 인간의 창의적 산물로 경제적, 문화적 가치를 가지는 것을 의미한다. 상품화되어 생산, 유통, 소비 등 일련의 과정을 통해 부가가치를 창출하는 것이다. 콘텐츠는 다분히 문화적, 또는 심미적 즐거움pleasure의 성격을 갖고, 기호 혹은 코드의 체계 system of codes로 구성되어 있다. 콘텐츠 상품의 가장 중요한 특징 중의 하나는 바로 문화적인 산물이라는 점이다.

콘텐츠의 개념을 명확히 이해하기 위해 법적 개념을 살펴볼 필요가 있는데, 문화산업진흥 기본법2014. 11. 29에 제2조정의에 명시되어 있다. 문화상품, 문화콘텐츠 등 유사용어들과 함께 다음과 같이 정의된다.

문화상품 : 예술성·창의성·오락성·여가성·대중성이하 "문화적 요소"라 한다이 체화體化되어 경제적 부가가치를 창출하는 유형·무형의 재화문화콘텐츠, 디지털문화콘텐츠 및 멀티미디어문화콘텐츠를 포함한다와 그 서비스 및 이들의 복합체

콘텐츠 : 부호·문자·도형·색채·음성·음향·이미지 및 영상 등이들의 복합체를 포함한다의 자료 또는 정보

문화콘텐츠 : 문화적 요소가 체화된 콘텐츠

디지털콘텐츠 : 부호·문자·도형·색채·음성·음향·이미지 및 영상 등이들의 복합체를 포함한다의 자료 또는 정보로서 그 보존 및 이용의 효용을 높일 수 있도록 디지털 형태로 제작하거나 처리한 것

디지털문화콘텐츠 : 문화적 요소가 체화된 디지털콘텐츠

멀티미디어콘텐츠 : 부호·문자·도형·색채·음성·음향·이미지 및 영상 등이들의 복합체를 포함과 관련된 미디어를 유기적으로 복합시켜 새로운 표현 기능 및 저장 기능을 갖게 한 콘텐츠

공공문화콘텐츠 : 국립 박물관, 공립 박물관, 국립 미술관, 공립 미술관 등에서 보유·제작 또는 관리하고 있는 문화콘텐츠

에듀테인먼트 : 문화콘텐츠를 유기적으로 복합시켜 기획 및 제작된 것으로 교육적으로 활용될 수 있는 것

또한 콘텐츠산업 진흥법2014. 11. 19에서 콘텐츠는 "부호·문자·도형·색채·음성·음향·이미지 및 영상 등이들의 복합체를 포함한다의 자료 또는 정보"로 규정된다.

한편, 스마트미디어 환경에서 콘텐츠 역시 진화하고 있는데, 스마트콘텐츠는 스마트기기스마트폰, 태블릿, 스마트TV 등와 인터넷의 자원이 결합되어 사용자에게 편익을 제공하는 콘텐츠 서비스를 의미한다. 스마트콘텐츠는 특화 기능터치, GPS 등과 인터넷 자원을 활용함으로써 양방향성, 사용자 맞춤형 등의 특징을 가진다. 스마트 환경에서 킬러콘텐츠 서비스는 기술발전과 시장의 니즈에 부합하는 e-북, 교육, 엔터테인먼트, SNS형 콘텐츠 등이 된다. 스마트폰의 3대 킬러 앱은 SNS, LBSLocation based Service, 위치기반서비스, AR12 등이다.

스마트콘텐츠는 3R을 구현한다. 실시간Real-time으로 무한 정보와 인적 네트워크에 접근Reach, 소통해 시공간적 한계를 넘어선 실재감Reality을 경험하게 해준다. 스마트콘텐츠는 이용자의 상황맥락을 기반으로 이용자가 원하는 것을 정확히 선별해, 쉽고 빠르고 편리하게 제공하는 똑똑한 서비스이다.

매년 전 세계에서 개발되는 기술의 80%가 미디어 관련 기술이라고 한다. 그만큼 미디어 혁명은 전 지구적인 이슈이자 추동력이다. 미디어 환경의 지

---

12. AR(Augmented Reality) : 실세계에 3차원의 가상물체를 겹쳐서 보여주는 기술을 활용해 현실과 가상환경을 융합하는 복합형 가상현실.

각 변동은 콘텐츠 생산 과정, 유통프로세스, 소비환경에 이르기까지 광범위한 변화를 동반한다.

매체 간 상호결합과 융합이 촉진되면서 방송과 통신의 경계도 사라지고 있다. 하나의 콘텐츠가 다양한 창구의 채널을 통해 소비자에게 전달되는 COPE^{Creative Once, Publish Everywhere}, 신문이 TV나 인터넷·휴대전화 등 다른 미디어와 결합하는 '크로스 미디어' 현상도 확대되고 있다. 따라서 현재 미디어 플랫폼은 기술적인 차원의 매체 개념보다는 고객접점의 윈도우라는 개념이 보다 중요한 상황으로 변화 중이다. 또한 아날로그 시대에는 콘텐츠 제작자와 매체가 별개가 아닌 하나로 소비자에게 콘텐츠가 전달된 반면, 디지털 시대에는 콘텐츠 제작자와 매체가 구분되어 콘텐츠가 소비자들에게 전달되는 가치사슬 구조를 가지게 되었고, 최근에는 DMB, WiBro, IPTV 등 융합 플랫폼의 등장으로 매체 부문이 다변화하는 동시에 소비자와 플랫폼 간 양방향성이 향상되고 있다.

기존의 미디어 환경은 미디어 기업들에 의해 주도되었다. 매스미디어 기업이 주도하는 상황에서는 양방향 커뮤니케이션을 가능하게 하는 네트워크 인프라와 비즈니스 모델이 열악했다. 따라서 신문이나 방송 등 매스미디어의 콘텐츠를 생산하는 사람과 소비하는 소비자의 구분이 명확했다. 뉴스 등 콘텐츠의 생산은 기자만이 담당했고 독자나 시청자는 뉴스 소비자에 머물러 있을 수밖에 없었다. 뉴스에 대한 의견을 다른 사람과 공유할 수 있는 수단도 인터넷 기사에 댓글을 다는 수준에 머물러야 했다. 하지만 스마트미디어 환경을 구성하는 미디어들은 언제 어디서나 인터넷 접속을 지원하는 방향으로 진화해가고 있다. 따라서 올드 미디어 환경에서 콘텐츠 소비자의 위치에만 머물러 있던 사람들도 스마트미디어 환경을 구성하는 미디어들을 통해 인터넷에 접속해 자신이 자발적으로 만든 UCC를 다른 사람과 공유할 수 있게 되었다. 콘텐츠 생산자와 소비자의 경계가 소멸한 것이다. 또한 스마트미디어 환경에서는 기존 매스미디어의 콘텐츠에 다양한 개인들이 창출한 콘텐츠들까지 더해지고 있고, 최근에 생산된 콘텐츠와 더불어 오래 전에 생산된 콘텐츠들도 함께 유통되고 있다.

스마트미디어 환경의 도래에 따라 세분화된 개인들의 특화된 수요 만족과 콘텐츠 생산 과정에 대한 개인들의 자발적인 참여가 강조되는 구조가 소수에 의한 정형화된 콘텐츠 생산과 다수에 의한 획일적 소비를 기본 메커니즘으로 하는 올드미디어 패러다임을 대체해 가고 있다. 따라서 스마트미디어 환경은 이용자가 정보창출 과정에 자발적으로 참여하고 창출된 정보를 개방적인 환경에서 상호 공유하며, 이 과정에서 집단지성이 구축되고, 이렇게 구축된 다양한 콘텐츠 중 자신이 원하는 것을 선택할 수 있게 한다.

스마트미디어 환경에서는 미디어와 이용자 사이의 관계가 역전된다. 스마트미디어 환경에서는 소수의 독점적 매체가 지배하는 구조가 다양한 개인형 매체들의 공존과 분점구조로 대체되고 있다. 과거에 독점적 지위를 점유하던 기존 매체들은 다양한 개인형 매체들과 경쟁해야 하는 상황에 놓여 있으며, 이에 따라 매체 선택과 이용의 주도권이 이용자에게로 이동하고 있다.

한편, 스마트미디어 환경에서 플랫폼이 핵심적 역할을 수행하고 있다. 스마트미디어 환경에서 콘텐츠는 플랫폼을 자유롭게 옮겨다닐 뿐이다. 디지털 컨버전스에 의해 TV를 통해서도 인터넷을 이용할 수 있으며, 인터넷에 접속된 PC를 통해서도 TV 등 기존 미디어의 콘텐츠를 이용할 수 있게 되어 가고 있다. 따라서 TV나 인터넷 등 플랫폼은 '광장'이 된다. 이용자가 자신이 생산한 정보 및 콘텐츠를 다른 이용자와 공유하고 미디어 기업과 언론사의 정보 및 콘텐츠 생산에도 관여하는 광장이 되는 것이다. 스마트미디어 시대의 미디어는 기존의 매스미디어와 달리 채널의 개념이 아니라 광장으로서의 플랫폼 개념이 된다. 이러한 플랫폼 위에서 사회 구성원들은 다양한 형태로 양방향 커뮤니케이션을 전개할 수 있다. 참여와 공유, 그리고 개방 및 집단지성, 다양하게 차별화된 이용자의 수요 만족 등 스마트미디어 환경에서 강조되는 요인들은 모두 광장인 플랫폼에서 구현되는 것이다.

스마트미디어 환경에서 콘텐츠는 수많은 플랫폼에 떠돌아다니며 자유롭게 호환되어야 하고, 이러한 콘텐츠의 생산은 특별한 주체가 있는 것이 아니라 내가 될 수 있고, 너도 될 수 있는 개인 생산이 주를 이룰 것이다. 즉, 생산자이면서 동시에 유통자, 소비자가 될 수 있는 진정한 의미에서의 프로슈머가 확산될 것이고 이러한 현상은 양방향성을 극대화해 집단지성을 이끌게 된다. 개방된 콘텐츠는 개방된 플랫폼에서 자유롭게 소비된다.

2. 콘텐츠 산업의 범위 및 가치

콘텐츠 상품의 가장 중요한 특성은 문화적인 산물이라는 점이다. 일반적으로 콘텐츠 상품은 표준화되기 어렵다는 속성, 공공재적 특성, 정보재적·의미적 속성을 갖는다. 콘텐츠 상품의 의미적 속성은 콘텐츠 상품을 여타의 재화와 구별하는 가장 큰 특징이다. 콘텐츠 상품이 제공하는 효용은 다분히 문화적 또는 심미적 즐거움의 성격을 갖고, 기호 혹은 코드의 체계system of codes로 구성되어 있다. 따라서 콘텐츠 상품의 가치는 의미를 발생시키는 기호의 논리에 직접적인 영향을 받고, 이 점이 콘텐츠 상품을 여타의 재화와 구별 짓는 가장 두드러진 특징이다.

사회경제구조가 산업경제, 지식경제에서 창의성·상상력·과학기술이 중요한 창조경제 패러다임으로 변화하고 있다. 상상력과 창의성이 과학기술, ICT와 접목해 새로운 산업과 시장을 키우는 창조경제에서 창의적 콘텐츠는 고부가가치를 창출한다. 영국의 자부심인 '해리포터', 뉴질랜드를 살린 '반지의 제왕', 3D 혁명을 가져온 '아바타' 등의 세계적 흥행의 바탕에는 모두

스토리story가 있다. 전 세계에 퍼져 있는 디즈니의 미키마우스, 5만여 개 상품으로 제조되는 일본의 헬로 키티, 두 캐릭터의 공통점도 상상력과 감성을 결합한 복합문화상품이라는 점이다.

창조경제는 지속가능한 경제성장의 새로운 대안으로, 선진 각국은 문화·콘텐츠 중심의 창조산업에 선제적으로 투자하고 있다. 영국은 창조산업Creative Britain, '98, 미국은 미디어 엔터테인먼트 산업Creative America, '00, 일본은 지적 재산산업Cool Japan, '10 육성에 집중하고 있다. 세계적으로 인구 5천만 명 이상이면서, 1인당 국민소득 3만 달러 이상을 달성한 국가미국, 영국, 일본, 독일, 프랑스 등들은 모두 창조산업 강국이다.

UNCTAD는 창조산업creative industry을 "영화, 음악, 광고, 게임, 방송, 공연, 패션, SW, 디자인, 건축, 공예, 출판, 미술"의 13개 업종으로 구분하고 있다.

국내에서 콘텐츠 산업의 범위는 관련 법률을 근거해 규정할 수 있는데, 우선 문화산업진흥 기본법2014. 11. 29에 따라 '문화산업'은 문화상품의 기획·개발·제작·생산·유통·소비 등과 이에 관련된 서비스를 하는 산업을 말하며, 다음 각 목의 어느 하나에 해당하는 것을 포함한다.

- 영화·비디오물과 관련된 산업
- 음악·게임과 관련된 산업
- 출판·인쇄·정기간행물과 관련된 산업
- 방송영상물과 관련된 산업
- 문화재와 관련된 산업
- 만화·캐릭터·애니메이션·에듀테인먼트·모바일 문화콘텐츠·디자인산업디자인은 제외한다·광고·공연·미술품·공예품과 관련된 산업
- 디지털문화콘텐츠, 사용자제작문화콘텐츠 및 멀티미디어문화콘텐츠

신문방송학

의 수집·가공·개발·제작·생산·저장·검색·유통 등과 이에 관련된 서비스를 하는 산업

- 대중문화예술산업
- 전통적인 소재와 기법을 활용해 상품의 생산과 유통이 이루어지는 산업으로서 의상, 조형물, 장식용품, 소품 및 생활용품 등과 관련된 산업
- 문화상품을 대상으로 하는 전시회·박람회·견본시장 및 축제 등과 관련된 산업. 다만, 「전시산업발전법」 제2조 제2호의 전시회·박람회·견본시장과 관련된 산업은 제외한다.
- 가목부터 차목까지의 규정에 해당하는 각 문화산업 중 둘 이상이 혼합된 산업

또한 콘텐츠산업진흥법2014. 11. 19에서 '콘텐츠 산업'은 경제적 부가가치를 창출하는 콘텐츠 또는 이를 제공하는 서비스이들의 복합체를 포함한다의 제작·유통·이용 등과 관련한 산업을 말한다. 콘텐츠 산업을 영위하는 행위자를 살펴보면 다음과 같다.

- **콘텐츠 제작** : 창작·기획·개발·생산 등을 통하여 콘텐츠를 만드는 것을 말하며, 이를 전자적인 형태로 변환하거나 처리하는 것
- **콘텐츠 제작자** : 콘텐츠의 제작에 있어 그 과정의 전체를 기획하고 책임을 지는 자이 자로부터 적법하게 그 지위를 양수한 자를 포함
- **콘텐츠 사업자** : 콘텐츠의 제작·유통 등과 관련된 경제활동을 영위하는 자
- **이용자** : 콘텐츠 사업자가 제공하는 콘텐츠를 이용하는 자

콘텐츠 산업은 대표적인 서비스산업이자 소프트 파워의 원천으로서 노동

과 자본만으로는 차별화가 불가능한 상상력과 아이디어의 한계비용이 제로
인 산업이다.

콘텐츠 산업은 예술, 미디어, 콘텐츠, 관광, 전통자원, 소비재 등과 유기
적으로 결합해 무한 확장이 가능함으로써 전후방 산업 연관 효과가 높은
산업이다. 원천 콘텐츠를 다각적으로 활용하는 OSMU$^{One\ Source\ Multi\ Use}$
비즈니스를 통해 산업 내, 산업 간에 동반성장네트워크 외부효과을 유도한다. 해
리포터의 경우 소설 → 영화 → OST(음악) → 게임 → 광고/인터넷 → 캐릭터 상품 → 관광가 대표
적이다.

콘텐츠 산업은 기기-플랫폼-서비스 생태계를 조성해 산업 선순환을 위
한 핵심 역할로서 차세대 성장동력 산업으로 부각하고 있다. 애플은 아이
팟/아이폰/아이패드/애플TV/아이튠스/앱스토어의 생태계 구축으로 세계시
장을 지배하고 있다.

콘텐츠 산업은 전형적인 고위험, 고수익$^{High\ Risk,\ High\ Returns}$ 산업이다. 문
화상품콘텐츠은 경험재로서 시장의 수요예측이 불가능하고 많은 제작비용이
투입되기 때문에 흥행 여부에 따라 고부가가치가 결정되는 모험산업이다. 또
한 라이선스 비즈니스에 의한 막대한 로열티로 고수익을 창출한다.

콘텐츠 산업은 삶의 질 향상과 문화국가 이미지 및 브랜드 가치 제고의
첨병 역할을 수행한다.

국민의 삶의 질 향상을 위해서는 여가 활용도 제고와 즐거운 경험의 확
대가 중요하며, 이를 위해 문화 향유의 활성화가 요구된다. 드라마, K-POP
등에 의한 한류열풍은 한국의 문화와 스타일에 대한 선호현상으로 이어져
한국 상품 구매 확대와 한국 방문 효과를 가져온다.

4. 미래 전망

1. 사물인터넷 시대의 도래와 미디어콘텐츠의 진화 전망[13]

테크놀로지의 급속한 발전으로 사물^{things}이 인터넷과 모바일을 통해 연결되어 서로 커뮤니케이션^{疏通}하는 사회, 즉 모든 사물과 사람이 네트워크로 연결되는 초연결사회$^{Hyper\ Connected\ Society}$가 성큼 다가오고 있다. 초연결 시대에는 다양한 경제 주체, 산업 영역, 학문, 사회, 문화, 계층, 세대, 국가 등으로 연결 확대가 용이하며, 이를 통해 새로운 가치를 창출하게 된다. 연결이 극대화될 수 있는 환경에서는 네트워크 외부성이 커지고 이를 통해 더욱 혁신적이며 효율적으로 높은 성과의 창출이 가능해지는 것이다.

이러한 초연결 사회를 구축하는 핵심 구성체가 바로 사물인터넷$^{Internet\ of}$ $^{Things,\ IoT}$이다. 사물인터넷은 사람, 사물, 데이터 등 모든 것이 인터넷으로 서로 연결되어, 정보가 생성·수집·공유·활용되는 기술 및 서비스를 통칭하는 개념이다. 쉽게 이야기하면 각종 사물에 컴퓨터 칩과 통신 기능을 내장해 이를 인터넷에 연결하는 기술을 의미한다.

여기에서 사물은 가전제품, 자동차, 모바일 장비, 웨어러블 기기 등 다양하다. 심지어 스마트 홈이나 스마트 시티에 적용할 경우 가정 내 출입문이나 각종 전열기구, 도시의 도로와 각종 설비까지 사물인터넷으로 연결될 수도 있다.

사물이 자율적·지능적으로 인터넷에 연결되면 기존에 생각하지 못했던 다양한 가치들이 만들어질 수 있다. 과거 통신 환경에서는 정보의 수집, 분석, 대응에 '이용자^{사람}의 인위적인 개입'이 필요한 경우가 일반적이었다면, 사

---

13. 김원제 · 송해룡(2015) 참조.

물인터넷이 보편화된 환경에서는 이용자 개입 없이 관련 정보가 '자동적으로 처리'되어 다양한 편의성이 증진될 것으로 예상된다.

사물인터넷 기술을 적절하게 활용할 경우 기존 제품이나 서비스의 고부가가치화가 가능해지는 것은 물론 새로운 고객을 창출하거나 서비스의 품질을 대폭 개선하는 것이 가능해진다. 모바일 헬스케어, 스마트 홈 서비스, 무인자동차, 재난관리 자동화 등이 현재 가장 대표적인 사례로 예견되고 있다.

사물인터넷은 연결이 지배하는 세상이다. 그 연결선을 타고 흘러가는 콘텐츠는 센서가 생산한다. 센서는 콘텐츠 생산자다. 센서라는 미디어가 네트워크 기술과 만나 곳곳에 데이터를 뿜어낸다. 웨어러블 기기, 스마트폰, 드론 속에는 여러 개의 센서가 부착돼 데이터를 지금도 끊임없이 양산하고 있다. 예컨대, 사물인터넷 기술 중 하나인 NFC나 비콘Beacon 기술을 활용할 경우 전시공간, 스포츠 경기장 등에서 고객이 어떤 공간을 방문했는지, 어떤 행동을 했는지를 손쉽게 파악하는 것은 물론 고객이 선호하는 맞춤형 서비스를 제공할 수도 있다.

미디어 환경 차원에서 보면 IoT 환경의 등장은 가정에서 다양한 미디어의 액세스를 보다 효과적으로 제시함으로써, 편리하고 안락한 미디어 이용의 장점을 확대하고 있다. 모든 가전제품에 콘텐츠를 전달 또는 저장할 수 있는 지능형 미디어 기능을 탑재함으로써, 홈 네트워크 컴퓨팅은 미디어를 통합해 언제 어디서나 접근 가능하게 해준다. 생활환경에 따라 다양한 콘텐츠 액세스가 가능해지기 때문에, 상황 인식에 의해 콘텐츠의 제공과 소비가 결정되는 새로운 비즈니스 플로우가 형성된다. 무엇보다 가정, 일터, 차량 등 다양한 공간 간 연계를 자유롭게 해준다는 점에서 새로운 공간 이동성을 제공해준다고 하겠다.

사실 콘텐츠 분야에서는 컴퓨터와 스마트폰, 태블릿 PC 등의 디지털 미디어 활용이 활발하며, 이들 디지털 기기는 기본적으로 인터넷에 연결되어 있기 때문에 사물인터넷의 개념이 이미 적용되어 있다고 볼 수 있다. 구글 글래스, 웨어러블 스마트 의복과 같이 기존에는 인터넷에 접속되지 않던 기기들에 인터넷 접속 기능과 컴퓨팅 기능이 도입되면서 새로운 형태의 혁신을 보여주고 있다.

사물인터넷 환경에서 미디어 이용을 위한 공간은 집과 이동공간이다. 새로운 단말기들과 인터페이스 및 미디어들은 우리의 미디어 참여를 추동하고 있다.

지난 몇 년 동안의 가장 중요한 트렌드 중 하나는 가족 구성원들 사이의 미디어 소비 패턴의 디버전스divergence이다. 미래의 가정은 미디어를 중심으로 디자인될 것이다. 미래의 가정은 '미디어 센터Media Center'로 기능할 것이다. 가정은 TV, PC, 게임 콘솔, 음악 등을 융합적으로 이용할 수 있는 허브로서 기능하게 된다. 가정에서의 우리의 미디어 경험은 음성과 몸짓의 인식 등을 포함하는 새로운 인터페이스를 통해 이루어질 것이다. 그리고 모든 방과 벽, 테이블, 계단 등에 설치된 스크린은 비디오, 인터넷 그리고 디지털 영상기기들과 연결될 것이다. 그리고 집 안 내부의 벽은 비디오 벽지video wallpaper로 대체될 것으로 예상된다. 가정 내부 미디어의 핵심적 특징 중 하나는 멀티미디어로서 기능한다는 점이다. 3D TV, 서라운드 스크린, 그리고 게임용 고글과 글러브 및 기타 장비들과 연동되며 풍부한 인터페이스를 제공한다. 또한 가정 내부의 미디어는 조명기구와도 연결될 것이다. 이 밖에 가정에서는 이 같은 미디어를 이용해 활발한 상호작용이 보장되는 홈쇼핑을 즐길 수 있게 될 것이다. 홈 미디어 융합은 연결성과 통합을 요구한다. 다양한 네트워크의 융합, 각 기술표준이 다양한 단말기들도 융합을 위해 연동성이 확보될 것이다.

2. 신문방송학의 미래

　도대체 기술변동의 추동력은 어디에서 오는가? 산업사회 이후로 끊임없이 제기된 학문적인 탐구였다. 자본의 확대와 유지를 위한 과정에서 바로 기술의 개발이 이루어진다는 주장을 비롯해 다양한 문화이론적인 주장이 제시되었다. 20세기 기술이 여성을 주방에서 해방시키는 데 크게 기여했다면, 미디어기술은 인간의 생각, 행위 그리고 문화소비를 일정한 틀에 가두어놓는 모습을 보이고 있다. 라디오, TV 그리고 영화는 그 최전선에 놓여 있었다.

　이제는 여기에 휴대폰이라는 통신이 들어오면서, 이제 미디어 기술은 모든 것을 융합시키면서 그 사회적 영향력을 폭넓게 하고 있다. 디지털 홈은 이제 더 이상 잠을 자고 식구들과 이야기하는 공간의 의미를 갖지 않는다. 이 디지털미디어는 집을 네트워크의 집합체로 만들면서 양방향 디지털 TV, VOD, DVD, 홈쇼핑이 이루어지는 엔터테인먼트의 공간이며, 원격교육, 재택근무, 원격제어, 보안 시스템 등이 들어와 장착되는 '일터와 노동 공간'으로 만들어내고 있다.

　사람은 단순한 개인이 아니라 시스템의 한 부분이 되고 있으며, 모든 사회기술적인 변화를 담아내는 정밀한 기계이며, 복합 미디어가 되고 있다. 지능형 통합방송인 스마트TV는 우리 인간이 어떻게 미디어의 구성요인이 되는지를 적나라하게 보여주고 있다. 인간의 능동성을 높여주지만, 반대로 수동적인 행위를 한층 심화시킬 수도 있다는 문제점을 제기하고 있는 것이다.

　현재의 기술 수준에서는 미래 사회의 모습을 단지 개략적으로만 그려낼 수 있다. 아직 그 폭넓은 스펙트럼을 정확히 제시하는 것은 매우 어렵다. 그럼에도 우리가 제시할 수 있는 몇 가지 정확한 예견 가운데 하나가 바로 이 스마트미디어와 콘텐츠의 관계이다. 이제 21세기에 존재했던, 전통적인 신문과 방송에 한정되었던 신문방송학의 논의는 설 자리를 잃어가고 있다. 방송사가 독점하던 콘텐츠 제작과 공급을 독점하던 독과점 TV 시대는 그 힘을 급격히 잃어가고 있다. 이제는 동영상 서비스 업체^{OTT}까지 등장하면서 정보 맞춤형·정보창조형 방송 시대로 고도화됨을 볼 수 있다. 이제 미디어의 미래는 기술, 시장 그리고 소비자라는 새로운 축에 기대어 새로운 스마트 대륙을 개척하고 있다. 이에 따라 미디어의 개념이 매개가 아닌 인간과 동행하는, 함께하는 지능 자체가 됨을 볼 수 있다. 바로 인터페이스가 되는 것이다. 미디어는 이제 독립적이고 부수적인 형태가 아니라 인간의 모든 삶을 각색하고 표현하고 통제하는 네트워크가 된 것이다. 그래서 미디어의 개념을 확대시키면서 미디어학으로 그 연구범위와 스펙트럼을 넓히는 연구 방법이 요구된다. 미디어의 미래는 이제 인간의 미래와 함께하게 된다. 이제 신문방송학과 미디어학은 새로운 세계로 항해를 시작했다.

참고문헌

권상희 외 (2006). 『현대 사회와 미디어의 이해』. 서울: 커뮤니케이션북스.

김원제·송해룡 (2015). 『미디어콘텐츠, 창조기획과 스마트비즈니스』. 서울: 이담북스.

박현순 역 (2007). 『이것이 PR이다』. 서울: 커뮤니케이션북스.

방정배 (2004). 『미디어문화정책론』. 서울: 한울아카데미.

배규한 외 (2004). 『매스미디어와 정보사회』. 서울: 커뮤니케이션북스.

백선기 역 (2000). 『문화연구란 무엇인가』. 서울: 커뮤니케이션북스.

손동현·이상엽 옮김 (2004). 『문화학이란 무엇인가』. 서울: 성균관대학교 출판부.

송해룡 (2003). 『디지털미디어, 서비스 그리고 콘텐츠』. 서울: 다락방.

임상원·유종원 역 (2001). 『커뮤니케이션 모델 : 매스 커뮤니케이션의 이해』. 서울: 나남출판.

장을병 (1978). 『정치커뮤니케이션』. 서울: 태양출판사.

차배근 (1999). 『매스커뮤니케이션 효과이론』. 서울: 나남출판.

한국방송학회 (2005). 『디지털 방송미디어론』. 서울: 커뮤니케이션북스.

07

소비자가족학

이성림·최희정
소비자가족학과 교수

1. 소비자가족학의 기초: 체계론적 접근법

소비자가족학은 전통적으로 소비자와 가계의 생활수준 및 경제적 복지의 향상과 가족생활의 질을 향상시킴으로써 궁극적으로 개인과 가족의 행복을 증진하는 실제적인 방안을 모색하고 현실에 적용하는 방법을 다루고 있다. 소비자가족학은 가족의 경제적 복지와 행복을 향상시키기 위해 요구되는 소비자와 가족의 역량을 강화하고 더 나은 사회제도와 시장환경을 만들어가는 것을 목적으로 한다.

소비자가족학에서 다루는 내용은 가족에 대한 체계론적 접근법을 통해 설명되는데, 이는 가족단위의 복합성을 조직화할 수 있는 개념틀을 제공한다. 체계론적 접근법은 가족의 활동을 기능적인 관점에서 표현적 기능과 도구적 기능으로 구분하고 가족은 각 기능의 수행을 담당하는 두 개의 하위체계로 구성되었다고 가정한다. 표현적 기능the expressive function은 가족 구성원의 인간 발달과 사회화, 정서적인 욕구를 충족시키는 기능을 일컫는데, 이는 대인관계와 연관된 가족 기능으로서 인간과의 상호작용을 통해 발달된다. 가족의 도구적 기능instrumental function은 가족과 각 구성원이 추구하는 여러 가지 목적을 달성하기 위해 이용되는 소득과 자산 등의 자원을 획득하고 관리하는 기능으로서, 가족이 희구하는 목적을 이루기 위한 수단이기 때문에 도구적이라는 이름이 붙여졌다. 소득을 획득하고 저축과 소비를 관리하는 활동에 가족 구성원의 가치와 발달적 목표, 인성 특성이 지대한 영향을 미치고, 관리적 하위 시스템의 성패는 얼마나 잘 가족의 욕구와 관심을 충족시키는가에 달려 있다. 또한 자녀의 발달과 사회화라는 표현적인 기능을 수행하는 데 있어서 영양섭취와 다양한 소비활동이 뒷받침되어야 하듯이 가족의 두 가지 기능은 서로 분리되어 수행되는 것이 아니라 밀접한 상호작용으로 서로 융합되어 있다.

심리적 하위체계psychological subsystem는 가족의 표현적 기능을 담당하는 하위 시스템이다. 심리적 하위 시스템의 작용 결과로서 가족원 사이의 상호작용과 사회적 관계가 이루어지고 구성원의 심리적, 정서적 욕구가 충족되며 가치관의 발달, 인성발달, 사회화가 이루어진다. 관리적 하위체계managerial subsystem는 가족의 욕구를 충족시키기 위해 자원 사용을 계획하고 실행하는 도구적인 기능을 담당한다.

가족에 대한 체계론적 접근법에서 가족은 심리 및 정서적 기능과 경제적 기능을 수행하는 데 있어서 가족을 둘러싼 환경과 상호작용하는 유기체로서 주변 환경의 변화에 적응하고 또한 다른 사회집단, 환경과 서로 영향을 주고 받는 복잡한 상호작용의 관계에서 생존하고 발전한다. 예를 들면 엄마의 취업 여부, 가구소득과 소비, 부모와 자녀 사이의 상호작용, 자녀의 정서발달, 보육시설이나 유치원 환경, 사회의 보육정책, 자녀양육에 대한 사회문화적 규범 등은 서로 유기적으로 연관되어서 서로 직접 간접적인 영향을 주고받는다. 이처럼 체계론적 접근법은 가족의 하위체계를 통한 표현적, 도구적 기능 수행과 가족을 둘러싼 환경과의 유기적 관계, 즉 가족과 환경과의 관련성을 다루는데 여기서 환경이란 교육, 정치, 법률, 종교, 사회문화, 기술, 자연, 시장 환경 등 가족과 가족 구성원이 상호작용하는 가족 외부의 다양한 체계들이다.

가족과 환경 사이의 유기적 연관성은 가족과의 상호작용 빈도, 가족에 의한 통제 가능 정도에 따라 세 가지 차원 으로 구분된다. 〈그림 1〉에 가족을

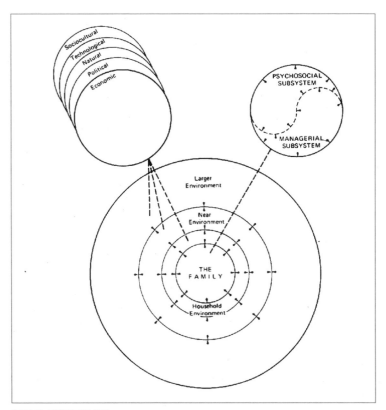

〈그림 1〉. 가족체계와 환경
출처: Gross, Crandall, & Knoll (1980). Management for Modern Families.

둘러싸고 있는 세 가지 환경, 즉, 가정환경Household Environment, 근접환경Near Environment, 광역환경larger Environment이 원으로 표현되었다. 가정환경은 가족이 매일매일 가장 밀접하게 상호작용하는 일차적이고 가족의 통제 하에 있는 집 안의 환경이다. 근접환경은 가족 구성원이 생활하고 일하고 활동하는 기관 및 단체, 공동체, 지역사회 등으로서 직장, 학교, 종교, 의료시설, 상점, 정치, 여가와 관련된 기관과 이들이 제공하는 시설과 서비스를 포함하는 개념이다. 광역환경은 가계와 근접환경을 둘러싸고 있는 보다 큰 사회나 문화적 환경을 일컫는데 가족이 살고 있는 국가의 기술, 자연, 정치, 경제 환경이 이에 해당한다.

결론적으로 가족은 환경과 상호작용하는 유기체로서 가족원은 서로 의존적이고 상호호혜적인 영향을 주고 받으며 경제적, 사회적, 생물학적, 정서적 기능들을 수행하는데 이러한 기능들은 환경과의 상호작용을 통해 이루어진다. 소비자가족학은 가족을 구성하는 심리적 하위체계와 관리적 하위체계의 역할과 기능, 양 하위체계 간의 상호작용과 가족체계와 환경과의 상호작용을 연구하고 교육한다.

2. 소비자학의 이해

1. 소비자학의 기원과 발달

소비자학의 학문적 뿌리는 가계의 경제현상을 연구하는 가계경제학 Household Economics에 있다.이기춘, 여정성, 최현자, 김난도, 나종연, 2007 가계는 자원, 목표, 가치관을 공유하고 있는 가족 구성원들이 자원을 획득하고, 배분하며, 소비하는 과정을 행하는 경제주체이며 가계경제는 가족의 욕구를 충족시키기 위해 자원 사용을 계획하고 실행하는 가족의 관리적 하위체계managerial subsystem가 발전된 개념이라고 할 수 있다. 가계는 자원 배분과 소득 획득, 소비지출 분배와 재화와 서비스의 구매 및 사용 등의 경제활동을 수행하는데, 그 내용은 〈표 1〉에 정리된 바와 같다. 여기서 가족이 다루는 자원은 사람이 지니고 있는 인적자원과 물질적인 비인적자원을 모두 포함한다. 인적자원은 개인의 에너지, 지식, 태도, 기능, 흥미, 창의성, 시간과 같은 개인적 자원과 협동, 충성, 사랑과 같이 두 사람 이상의 긍정적 상호작용에 의해 생기는 사회적 자원을 모두 포괄하는 개념이다. 비인적 자원은 인간 외부에 존재하면서 인간에 의해 소유, 사용, 통제되는 자원으로서 화폐, 재산, 공간, 사회시설 등이다.

가계경제학은 가계의 직접적인 경제활동과 아울러 가계경제와 연관된 가계의 의사결정을 탐구한다. 결혼과 출산, 자녀양육과 노인부양, 자녀의 인적 자본 형성을 위한 교육적 투자, 노동력의 공급과 재생산 등에 관한 의사결정은 미시, 거시적으로 현재와 미래의 소득과 소비, 경제적 복지를 변화시키

경제활동	내용
자원의 배분	생산과 소비에 자원 배분
생산	가계 밖에서 행해지며 그 대가로 화폐소득 발생
가계생산	가족 구성원에 의해 가족 구성원을 위해 수행되는 무급의 활동으로서 시장 상품으로 대체되거나 소득과 시장 상황 및 개인적 취향 등이 허락한다면 가정 밖의 타인에게 유급으로 위임 가능. 자녀 돌보기, 식사준비, 청소 및 세탁, 텃밭 가꾸기 등
분배	가족 구성원의 다양한 욕구를 충족시키기 위해 소득을 여러 가지 지출항목으로 나누어 사용하거나, 현재와 미래 소비를 위한 소득 배분(소비와 저축)
소비	재화와 서비스를 사용해 만족감을 얻고 인적자본의 질적 향상에 기여하며 미래의 생산으로 재배분

표 1. Berns(1994)에 기초한 주요 이론의 범주화.

고, 역으로 가계의 경제 상태가 결혼, 출산, 투자, 취업 등과 관련된 의사결정에 영향을 미친다. 또한 가계의 경제활동은 가계가 몸담고 있는 경제 및 시장 환경, 국가 정책, 사회문화, 기술 수준, 자연 환경 등과 유기적으로 연관되어 있어서 환경의 변화는 가계의 경제적 의사결정에 영향을 미치고 또한 가계의 의사결정은 제 환경을 변화시키기도 한다.

초기 가계경제 연구는 1700년대 후반 영국에서 국민의 생활 수준을 파악하고 노동력 재생산에 필요한 생계비를 파악해 최저한의 생활을 보장하는 정책을 시행하거나 가계가 부담할 세금을 결정하기 위한 목적으로 노동자 가계의 소득과 지출에 관한 조사를 실행한 것으로 거슬러 올라간다. 예를 들면 영국의 영A. Young은 1767년 가계부 기록을 분석해 빈곤한 농업노동자의 생활 수준을 알아보았고, 1797년 이든F. M. Eden은 노동자 가계의 소비를 조사해 빈자의 상태를 파악했으며, 엥겔E. Engel은 가계의 소비지출 자료를 분석해 소득, 소비, 경제적 복지 간의 관계에 관한 일반이론과 식료품비와 소득 간의 관계에 대한 엥겔법칙을 도출했는데 오늘날까지 소비 연구에 유용하게 적용되고 있다이기춘, 윤정혜, 2002.

미국에서는 1930년대부터 "가족경제학family economics"이라는 명칭으로 학문적 체계를 갖추어 하나의 연구와 교육 분야로 자리 잡았다.Kyrk, 1954 가족을 다원적인 국가 경제체계에서 여러 가지 책임과 권리를 가진 경제주체로 인식했는데, 희구하는 생활표준을 달성하기 위해 다른 경제체계와 상호작용해 자원을 획득, 개발, 배분, 소비해 가족원의 경제적 복지 향상을 추구하는 경제주체이다. 가족의 소득과 소비, 저축에 관한 가계의 의사결정과 이와 관련된 가족과 환경과의 상호작용, 특히 시장환경과의 상호작용으로 가족이 당면한 경제문제를 해결하고 궁극적으로 가계의 생활표준Standard and Level of Living1을 향상시킴으로써 경제적 복지를 증진시키는 데 기여하는 학문 분야로 발전했다.Liston, 1993

2. 시장경제와 소비자학의 발달

시장경제 체계에서 가계 경제활동은 주로 시장을 매개로 이루어지는데, 가족 구성원은 생산활동에 시간과 노동력을 제공해 국민경제의 생산에 참여하고 그 대가로 소득을 획득한다.**노동시장 참여** 소비의 주체로서 화폐를 지불하고 재화와 서비스를 구매해 사용하며**소비재시장 참여**, 생애 전체에 걸친 소비목적을 달성하기 위해 자금을 차용하고 저축과 투자 행동을 한다.**금융시장 참여** 가계는 노동, 자본, 토지와 같은 생산 요소를 제공해 생산활동에 참여하고 그 보수로써 임금, 지대, 이자, 이윤 등의 소득을 획득해 가족원의 다양한 욕구와 소비욕망을 충족시키는 데 이를 사용한다.

시장경제가 발달함에 따라 가계는 소비자로 정의된다. 여기서 소비란 예산수립자, 구매자와 사용자, 채무자, 예금주, 투자자, 납세자, 경제문제와 관련된 시민과 같은 경제 역할을 모두 포괄하는 광의의 소비자이다. **Kroll & Hunt, 1980** 이에 따라 가계경제학은 소비자와 그들 외부 환경과의 경제적 상호작용을 연구하는 소비자학으로 발전했으며, (1)합리적이고 효율적인 자원배분과 구매의사 결정을 할 수 있는 소비자 역량을 함양하고, (2)사업자의 사업활동과 국가행정이 소비자의 권리와 이익의 실현에 충실하도록 유도하며, (3)이에 요구되는 제도적 방안을 마련함으로써 시장에서 소비자주권을 실현하고 가계의 경제적 복지를 증진하며 국가 경제와 사회문화 발전에 기여하는 연구와 교육을 수행한다.

---

1. 소비표준은 원하는 생활양식을 이루기 위해 필수적인 것으로 인식되거나 강렬하게 희구하는 재화의 집합으로서 소비자가 실제로 사용하거나 경험하는 재화의 집합을 일컫는 소비 수준과 구별된다. Kyrk (1923)에 따르면 소비표준은 다음 세 가지 요소를 포함한다. (1)보유하거나 소비하기를 원하는 음식물, 의복, 집, 가구, 개인서비스, 책, 의료, 난방, 조명, 배관, 냉장고 등 특정 재화와 서비스의 종류와 양, (2)재화와 용역이 소비를 위해 조합되고 조직된 방식, 즉 의식(ritual) 및 생활양식 (3)건강, 활력, 안락감, 청결, 아름다움, 위신, 고집, 게임, 지식, 경험, 자기표현, 창조, 사회적 관계, 인정, 위안 등 소비자가 추구하는 소비가치 측면에서 가계가 도달하고자 하는 목표.

3. 소비자학의 기초 개념

소비자학이 추구하는 궁극적 목표는 경제적 복지와 소비자주권 두 가지로 요약되는데 소비자학이 연구와 교육을 통해 지향하는 가치를 지칭하는 이 두 개념을 고찰하면 다음과 같다.

1) 경제적 복지Economic well-being

경제적 복지는 가계가 경제적으로 얼마나 안락한 생활을 영위하는가 또는 물질적으로 풍요로운가를 나타내는 개념이다. 가계 구성원이 공유하는 소득, 자산 등의 자원을 소비한 결과 누리는 경제적 만족이라고 할 수 있다. 가계의 경제적 복지는 적정성, 안정성, 형평성의 세 가지 차원으로 논의되고 있다. 경제적 복지의 적정성은 어느 한 시점에서 의, 식, 주, 교육, 건강, 여가, 사회와 문화 참여 등에 대한 가계의 경제적인 요구 수준을 충족시킬 수 있는 적절한 양의 자원을 가계가 보유하고 있는가에 관한 것이다. 이처럼 가계의 갖가지 소비욕구의 충족에 필요한 소득, 자산 등의 자원이 얼마나 충분한가 하는 문제는 경제적 복지의 핵심 내용이라고 할 수 있다. 그러나 실제로는 가계의 경제적 복지에 관한 평가는 적정성에 대한 논의로 충분하지 않다. 적정성과 더불어 안정성과 형평성도 동시에 고려함으로써 가계의 경제적인 안락과 만족을 종합적으로 평가할 수 있다.

적정성이 현재의 경제적 복지 상태에 관한 것이라면 안정성은 장래의 경제적 복지에 관한 것이다. 가계의 경제적 안정을 위협하는 불확실한 사건이나 회피할 수 없는 사건, 예를 들면, 질병, 장애, 실업, 노화에 따른 경제적인 어려움에 대해 적절한 대비가 되어 있다면 안정성이 있다고 한다. 안정성은 가계가 장래에도 일정한 소비 수준을 지속적으로 유지할 수 있는가를 평가하는 것이다.

형평성은 사회 전체의 경제적 불평등의 정도에 비추어 가계의 경제적 복지를 평가한다. 경제적 복지의 적정성과 안정성은 어느 한 가계의 현재와 장래의 물질적 요구의 충족 정도를 평가하는 개념적인 토대를 제공하는 데 비해 형평성은 다른 가계의 경제 수준과 관련 지어 상대적인 경제적 복지 상태를 평가한다. 적정성과 안정성이 가계의 객관적인 경제 수준에 관한 것이라면 형평성은 경제 상태에 대한 상대적 위치와 사회 전체의 경제적인 자원의 분배가 어떠한가를 평가한다. 형평성은 사회전체의 물질적 가치가 구성원 사이에 얼마나 고르게 나누어졌는지, 즉 많이 가진 사람과 적게 가진 사람 사이의 격차가 얼마나 큰지, 어느 정도로 편중되어 있는지에 관심을 둔다. 소득격차는 구성원의 신체 및 정신건강, 범죄, 사회이동, 타인에 대한 신뢰, 사회적 거리, 특히 아동복지 측면에서 부정적인 영향이 크다는 사실이 알려져 있다. 경제적 자원을 누가 얼마나 많이 가져야 하는가에 대한 분배의 형평성에 대해 모두가 합의를 볼 수 있는 정의를 내리기는 어렵지만, 소수에 편중되지 않고 고르게 나눠진 상태를 공정하다고 한다.

가계가 다양한 소비 욕구를 충족시키는 데 필요한 적정한 자원을 보유하고, 발생할 수 있는 우연적인 사건이나 사고에 대비해 경제적인 대처 방안이 마련되어 있어서 장래에 가계 경제를 위협하는 사건이나 사고가 발생해도 일정 수준의 소비생활을 지속시킬 수 있으며, 전체적으로 소득이나 자산의 자원 배분의 불평등이 심하지 않은 상태에서 경제적 복지 수준이 높아질 수 있다.

2) 소비자주권Consumer sovereignty

소비자주권이라는 용어는 민주사회에서 국민들이 정치적인 주권을 가지고 있듯이 시장경제에서는 소비자들이 경제적인 주권을 가지고 있다는 의미이다. 정치제도에서 국민에게 투표권이 있는 것처럼 시장경제에서는 소비자에게 투표권이 있어서 경제 시스템을 통해 무엇이 얼마만큼 생산되어야 하는가는 소비자들의 화폐투표에 의해 결정된다는 것이다.Hutt, 1936 18세기 영국의 경제학자 아담 스미스도 "소비는 모든 생산의 유일한 목표이며 목적이고 생산자의 이익은 이것이 소비자의 이익을 촉진하는 데 필요한 한에 있어서만 고려되어야 하는 것이다. 이 명제는 완전히 자명한 것이어서 그것을 증명할 필요가 없다."고 하여 시장경제에서 주권이 소비자에게 있음을 시사했다. 소비자주권이 실현되면 소비자는 최소의 비용으로 자신의 욕구와 욕망을 충실히 충족할 수 있다.

소비자주권이 실현되기 위해서는 적어도 두 가지 조건이 충족되어야 하는데 하나는 시장에 자유롭고 공정한 경쟁질서가 유지되는 것이고 다른 하나는 소비자의 시장 선택이 합리적이라야 가능하다.서정희, 소비자주권론, 1994 소비자가 합리적인 선택을 하려면 자신이 무엇을 원하는지 잘 알고 있고 자신의 욕구를 가장 잘 충족시킬 수 있는 제품이 무엇인지 판별할 수 있어야 한다. 그러나 현실적으로 소비자는 광고나 갖가지 판매촉진 행사에 이끌려 원하지 않는 제품을 구입하기도 하고 때로는 자신이 무엇을 원하는지 제대로 알지 못하는 경우가 많다. 또한 시장에 어떤 제품이 생산되고 판매되고 있는지도 제대로 알기 어렵고 또한 대부분의 상품이 복잡한 공정을 거쳐 만들어지기 때문에 제품 자체에 대한 지식도 빈약하고 상품의 품질을 식별하는 데 필요한 소비자 정보도 충분하지 않다.

소비자학은 그동안 이러한 시장의 불완전성을 교정하기 위한 노력의 일환으로 발달되어 왔다고 해도 과언이 아니다. 소비자학은 소비자주권을 실현하는 데 필요한 시장 정책과 제도의 마련과 소비자 정보 제공, 소비자 교육, 소비자운동 등을 통해 소비자가 합리적인 선택을 하도록 지원한다.

4. 소비자학 주요 분야

1) 소비자와 시장

소비자와 시장 분야는 소비자가 상품을 취득, 사용, 처분하기까지의 소비자 의사결정 과정과 이에 영향을 미치는 환경과의 상호작용을 다루는 분야로서 소비욕망과 소비동인의 형성, 구매결정을 하기에 앞서 필요한 소비자 정보처리 과정, 대안평가, 구매시점 소비자행동 및 구매 이후의 사용 및 처분 과정을 다룬다.[이기춘, 여정성, 최현자, 김난도, 나종연, 2007] 소비자의 지식, 심리적 특성, 라이프스타일, 제품 관여도 등 개인 및 가족 특성과 문화, 사회계층, 준거집단 등 사회문화적 요인이 소비자 의사결정 과정에 미치는 영향을 설명하고 이 과정에서 충족되지 못한 소비자 욕구를 파악함으로써 생산자와 사업자로 하여금 소비자 편익을 증진시키는 상품 개발을 촉진한다.

따라서 소비자와 시장 분야는 시장에서 상품과 서비스, 거래 및 유통과정에서 소비자의 이익과 효용을 증진시키는 방안을 도출하는 것을 목적으로 (1)다양한 소비자 집단의 심리, 사회, 문화, 경제적 특성과 소비자 요구, (2)소비자 욕구를 충족시키기 위해 소비되는 상품과 서비스 특성, (3)끊임없이 변화하는 시장환경 특성과 (4)소비자, 상품, 시장 및 사회, 문화, 경제, 정치, 기술, 자연 환경 사이의 상호작용을 연구하며 소비자조사 및 시장분석 능력, 소비자가 필요로 하고 생활의 질을 높이는 상품 개발 및 기획 능력을 갖춘 전문가를 양성한다.

2) 재무설계와 자산관리

재무설계와 자산관리 분야는 (1)가계가 원하는 생활양식을 달성하고, (2)생애 전체에 걸친 소비생활 만족을 극대화하며, (3)질병, 실업, 화재, 도난, 기타 사고 등 경제적 손실을 초래할 수 있는 미래의 불확실성에 대한 대비하기 위해 재무목표를 설정하고 달성하기 위한 행동계획을 개발하고 실행한다. 투자이론, 금융시장과 금융상품, 가족 생애주기별 재무요구에 대한 이해를 기초로 가계의 현재와 미래의 소득 및 자산을 평가하고, 재무위험관리, 주택마련, 교육비 마련, 노후소득보장, 교육비 마련, 사업자금 마련, 기타 가족행사 등 자금을 필요로 하는 다양한 가계의 재무목표를 설정하며, 이를 실현하기 위한 재무설계와 자산관리를 다룬다. 구체적으로 저축과 투자 계획, 자산운용전략, 은퇴설계, 보험, 부동산 구입, 세금설계, 증여 및 상속 등 재무설계를 실행하고 관리하는 전문 능력을 함양한다.

경제 수준이 높아지고 가계가 보유한 자산 규모가 증가함에 따라 효율적인 자산 관리에 대한 수요가 증가하는 한편 자산관리를 위한 가계의 의사결정이 금융시장에 미치는 영향도 점점 커지고 있다. 금융시장에는 가계가 자산관리에 활용할 수 있는 투자, 대출, 신용을 포함한 다양한 금융상품들이 쏟아져 나오고 있어서 이에 대한 가계의 이해, 합리적인 금융상품 선택과 효율적인 자산관리를 지원하는 전문지식이 요구된다.

3) 소비자정책

대량으로 생산되고 판매되는 상품과 서비스에 대해 소비자들은 품질, 가격, 거래 조건 등에 대해 잘 알지 못하기 때문에 소비과정에서 경제적 손실이나 안전과 건강과 관련된 신체적인 피해가 발생하기도 한다. 결함상품이나 유해식품, 유해 의약품으로 인한 피해는 소비자의 생명과 신체에 중대한 위해를 끼치는 경우도 있다. 소비자문제가 발생하면 제품의 생산공정이 세분화되고 유통과정이 복잡하기 때문에 어느 단계에서 결함이 생겼는지 피해의 원인을 발견하기 어렵고 책임이 누구에게 있는지 확정하기 어려운 경우가 많다.김영신, 서정희, 송인숙, 이은희, 제미경, 2007

크고 작은 소비자문제가 빈번히 발생하는 것은 시장에서 소비자가 상품과 서비스에 대한 정보력, 거래의 교섭력에 있어서 사업자와 대등한 지위를 점하지 않은 데에 기인한다. 소비자가 상품의 품질과 거래 조건을 제대로 안다면 값비싸고 품질이 좋지 않은 상품에 구매투표를 하지 않기 때문에 시장에서 퇴출되지만 기업이 판매촉진을 위해 제공하는 제품에 대한 긍정적인 정보나 광고가 주는 메시지에 소비자가 길들여진다면 소비자를 기만하는 제품을 시장에서 퇴출시키는 합리적인 구매가 이루어질 수 없다. 또한 시장에서 가격이나 거래조건도 소비자가 교섭할 여지는 거의 없으며 기업이 제시하는 조건에 따를 수밖에 없다.

소비자정책 분야는 소비자문제를 예방하고 해결하며 보다 소비자 친화적인 시장 환경 조성을 위한 정부의 소비자정책, 법률 및 제도 등을 다루고, 시장에서 합리적인 소비자로서 기능할 수 있도록 소비자들을 교육하며 소비자선택에 필요한 소비자 정보를 발굴하고 효과적으로 제공하는 방안을 연구한다. 소비자정책 분야는 정부 부문의 소비자정책 전문가, 소비자 정보, 소비자 교육, 소비자 피해구제 및 상담 전문 능력을 함양하는 교육프로그램을 제공한다.

4) 소비문화와 소비 트렌드

소비자학에서 소비문화는 소비자와 가계의 소비생활의 질을 향상시키고자 하는 규범적이고 실천적인 목적을 지향한다. 소비자 복지에 영향을 미치는 소비문화의 측면과 사회적으로 바람직한 소비가치와 윤리를 규명하며 소비자 복지와 행복을 증진시킬 수 있는 소비문화를 조성하고자 하는 실용적인 목적을 가지고 있기 때문에 소비가치와 소비윤리 등 바람직하다고 여겨지는 소비 양식을 지시하는 가치와 규범, 과소비와 과시소비, 중독구매와 강박구매 등 교정을 필요로 하는 이상소비행동, 소비문화가 지향하는 바람직한 소비생활 양식으로서 지속가능 소비를 주로 다루었다.**이성림, 소비자학 분야의 소비문화 연구에 대한 소고, 2006** 그러나 다양한 소비가치와 소비규범이 공존하는 포스트모던 시대에 소비의 합리성과 지속가능성은 여러 가지 생활양식 가운데 하나로 여겨지기 때문에 현실의 소비문화를 제대로 담아내지 못한다는 한계점이 지적되고 있다.

오늘날 소비문화 연구는 유행보다는 길게 유지되는 어떤 흐름이나 패턴을 보이는 소비 트렌드 중심으로 이루어지고 있다. 소비 트렌드는 가까운 미래에 일어날 소비의 변화를 보여주는 징후이자 현재의 소비생활 동향을 보여주는데 점진적 연속성을 가진다는 점에서 일시적으로 번졌다가 금방 사라지는 유행과 차이가 있다.**서정희, 소비 트렌드 예측의 이론과 방법, 2005** 소비 트렌드 분야는 현행의 다양한 소비 트렌드를 소개하고 소비 트렌드를 포착하는 내용분석, 생활 교차 분석, 거리문화 접근방법 등의 방법론을 다룬다.

5. 소비자학의 미래와 도전

인터넷과 이동통신 기술의 비약적인 발전과 보급으로 인해 사람들 사이의 소통과 정보 창출 및 공유, 심지어는 사물인터넷을 통해 사람과 사물 사이에도 소통과 정보 생성이 가능한 시대가 도래하고 있다. 소비자들은 시간과 장소에 구애받지 않고 실시간으로 상품에 대한 정보를 주고받을 뿐 아니라, 정보통신 네트워크상에서 실시간으로 이루어지는 클릭과 페이스북facebook, 카카오톡 등의 SNS를 통한 자유로운 의사소통과 자기 표현은 기업으로 하여금 소비자가 원하는 것이 무엇인지 효과적으로 파악하는 시스템으로 기능함으로써 소비자들은 자신의 요구와 욕구를 기업에 직접적으로 전달하지 않아도, 전문가에 의한 빅데이터 분석을 통해 시장에 반영되는 것이 가능해졌다. 뿐만 아니라 사물인터넷 기술의 비약적인 발달은 정보생성 능력과 사물에 대한 소비자의 지배력을 확장시키는 등 초연결 사회에서는 소비생활의 혁신적인 변화가 일어날 것으로 예상된다.

1) 프로슈머 경제의 확대

프로슈머란 생산자인 프로듀서와 소비자인 컨슈머의 합성어로서 판매나 교환을 위해서라기보다 자신의 사용이나 만족을 위해 스스로 생산하면서 동시에 소비하는 이들을 지칭한다. 프로슈머 활동은 자녀돌보기, 텃밭가꾸기 등의 가계생산과 시장경제 밖에서 비공식적으로 이루어지는 기존의 여러 가지 형태의 무보수 경제활동과 관련된다.Toffler & Toffler, 2006 미래학자 앨빈 토플러에 따르면 시장이 개인적인 필요나 욕구를 모두 충족시켜주기는 어렵고, 지나치게 비싸기도 하며, 또한 사람들은 프로슈밍 자체를 즐기거나 때로는 프로슈밍이 절박하게 필요하기 때문에 모든 경제에는 프로슈머가 존재한다고 보았다. 앨빈 토플러2006가 지적한 바와 같이 프로슈머의 활동이 시장경제에 미치는 영향은 매우 크다. 프로슈머는 컴퓨터, 디지털 카메라 등 디지털 도구와 최소한의 기술만 가지고도 자신만의 영화, 앨범, 책, 라디오 방송을 만든다. 앞으로는 3D 프린팅 기술을 활용해 더 많은 제품을 소비자가 직접 제작하는 것이 가능할 것으로 전망된다.

뿐만 아니라 사회적 연결망을 통해 소비자 상호간의 소통과 정보 공유가 가능해짐으로써 소비자들 사이의 재화와 서비스의 교환과 공유가 활발하게 이루어질 수 있는데, 예를 들면 airbnb나 Social dining, 부동산 직거래 등은 생산자나 판매자를 매개로 하지 않고 소비자 상호간의 공유와 교환에 기반한 새로운 경제현상으로 주목받고 있다. 이처럼 프로슈머는 시장의존성에서 벗어나 자신과 가족, 사회 공동체를 위해 더 나은 재화와 서비스를 창출해내고 공유할 수 있다.

프로슈머에게 디지털 도구 등을 구입하는 것은 단순 소비가 아니라 자본재에 대한 투자라고 할 수 있다. 프로슈밍은 경제적 부가가치를 증가시키고 일상생활의 한 부분으로서 가족과 지역사회에 직접적인 도움을 주고 삶의 질을 높이며 사회의 결속력을 높이는 작용을 하지만 현행의 경제활동에 대한 화폐적 가치평가 시스템으로는 그 가치를 파악하기 어렵다. 프로슈머 활동의 경제적 가치를 제대로 평가하기 위해서는 경제적 부에 대한 생각의 전환이 요구되고 새로운 가치평가 방법이 개발될 필요가 있다. 또한 프로슈밍이 활발하게 이루어질 수 있도록 지원하기 위해서 프로슈머 경제가 화폐경제와 상호작용하는 방식, 프로슈머 교육 방안이 연구되어야 한다.

2) 소비자책임과 소비윤리

지구온난화, 자원고갈, 환경오염, 경쟁과 사회양극화의 심화 등 우리 생활을 위협하고 불안정을 초래하는 여러 가지 문제들은 시장에서 소비자가 개인의 만족만을 추구할 것이 아니라 자신이 살고 있는 지역과 지구촌 전체의 사회, 경제, 문화, 정치, 자연생태 등에 어떠한 결과를 야기하는가를 인식하고 책임 있는 행동을 하도록 요구한다.

윤리적 소비란 상품이나 서비스를 선택할 때 인간, 동물, 환경에 해가 되거나 착취하는 것을 거부하는 환경적 또는 윤리적인 고려를 하는 구매행동을 통해 그들의 복지를 향상시키고자 하는 소비로서 구체적으로 (1)시장에서 거래를 할 때 지켜야 하는 상거래 윤리 준수, (2)윤리적으로 바람직한 제품을 적극적으로 구입하고 윤리적으로 바람직하지 않은 제품을 구매하지 않는 불매운동, (3)녹색 소비, 로컬 소비, 공정무역 제품 구매, 지역공동체 삶의 복원을 위한 공동체화폐 운동, 간소한 삶, 기부와 나눔 등을 실행하는 것이다.

윤리적 소비의 실천은 소비자로서 사회적 책임의식을 갖춘 성숙한 시민으로서의 역량을 보여주는 소비생활 양식이며 우리 사회와 시장, 지구 환경과 생태계를 긍정적으로 변화, 발전시킬 수 있다. 또한 부도덕한 소비자 행동에 따른 거래비용 발생을 차단함으로써 불필요한 비용을 절감시키는 경제적 효과도 얻을 수 있다.

3) 물질적 풍요보다 행복을 추구하는 소비

물질적으로 풍족해질수록 소비자 욕구를 충족시킬 수 있는 풍요로운 소비생활이 가능하므로 더욱 행복할 것으로 믿지만 놀랍게도 소득 수준과 행복 간의 관계에 대해 그렇지 않다는 결과들이 나오고 있다. 이러한 현상을 이스털린의 패러독스라고 하기도 하는데 미국의 경제학자 이스털린Easterlin1974이 생활 수준을 나타내는 지표로서 GDP와 국민의 행복 수준 사이의 관계를 분석한 결과, 한 국가 내에서는 소득이 높을수록 행복 수준도 높지만 어느 정도 기본 욕구를 충족할 수 있는 생활 수준에 도달한 국가 간의 비교에서 개인의 행복 수준은 1인당 국민소득에 비례하지 않는다고 하여 생겨난 이름이다.Easterlin, 1974

풍족해질수록 더 행복해지지 않고 왜 그 반대의 현상이 나타나는가? 소비자의 욕구는 내면적인 욕구보다 오히려 사회에 의해 정해진다는 욕구의 상대성의 원리가 불만족의 주된 원인이라는 설명이 있다. 오늘날 소비주의 사회의 지위 사다리에서 자기보다 더 높은 위치에 누군가가 있게 마련인데, 이런 비교를 통해 우리는 위를 바라보고 만족할 수 없다는 것이다. 프레이와 스튜트저Frey and Stutze, 2008에 따르면 가족, 친구, 직장 동료 등과의 관계, 자율성을 향한 노력 등의 내면적 욕구 충족과 돈, 명성, 지위, 특권과 같은 외형적인 조건의 획득 사이에서 한 가지를 선택해야 할 때 사람들은 대개 외형적인 것들에 더 큰 의미를 부여하는 경향이 있다고 한다. 소비를 통한 사회적 지위와 자아 이미지의 표현, 편안함과 안락함의 추구, 쾌락과 즐거움 등의 소비 가치가 행복과 직접적인 연관이 약하다는 사실은 소비시대의 아이러니가 아닐 수 없다. 국내의 한 연구에 따르면 행복한 소비는 주로 관계 지향, 절제, 자아발달, 나눔, 능력 발휘 등 본질적 가치를 충족시키는 수단이었다는 공통점이 있다.이성림, 손상희, 박미혜, 정주원, 천경희, 2011 행복한 소비는 단순히 상품을 소유하거나 상품 자체를 체험하고 즐기는 것이라기보다는 가족, 친구와 함께 소비하면서 관계를 다지거나, 자신의 효능감과 유능감을 발휘하는 과정이라는 것이다. 행복한 삶을 영위하기 위한 소비자 선택은 무엇일까? 이 문제에 대한 해답을 찾는 것이 오늘날 소비자학이 당면한 중요한 과제 가운데 하나라고 할 수 있다.

3. 가족학의 이해

1. 가족학이란?

이 글을 읽는 여러분은 이미 가족을 연구하는 학문이 가족학2family science, family studies이라 짐작하고 있을 것으로 생각한다. 여러분 대부분은 부모님의 아들과 딸로, 형과 누나와 동생으로, 이모, 고모, 삼촌으로 살아왔다. 또 앞으로 결혼을 하여 아내와 남편으로, 어머니와 아버지로, 사위와 며느리로 가족생활의 폭을 넓혀 나갈 확률이 높다. 그런데 우리는 그것도 부족하여 문학작품이나 TV 드라마 영화에 나오는 가족 이야기를 끊임없이 소비한다. 뉴스의 헤드라인조차도 잘 살펴보면 온통 가족에 관한 이야기이다. 간통죄 폐지, 저출산, 한부모가족, 노인독거가구, 다문화가족, 기러기가족…… 이쯤 되면 우리는 가족에 대한 이야기에 질려야 할 법도 한데 이를 의식조차 못하고 있다.

우리는 왜 이토록 '가족에 매료되는 것일까? 이는 아마도 우리가 가족만큼 깊이 경험하는 세계가 드물기 때문일 것이다. 가족이 없거나 가족을 잃은 사람은 그로 인한 외로움과 상실감을, 가족이 있는 사람은 가족 때문에 기쁨, 슬픔, 때로는 분노를 느낀다. 이처럼 개개인이 지니는 가족과 관련된 경험은 너무나 강렬해3 가족을 객관적으로 이해하는 데 방해가 되기도 한

---

2. family studies는 복수형을 취하여 가족학이 다학제적임(multidisciplinary)을 나타낸다.

다. 「국제시장」이라는 영화를 예로 들어보자. 이 영화는 한국 역사의 격동기를 살아왔던 덕수라는 이름의 한 남성이 아들, 남편, 아버지로서 가족을 위해 내리는 선택을 그리고 있다. 그의 정신세계를 지배하는 아버지의 유언은 자신이 원하는 길을 포기하고 파독 광부의 길과 베트남전 참전을 선택하게 하지만 정작 노년의 그는 자녀로부터 소외되어 있다. 이 영화를 보는 관객은 이 모두를 조망해 주인공과 그의 가족에 대해 입체적인 이해를 하게 되지만, 영화 속 인물들은 그렇지 않아 보인다. 자녀들은 덕수를 괴팍하고 고집 센 노인쯤으로 치부하는 듯하고 덕수 역시 자녀로부터 굳이 이해를 구하지 않는다.

가족학의 목적은 여러분에게 마치 영화의 관객이 가지는 것 같은 총체적인 시각을 제공하는 것이다. 총체적인 시각이란 어떠한 가족현상에 관심을 두는가에 따라 달라질 수 있지만 크게 다음과 같은 네 가지 차원–가족 내 역동, 외부 환경이 가족에 미치는 영향, 개인과 가족의 레질리언스resilience, 가족이 외부 환경에 미치는 영향–으로 생각해볼 수 있다. 보다 구체적으로 설명하면 첫째, 가족원 서로가 서로에게 어떠한 영향을 언제,유아기, 아동기, 청소년기, 성인기, 노년기, 혹은 실업 등 예상치 못한 스트레스가 발생한 상황 어떻게 미치는지, 그리고 그 영향은 얼마나 지속되는지이다. 예를 들어 부부 사이의 갈등이 신체 건강에 미치는 부정적인 영향에 대해 많은 연구가 이루어져왔다. 둘째, 특정한 사회, 시대, 문화와 같은 외부 환경맥락context에 따라 가족 개개인의 발달 human development, 예를 들어 사회심리적, 인지적, 신체적 변화 및 가족원 간의 관계이 어떠한 모습으로 변모하는가이다. 셋째, 가족원 개인 혹은 가족집단이 어떻게 어려움 stressful events, 예를 들어 아버지의 실직에 대처하고 극복하는지 즉 개인과 가족의

---

3. Holmes와 Rahe(1967)의 스트레스척도(the Social Readjustment Rating Scale)항목 절반 이상이 가족과 관련되어 있다.

레질리언스resilience 측면이다. 넷째, 가족의 변화가 다시 어떠한 사회변화로 연결되는가이다. 예를 들어 우리나라의 저출산 현상은 보육정책에 대대적인 변화를 초래하였다.

위에서 간략하게 살펴본 가족학적 시각의 폭과 깊이는 이 학문이 가정학, 사회학, 심리학, 여성학, 사회복지학, 인류학, 교육학, 역사학, 인구학, 경제학, 법학, 보건학, 간호학, 의학 등 수많은 학문 분야에 그 뿌리를 두고 있다는 점과 깊은 관계가 있다. 그러나 가족학은 단지 가족에 대한 여러 학문의 관점을 취합하는 데 그치지 않는다. 가족학은 다학제적multidisciplinary 접근을 통해 가족에 대한 지식을 발견하고, 검증하고, 적용하여NCFR Task Force on the Development of a Family Discipline, 1997 개인, 가족, 사회의 안녕과 발전에 기여할 구체적인 방안을 제시한다. 가족학은 과학적인 연구방법을 사용해 가족현상에 대한 체계적인 지식을 창출하고, 이러한 지식을 바탕으로 가족문제를 예방하거나 치료하기 위해 실천적 방안을 제시한다.

2. 가족학의 역사

가족학의 토대는 미국에서 가정학home economics과 사회학이 독립된 학문 discipline으로 정립된 1880년에서 1920년 사이에 형성되었다.Doherty, Boss, LaRossa, Schumm, & Steinmetz, 1993 1862년 모릴법the Morrill Act이 제정되어 여성이 대학land-grant universities에서 고등교육을 받게 되면서 가정학 학위를 받은 여성들이 교육, 식품산업, 의류, 호텔·외식산업, 비영리단체 등에 진출했다. 가정학의 목표는 당시 눈부시게 성장하고 있던 과학의 성과를 실생활의 문제해결에 적용해 가족생활 향상과 사회발전을 촉진시키는 것으로, 그 취지에 맞게 자연과학과 사회과학의 원리들을 주거, 식생활, 아동양육 등에 적용했다. 그 결과 가정학의 초기 교과과정이 소비재를 합리적으로 구매하는 방법, 식품을 안전하게 보관하고 조리하는 방법, 부모교육 등과 같이 기술적인"how to" 측면에만 치우친 경향이 있었다. 이후 가정학이 발전하면서 사회학, 심리학, 여성학, 경제학, 교육학 등 여러 학문의 이론과 방법론을 가족연구에 도입하게 된다.

흔히 가정학과 더불어 사회학을 가족학의 뿌리로 보는데, 그 이유는 결혼의 안정성과 같이 전통적으로 가족학의 초점이 되는 연구문제가 가족사회학에서 주로 다루어져 왔고, 가족학 연구들이 상징적 상호작용symbolic interactionism, 라이프코스 관점life course perspectives 등 사회학이론을 많이 적용하기 때문이다. 1909년에 창립된 미국가정학협회the American Home Economics Association(AHEA)는 이후 가정학의 정체성을 보다 분명히 하기 위해 가정학을 가족소비자학Family and Consumer Sciences으로, 학회명도 미국가족소비자학협회the American Association of Family and Consumer Sciences로 변경했다. 가족학 관련 분야에서 가장 권위 있는 학회지 중 하나인 『Journal of Marriage and Family』는 1938년에 발족한 미국가족관계학회the National Council on Family Relations에서 발행한다.

3. 가족학의 연구분야

지금까지 가족학의 성격과 역사를 간략하게 살펴보았다. 앞서 가족학은 다학제적 접근을 통해 가족에 대한 지식을 발견하고, 검증하고, 적용한다고 했는데 그렇다면 가족의 무엇을 연구할 것인가? 만약 자동차에 대한 연구를 한다면 자동차의 구성요소적 측면인 엔진, 브레이크에 집중할 것인지, 자동차 전체로서의 성능, 속도, 연비를 볼 것인지, 아니면 유럽과 비교해 한국인이 선호하는 디자인에 초점을 둘 것인지에 대한 결정이 필요할 것이다. 가족학 연구의 대부분은 가족의 유형, 기능, 관계, 가치와 문화, 가족문제 등 하나 이상의 측면을 동시에 다룬다. 그 이유는 마치 자동차의 엔진과 성능의 관계처럼 위 영역들이 서로 긴밀한 관계를 이루고 있기 때문이다.

1) 가족유형

가족유형에 관한 연구는 인구센서스, 표본조사, 역사적 사료와 같은 데이터를 이용해 가족의 형태나 구조를 다양하게 분류하고, 이에 영향을 미치는 요소를 밝히고, 시간에 따른 변화를 추적한다. 예를 들어 조손가족과 한부모가족, 재혼가족은 가족의 다양성family diversity에 대한 논의를 촉발시켰는데 이는 더 이상 과거와 같이 가족을 '혈연, 결혼, 입양을 통해 맺어진 개개인이 경제적인 공동체를 이루어 함께 사는 집단'Murdock, 1949으로 정의하기 어렵게 되었음을 의미한다. 우리가 '누구를 가족의 범주에 포함시키는가'는 혈연과 같은 생물학적 필연성에 의해 결정되는 것이 아니라 시대, 사회, 문화에 따라 달라진다.socially constructed 따라서 다양한 가족유형을 가족해체의 징후로 해석하는 입장도 존재하지만 반대로 가족이 시대, 문화, 사회의 변화에 유연하게 적응한 결과로 보기도 한다. 이는 가족의 유형은 계속 변해도 사랑, 이해, 관심과 같은 가족의 정서적 기능은 계속 유지되고 있으며 앞으로도 유지될 것이라는 시각과 맥을 같이한다.

2) 가족기능

가족원들은 가족 안에서 정서적으로 친밀한 관계를 형성해 정신 및 신체건
강을 유지하고, 자녀를 출산, 양육, 사회화한다. 가족은 또한 경제적인 단위
로서 생산과 소비활동을 하며, 장애인과 노인을 보호하고 부양하는 기능을
수행한다. 이러한 가족 기능은 가족유형과 밀접한 관계가 있는데 인구사회
학적 변화는 가족의 유형를 변모시키며 이는 다시 가족 기능의 변화로 연결
된다. 예를 들어 여성의 취업으로 맞벌이 가족이 증가하면서 가족의 자녀양
육 및 교육의 기능은 계속 축소되는 반면 보육시설과 학교의 역할은 지속적
으로 강화되고 있다. 한편 맞벌이 부부가 가족과 일 양립에서 경험하는 어
려움work-family balance은 만혼 추세[4]와 더불어 출산율 하락[5]에도 일조하고
있다. 여성의 취업과 저출산은 평균수명의 연장[6]으로 인한 인구고령화와 맞
물려 가족의 노인보호 및 부양의 기능 약화로 이어지고 있다. 사회가 얼마
만큼, 또 얼마나 효과적으로 가족의 기능을 대체할 수 있는가에 대해서는
의견이 분분하지만 가족의 여러 기능이 사회로 이전되고 있음은 틀림없다.

---

4. 통계청(2014). 혼인통계. 2014년 여자와 남자의 평균초혼연령은 각각 29.8세와 32.4세로 10년
   전에 비해 여자 2.3세 남자 1.9세 상승했다.
5. 통계청(2014). 한국인의 사회지표. 합계출산율은 여자 한 명이 가임기간(15세~49세) 동안 낳을
   것으로 예상되는 평균 출생아 수로 2014년도 1.21였다. 2005년에는 1.08명으로 사상 최저치를
   기록했다.
6. 통계청(n.d.). 2013년 출생한 남아의 기대여명은 78.51, 여아의 기대여명은 85.01로 추산된다.
   http://kosis.kr/statHtml/statHtml.do?orgId=101&tblId=DT_1B8000F&vw_cd=&list_id=&scrId=&s
   eqNo=&lang_mode=ko&obj_var_id=&itm_id=&conn_path=K1&path=

3) 가족관계

가족의 기능은 가족관계 즉 가족 간 상호작용을 통해 실현된다. 부부관계,
부모자녀관계가 원활할 때 심신의 건강유지, 생산과 소비활동, 보호나 부양
과 같은 기능이 원활히 이루어질 수 있다. 그렇다면 '좋은' 관계란 구체적으
로 어떤 모습을 지니고 있을까? 이 문제를 어떻게 '과학적'인 방법으로 연구
할까? 부부관계를 연구하는 학자들은 10분에서 15분 정도 남편과 아내가
대화를 하는 모습을 녹화해 이들의 언어습관, 감정affect, 얼굴표정과 몸짓을
분류해 그 빈도 및 강도를 기록하고, 행동과 감정의 시퀀스sequence에서 나
타나는 패턴을 분석하면 미래 이혼 여부를 예측할 수 있다고 한다. 가족학
의 창시자로 일컬어지는 버제스Ernest W. Burgess는 가족을 "family as a unity
of interacting personalities"Burgess, 1926라고 정의하고 가족원 간의 상호작
용이나 의사소통이 가족연구의 핵심임을 강조했다.

'관계'가 있다는 말은 서로가 서로에게 영향을 주고 받음linked lives을 전제
로 하며, 가족관계연구의 핵심은 관계에 영향을 미치는 요인과 그 결과를
탐구하는 것이다. 가족관계는 가족 구성원의 유전적 성향예를 들어 기질, 연령,
성별, 교육 수준 등 개인내적 요인, 정치·경제·사회·문화와 같은 외부 환경
적 요인, 은퇴와 같은 생애사건life events, 관계특성dyadic properties의 영향을
동시에 받는다. 관계 자체의 특성을 좀 더 자세히 설명하면 남편과 아내 각
자의 연령이나 교육 수준이 아닌 이들의 연령차, 교육 수준의 차이 또 성격
과 인생경험이 다른 두 사람사이에서 자연스럽게 생성되는 독특한 상호작용
패턴이 예가 될 수 있다. 어떤 사람에게는 유난히 쉽게 자신의 비밀을 털어
놓은 경험이 있는가? 그렇다면 여러분은 관계의 특성을 경험한 것이다.

4) 가치와 문화

가치와 문화는 가족유형, 가족기능, 가족관계 모두를 아우르며 영향을 미친다. 우리나라는 아버지의 성을 따르는 부계제이며, 효(孝)나 가(家)의식과 가족주의와 같은 유교적 가치규범이 오랜 세월 가족의 기능과 관계를 규정해왔다. 그러나 개인주의, 민주주의, 남녀평등주의와 같은 가치관과 문화의 유입은 한국의 가족관행을 변모시켰다. 결혼과 출산은 더 이상 의무가 아닌 선택사항이 되었으며, 부자관계보다 부부관계가 중요시되는 경향이 짙어지고 있다. 그러나 아직도 우리의 가족생활 속에는 전통적인 요소가 서구적인 요소와 혼재한다. 따라서 가족학에서는 가족과 관련된 가치와 문화의 '한국적 변용' 과정에 특히 관심을 가진다. 예를 들어 효의식은 여전히 한국인의 의식과 행동을 지배하는 가치이지만 장남과 노부모가 동거하는 경우는 현저히 줄어들었다.[7] 집안의 대는 여전히 아들이 이어간다는 생각이 강해 장남이 제사를 지내는 것이 보편적이지만, 남아선호사상은 약화되었으며 제사의 범위와 절차가 간소해졌다.

5) 가족문제

무엇이 가족문제인가는 가족을 바라보는 관점과 가치에 따라 다르다. 예를 들어 결혼한 부부와 미혼자녀로 구성되는 핵가족의 형태를 벗어나는 가족유형, 예를 들어 한부모가족, 무자녀가족, 조손가족의 출현 자체를 가족문

---

7. 통계청(2014). 사회조사. 2014년 부모와 자녀가 함께 사는 비율을 31.4%로 나타나 2006년에 비해 6.6% 감소했으며 이중 약 50%가 장남과 맏며느리로 나타났다.

제로 보는 시각이 있다. 반면 아동과 노인의 보호·부양 책임이 가족에 있다고 보는 관점에서는 가족유형에 관계없이 보호·부양 기능이 사회로 이전되는 상황을 가족문제로 인식한다. 한편 페미니즘feminism은 지금까지 가부장적 가족주의 하에서 여성이 돌봄노동을 전적으로 담당해왔다는 것을 가족문제로 여긴다. 따라서 보호·부양 기능의 사회이전은 여성의 인권을 보호하기 위해 당연히 이루어져야 한다고 여긴다.

어떠한 관점에서 가족문제를 논의하건 급격한 사회변동이 가족문제의 근원이라는 점에 많은 학자들이 동의한다. 가족은 사회 변화의 완충지 역할을 하여 사회를 안정적으로 유지시키는 역할도 하지만, IMF 외환위기 이후 가족문제가 급증했다는 사실은 사회 변화의 부정적 영향이 가족을 통해 증폭되며 가족문제는 다시 사회불안을 조성하는 악순환의 고리를 보여준다. 가족문제의 예를 들면 부부나 부모자녀 간 갈등, 장애인이나 노인을 돌보는 과정에서 경험하게 되는 과도한 부양 부담과 스트레스, 가족원 간 학대나 폭력 및 유기 등이 있다. 가족문제는 개별 가정뿐 아니라 사회 전반에 걸쳐 심각한 영향을 미친다는 점에서 국가와 사회의 적극적인 지원과 제도적인 뒷받침이 필요하다.

4. 가족학의 실천 분야

앞서 가족학을 다학제적multidisciplinary 접근을 통해 가족에 대한 지식을 발견하고, 검증해 그 지식을 '적용'하는 응용학문이라고 소개했다. 다음에서 소개하는 가족학의 실천 영역은 그 적용이 어떠한 방식으로 나타나는지 보여준다.

1) 가족생활교육

가족생활교육은 가정학의 전통이 가장 분명히 드러나는 가족학 영역으로 가족문제를 예방하거나 문제발생 초기에 해결할 수 있도록 가족의 역량을 강화시키는 것이 목적이다. 흔히 사회복지학에서는 가족문제예를 들어 가족폭력 와 그에 대한 적절한 개입intervention 방안에 관심을 둔다면, 가정학에 뿌리를 둔 가족학은 역기능적disfunctional인 가족보다는 '건강한'functional, healthy 가족에, 개입보다는 가족문제 예방prevention에 초점을 둔다고 한다. 건강한 가족 (정)healthy families은 한부모가족, 재혼가족 등 가족유형에 관계없이 외부 환경의 변화에 대처하는 능력 즉 적응력이 뛰어난 가족을 위미한다. 가족생활교육은 이러한 역량을 기르기 위해 효과적인 의사소통 및 의사결정 능력, 원만한 인간관계를 형성하고 유지하는 능력, 인간발달에 대한 전반적인 지식, 자존감을 향상시키는 데 초점을 둔다. 우리나라에서는 2004년에 제정된 건강가정기본법에 의해 설립된 건강가정지원센터[8]에서 생애주기예를 들어 예비·신혼기 부부교육, 부모교육, 은퇴준비교육 및 가족유형다문화가족, 한부모가족, 조손가족, 새터민 가족에 특화된 다양한 프로그램을 제공한다. 가족생활교육은 건강가정지원센터 외 다문화가족지원센터[9], 종교기관, 민간단체, 사회복지기관 등 여러 기관에서 실시되고 있다.

2) 가족치료family therapy ·가족상담

가족생활교육이 가족문제 예방에 초점을 둔다면 가족치료는 이미 발생한

---

8. 건강가정지원센터 http://www.familynet.or.kr
9. 다문화가족지원포털 http://www.liveinkorea.kr

가족문제를 해결할 수 있도록 도움을 주거나 문제로 인해 받은 상처를 치료하고자 한다유영주, 2004는 점에서 가족생활교육과 분명한 차이가 있다. 가족치료는 가족상담이라는 용어와 유사한 의미로 사용되는 경우가 많은데 이는 가족치료가 상담기법에 의해 이루어지는 경우가 많기 때문이다. 가족치료는 체계론적 관점systems perspectives에 근거해 한 가족원의 문제를 가족 전체의 문제가 그 개인을 통해 표출된 것으로 간주한다. 예를 들어 청소년의 일탈은 역기능적 부부관계나 부모자녀 관계, 형제자매관계에 그 원인이 있으며, 일탈이 지속되는 이유는 역기능적이든 순기능적이든 가족 상호작용 패턴이 계속 유지되는 경향 때문으로 본다. 가족치료는 역기능적 관계를 유지시키는 가족구조, 규칙family rules, 상호작용 패턴 등을 '치료'하는 것을 목적으로 한다. 북미 대학의 일부 가족학과는 가족치료사Licensed Marriage and Family Therapist(LMFT) 과정을 따로 두어 자격증 취득에 필요한 교과과정과 인턴십을 제공한다.

3) 가족정책

많은 학자들은 가족정책을 한마디로 정의하기 어렵다는 점에 동의하며, 그 개념을 명확히 하고자 명시적 가족정책과 묵시적 가족정책으로 분류해 설명한다Bogenscheneider, 2006 명시적explicit 가족정책은[10]가족에 대한 구체적이고 분명한 목표를 달성하기 위해 고안된 정책으로, 가족형성 및 구성결혼, 임신과 출산, 입양, 이혼 등, 가족에 대한 경제적 원조, 자녀양육, 장애인과 노인을 위한

---

10. 2004년 제정된 건강가정기본법은 명시적(explicit) 가족정책의 예로 가족기능의 강화, 가족의 잠재력 개발, 가족공동체문화 조성, 다양한 가족 형태의 욕구충족, 가정과 사회의 통합을 정책목표로 제시한다.

돌봄caregiving, 결혼의 안정성 강화와 같은 다섯 가지 영역에 초점을 둔다.[11] 반면 묵시적implicit 가족정책은 최저임금제와 같이 가족을 위해 고안되지는 않았으나 가족에게 영향을 미치는 정책이다. 현재 우리나라 가족정책의 기조는 모든 가족을 대상으로comprehensive 가족문제 예방preventive에 중점을 두고 있다는 특징이 있다.[12]

가족정책은 정책의 초점이 가족원 개개인[예를 들어 아동, 청소년, 노인, 여성, 장애인]이 아닌 가족 전체라는 점에서 다른 정책들과 확연히 구분된다. 예를 들어 어떤 정책이 아동이나 노인 보호 및 부양을 가족이 전담하도록 한다면 이는 아동이나 노인정책은 될 수 있을지 모르나 가족정책은 될 수 없다. 왜냐하면 아동이나 노인의 요구는 가족을 통해 가장 잘 충족될지 모르나, 여성이 부양을 거의 전담하는 우리나라 상황에서는 같은 가족원인 어머니, 아내, 며느리, 딸은 과도한 부양 부담을 짊어질 수 있기 때문이다. 가족정책적 관점은 위와 같이 서로 상충될 수 있는 가족원들의 요구를 고려해 어떤 정책이 가족에게 미치는 영향을 다면적으로 이해할 수 있도록 한다. 다시 말해 가족 개개인의 이해가 균형을 이루는지 평가할 수 있는 분석틀을 제공한다.

5. 가족학의 동향과 전망

앞서 언급했듯 우리나라에서 사회과학적 이론과 방법론을 적용해 가족을 본격적으로 연구하기 시작한 시기는 1960년대 이후이다. 여기서는 지난 50여 년간 한국의 가족학 연구에서 나타난 주요 연구동향을 정리하고 앞으로

---

11. Policy Institute for Family Impact Seminars, http://www.familyimpactseminars.org
12. 건강가정지원정책, 일-가족양립지원정책, 가족친화적 사회환경조성정책 등이 예가 될 수 있다.

어떠한 영역에서 가족학 연구가 이루어질 것인지 전망해본다.

1) 가족학 연구의 동향

가족학 연구 동향은 크게 사회제도로서의 가족에 대한 연구, 정치·경제·사회·문화와 같은 거시적 환경이 가족에 미친 영향에 초점을 둔 연구, 마지막으로 미시적 가족관계를 본 연구와 같이 세 가지로 범주로 나누어 생각해 볼 수 있다.

첫째, 가족의 크기나 가족세대별 구성과 같은 가족구조 및 기능에 초점을 둔 사회제도로서의 가족에 대한 연구가 1970년대까지 가족학 연구의 주류를 이루었다. 이러한 연구들은 특히 인류학에서 많은 영향을 받았는데 혼인, 상속, 양자제도 등에 대한 연구가 대표적인 예이다.

둘째, 급변하는 외부 환경이 가족에 어떠한 영향을 초래했는지에 관한 연구가 가족학에서 큰 흐름을 형성한다. 1960년대에서 1990년대 사이에 이루어진 연구는 근대화, 산업화, 도시화, 민주화, 자본주의화가 가족에 미친 영향을 가족 규모의 축소(출산하는 자녀 수 감소), 가족유형의 다양화(예를 들어 한부모가족, 재혼가족의 출현), 가족주기[13]의 변화(자녀양육 기간이 단축되면서 빈둥우리시기empty nest 출현 등으로 밝혔다.(함인희, 2014) 1990년대는 특히 자녀양육에서 아버지 역할의 중요성, 저출산 및 고령화로 인한 가족의 노부모 부양 부담에 대한 연구가 활발했다. 2000년대는 여성의 고용시장 진입이 더욱 촉진되면서 일-가족 간 불균형 문제에 대한 논의가 더욱 활발해지는 한편 다문화가족에 대한 연구가 폭발적으로 증가하는 양상을 보였다. 가족의 노부모 부양 부담에 대한

---

13. 유영주(1984)는 우리나라 가족생활주기를 가족형성기, 자녀출산 및 양육기, 자녀교육기, 자녀성년기, 자녀결혼기, 노년기의 6단계로 구분했다(유영주 2004에서 재인용).

연구가 계속 진행되는 가운데 역으로 조부모, 특히 조모가 손자녀의 양육을 책임지는 조손가족에 대한 연구가 성장을 이룬 시기이기도 하다. 마지막으로 IMF 외환위기와 연계되어 빈곤가족이나 가족폭력과 같은 가족문제와 이와 관련된 가족정책에 대한 연구가 현재까지 꾸준히 진행되고 있다.

셋째, 두번째 범주에 속한 연구가 사회와 가족의 연계를 밝힌다면, 마지막 범주는 가족원 간의 내적 역동성internal dynamics, family processes 그 자체에 주로 초점을 둔다. 가족'관계'는 가족학의 전통적인 주제로 이에 대한 연구는 1960년대부터 꾸준히 이루어져 왔다. 부부관계 연구를 살펴보면 초기에는 부부 간의 역할, 권력, 의사결정 부분에서 많은 연구가 이루어졌으나 1980년대로 들어오면서 부부의 적응adjustment, 결혼안정성marital stability, 결혼만족도 등으로 연구의 초점이 옮겨진다. 한편, 중노년기부모-성인자녀와의 관계에 대한 연구들은 두 세대 사이에 교환되는 자원예를 들어 조부모가 손자녀를 돌보는 데 쓰는 시간, 만남이나 연락의 빈도, 서로에 대한 애정과 관심, 가치관의 계승, 부양과 같은 영역에서 많이 다루어졌다. 이를 크게 보면 세대 간 결속intergenerational solidarity이 주요 연구주제였다고 할 수 있는데, 1980년대 후반부터는 고부갈등와 같이 세대 간 갈등intergenerational conflic을 다룬 논문이 보이며, 최근에는 세대 간 관계의 본질은 애정과 갈등의 공존ambivalence으로 보아야 한다는 연구가 나오고 있다.

2) 가족학 연구의 전망

앞서 살펴본 한국 가족학 연구의 흐름은 가족학의 연구주제가 인구 구성, 정치·경제·사회적 상황, 새로운 가치나 문화와 연동되어 왔다는 점을 분명히 보여준다. 따라서 앞으로 가족학 연구의 동향을 예측하기 위해서는 가족을 둘러싼 외부 환경의 변화를 생각하지 않을 수 없다.

지금까지 우리나라 가족에 큰 영향력을 행사했던 변수들, 즉 산업화 및 도시화, IMF 이후 경기침체, 여성의 사회참여, 결혼의 불안정성과 같은 요인들의 경우 적어도 2030년까지는 현재의 추세가 지속될 것으로 예측된다.OECD(Organization for Economic Cooperation and Development, 2011 이러한 가운데 앞으로는 정보통신기술ICT(Information and Communications Technology)이 초고령 사회14를 눈앞에 둔 우리나라의 가족생활을 변화시킬 것이란 예측이 힘을 얻고 있다. 정보통신기술의 발달은 가족성원의 지리적 이동성과 더불어 가족의 노인 보호·부양 기능을 더욱 약화시킬 것인가? 역으로 특정한 장소로 '출근'하거나 '등교'할 필요성이 점차 줄어들면서 노부모와 성인자녀, 조부모와 손자녀가 함께 보내는 시간이 더욱 늘어날 것인가? 화상 속 만남이나 전화, 이메일, 문자를 통한 연락은 직접 만나는 방식과 비교해 연인, 부부, 부모자녀, 손자녀 관계의 질과 안정성relationship quality and stability에 어떠한 영향을 미칠 것인가?

정보통신기술과 의학의 융합convergence 역시 가족학이 주목해야 할 부분이다. 원격진료 및 치료ubiquitous medical service와 스마트홈smart home이 생활화되면 노부모는 성인자녀에게 의지하지 않고 독립적인 생활을 즐길 수 있게 될 것인가? 아니면 첨단기술로부터 소외되기 쉬운 노인들의 외로움이 가중될 것인가? 성인자녀는 원거리에서 부모님의 건강 상태와 일상생활을 모니터링할 수 있게 되지만 이는 부모님의 사생활과 개인정보를 침해하는 것은 아닌가? 초고령사회에서 정보통신기술의 발전은 가족원들이 관계를 맺고 유지하는 방식에 변화를 초래할 수 있다는 측면에서 앞으로 가족학 연구

---

14. 통계청(2006). 장래인구추계. 통계청의 발표에 따르면 우리나라는 2026년 노인인구가 전체 인구의 20%를 넘어서는 초고령사회로 진입할 것으로 추정되고 있다. 2015년 현재 노인인구 비율은 13% 정도로 추산되고 있다.

에서 중요한 위치를 차지할 것으로 예상된다.

6. 가족학으로의 초대

이제 여러분은 가족학의 학문적 성격, 역사 그리고 내용에 대해 대략적인 윤곽을 파악하게 되었다. 어떻게 보면 가족학은 개인과 가족집단이 행복을 추구하는 과정에서 끊임없이 직면하게 되는 '선택'에 대한 이야기들이다. 결혼, 이혼, 재혼, 취업, 이직, 은퇴, 자녀의 출산과 양육…… 이러한 선택이 언제 이루어지는지on time or off time 어떠한 순서로 이루어지는지sequence of life events or life transitions가 씨실과 날실처럼 서로 엮어져 삶이 된다. 가족학은 우리가 아들과 딸, 형제와 자매, 남편과 아내, 아버지와 어머니, 사위와 며느리로서 어떠한 선택을 왜 하는지, 그리고 그 결과가 어떠한지에 대한 이야기이다. 오늘날 사회적 현실이 여러분을 연애, 결혼, 출산을 포기할 수밖에 없도록 내모는가? 여러분은 어떠한 선택을 하려고 하는가? 만약 '내 선택으로 인해 혹은 내 선택에도 불구하고 나는 행복해질 수 있을까'와 같은 문제로 고민하고 있다면 여러분이 가족학에서 그 해답을 찾기 바란다.

참고문헌

김영신, 서정희, 송인숙, 이은희, & 제미경. (2007). "소비자와 시장환경." 서울: 시그마
　　프레스.

박선미. (2007). 「근대 여성, 제국을 거쳐 조선으로 회유하다」. 파주: 창비.

서정희. (1994). "소비자주권론." 울산: 울산대학교 출판부.

서정희. (2005). "소비트랜드 예측의 이론과 방법." 서울: 내하출판사.

여성가족부. (2011). 「가족정책기초연구」(연구보고 2011-56). 서울: 여성가족부.

유영주 외. (2004). 「새로운 가족학」. 서울: 신정.

유영주·김순옥·김경신. (2000). 「가족관계학」(개정판). 서울 : 敎文社.

이기춘, & 윤정혜. (2002). "가정경제학." 서울: 한국방송통신대학출판부.

이기춘, 여정성, 최현자, 김난도, & 나종연. (2007). 소비자학의 재조명과 조망: 학부교
　　육을 중심으로. "소비자학연구", 18(4), 93-111.

이기춘. (1991). "가정경제학-가계행동의 분석과 이해." 서울: 교문사.

이삼식. (2006). 「저출산 원인 및 종합대책 연구」. 서울: 한국보건사회연구원.

이성림, 손상희, 박미혜, 정주원, & 천경희. (2011). 소비생활에서의 행복과 갈등. "소
　　비자학연구", 22(1), 139-166.

이성림. (2006). 소비자학 분야의 소비문화 연구에 대한 소고. "소비문화연구", 9(2),
　　127-149.

이성림·이재림. (2013). 「소비자 가족학의 이해」 사회과학으로의 초대. 서울: 성균관대
　　학교 출판부.

이화여자대학교 가정대학. (1979). 「이화가정학 50년사」. 이화여자대학교.

조흥식·김인숙·김혜란·김혜련·신은주. (2006). 「가족복지학」. 서울: 학지사.

조희금·김경신·정민자·송혜림·이승미·성미애·이현아. (2007). 「건강가정론」. 서울: 신정.

최은숙, 이기춘, 박명희, 김기옥, & 윤정혜. (1990). 소비자학의성립과 연구영역. "소비

자학연구", 1(1), 19-40.

함인희. (2014). 「가족사회학 연구의 동향과 전망」. 한국사회, 15(1), 87-128.

Bogenschneider, K. (2006). Teaching Family Policy in Undergraduate and Graduate Classrooms: Why It's Important and How to Do It Better. Family Relations, 55(1), 16-28.

Bronfenbrenner, U. (1979). The Ecology of Human Development: Experiments by Nature and Design. Cambridge, MA: Harvard University Press.

Burgess, E. W. (1926). The Family as a Unity of Interacting Personalities. The Family, 7, 3-9.

Burr, W. R., Day, R. D., and Bahr, K. S. (1993). Family Science. Pacific Grove, CA: Brooks/Cole Publishing.

Chin, M., Lee, J., Lee, S., Son, S., and Sung, M. (2012). Family Policy in South Korea: Development, Current Status, and Challenges. Journal of Child and Family Studies, 21, 53-64.

Demo, D. H. (2000). The Decade in Review. Journal of Marriage and Family, 72, 401-402.

Doherty, W. J., Boss, P. G., LaRossa, R., Schumm, W. R., & Steinmetz, S. K. (1993). Family theories and methods. In Sourcebook of family theories and methods (pp. 3-30). Springer US.

Duvall, E. (1977). Marriage and Family Development (5th edition). Philadelphia: J. B. Lippincott.

Easterlin, A. R. (1974). Does Economic Growth Improve the Human Lot? In A. P. David, & W. M. Reder, Nations and Households in Economic Growth: Essays in Honor of Moses Abramovitz. New York: Academic Press, Inc.

Bruno, F., & Stutzer, A. (2008). "경제학 행복을 말하다." (민주김, & 나영정, 편집자) 서울: 예문.

Gross, I. H., Crandall, E. W., & Knoll, M. (1980). Management for Mordern Families. Englewood Cliffs, N. J.: Prentice-Hall, Inc.

Hutt, W. M. (1936). Economists and the Public: A study of Competition and Opinion. London: Jonathan Cape, Ltd.

Kamerman, S. B. and Kahn, A. J. (1978). Families and the Idea of Family Policy. In S. B. Kamerman and A. J. Kahn (Eels.), Family Policy: Government and Families in Fourteen Countries (pp. 1-16). New York: Columbia University Press.

Kroll, R. J., & Hunt, S. D. (1980). Consumer Interest Study in Higher Education: A Conceptual Analysis of an Emerging Discipline. Journal of Consumer Affairs, 14(2), 267-287.

Kyrk, H. (1954). The Family in the American Economy. Chicago: University of Chicago Press.

Liston, M. I. (1993). History of Family Economics Research: 1862-1962. Ames, Iowa: Iowa State University Publiscarions.

Murdock, G. P. (1949). Social structure. New York: The Free Press

Myers-Walls, J. A., Ballard, S. M., Darling, C. A., and Myers-Bowman, K. S. (2011). Reconceptualizing the Domain and Boundaries of Family Life Education. Family Relations, 60, 357-372.

NCFR Task Force on the Development of a Family Discipline. (1987). A Recommendation about the Identity of a Family Discipline. Family Science Review, 1, 48-52.

Stevens, B., & Schieb, P. A. (2011). The future of families to 2030: An overview of projections, policy challenges and policy options. Retrieved from http://www.oecd.org/futures/49093502.pdf

Toffler, A., & Toffler, H. (2006). Revolutionary Wealth. NY: Curtis Brown, Ltd.

08

사회복지학

홍 경 준
사회복지학과 교수

1. 사회복지란 무엇인가?

1. 사회복지 개념에 대한 두 개의 접근

사회복지의 한자 표기인 社會福祉는 사회社會와 복지福祉의 복합어이다. 우선 복지福祉는 '복 복福'자에 '복 지祉'를 붙인 단어로 '복'을 되풀이해 강조하는 단어라고 할 수 있다. 그러나 그 뜻을 좀 더 풀어보면, 복福과 지祉의 의미가 상당히 다르다는 점을 발견하게 된다. 우선 복福이라는 글자에서 왼쪽에 있는 '볼 시示'는 제물祭物을 차려놓은 제단의 모양을 본뜬 글자이며, 오른쪽에 있는 부분은 그릇畐 위에 고기와 술을 잔뜩 담아올린 모양을 의미한다. 즉 복福은 물질적인 풍요가 가득 찬 상태를 의미하는 것이다. 한편, 지祉는 '볼 시示'와 '그칠 지止'의 합성자로 욕망의 추구를 멈추는 정신적인 안정을 통해 복을 이룬다는 의미를 내포한다. 결국 복지福祉는 물질적인 풍요와 정신적인 안정을 동시에 의미하는 개념임을 알 수 있다. 한편, 복지의 영어표기 welfare는 '편안한', '만족스러운'이라는 의미를 가지는 well과 '지내다', '해나가다'의 의미를 가지는 fare가 합쳐진 것으로, 만족스럽고 편안한 상태를 의미하는 목적 지향성과 그러한 상태를 위해 뭔가를 해나간다는 수단 지향성을 함께 나타낸다.

그렇다면 물질적으로나 정신적으로 만족스럽거나 편안한 상태는 구체적으로 어떤 상태인가? 여기에 대한 답은 '사람마다 다르다'라는 것이다. 어떤 사람은 맛있는 음식을 먹을 때 만족스럽고 편안하다고 답할 것이며, 또 다른 사람은 푹신한 잠자리에서 깊게 잠을 잘 때 그렇다고 말한다. 복지에 대한 개념 정의가 어려운 이유는 이렇듯 물질적으로나 정신적으로 만족스럽거나 편안한 상태에 대한 사람들의 견해란 매우 다양해서 그로부터 복지에 대한 합의된 개념 정의를 도출하기 곤란하다는 데에 있다.

복지라는 단어 앞에 사회라는 단어를 붙인 사회복지는 어떠한가? 이 경우엔 '사회'를 어떻게 이해할 것인가에 따라 매우 다른 방식의 개념 정의가 이루어질 수 있다. 사회명목론의 관점에 따르면, 사회는 이름만 있을 뿐 실체는 없다. 즉, 개인들의 총합을 사회라고 부르는 것일 뿐이다. 이러한 관점에 따라 사회를 이해한다면, 사회복지란 개인복지—물질적으로나 정신적으로 만족스럽거나 편안한 상태에 대한 사람들의 견해, 혹은 선호—의 총합이라고 이해할 수 있다. 반면에 사회실재론의 관점에 따르면, 사회는 실체를 가진 어떤 것으로, 개인들의 합으로 환원되지 않는다. 가령, 프랑스의 사회학자인 뒤르켕은 개인들의 총합 이상의 무언가를, 즉 개인으로 환원되지 않는 그 무엇을 사회적 사실social facts로 개념화한 바 있다. 그러므로 사회실재론의 관점에 기초한다면, 사회복지는 개인복지와는 다른 어떤 사회적 사실로 개념화되는 것이 옳다. 사회에 대한 상반된 이상의 두 가지 견해에 따라 사회복지에 대해 좀 더 구체적으로 생각해보자.

1) 사회복지는 개인복지의 총합이다

사회복지를 개인복지의 총합, 즉 복지에 대한 개인들의 견해나 선호의 총합으로 볼 때 사회복지는 어떤 방식으로 구체화할 수 있을까? 만일 사회를 구성하는 개인들이 복지에 대해 단일한 견해, 혹은 선호를 가지고 있다면, 사회복지를 개인복지의 통합으로 보는 관점은 상당히 쉽게 사회복지를 구체화할 수 있게 된다. 개인복지와 사회복지를 등치시키면 될 것이기 때문이다. 가령, 사회를 구성하는 모든 개인들이 맛있는 음식을 먹을 때 만족스럽고 편안하다고 답한다면, 사회복지는 맛있는 음식을 먹는 상태, 혹은 그러한 상태에 도달하기 위한 활동이라고 정의할 수 있을 것이다. 하지만 현실에서 복지에 대한 개인들의 견해는 상이하다.

그렇다면 사람들이 저마다 상이한 견해를 가지고 있을 때, 그로부터 그것들의 총합으로서의 사회복지는 어떻게 도출할 수 있을까? 우리의 복지는 사과라는 재화를 통해 결정된다고 가정하고, 총 10개의 사과가 나름의 기준에 따라 n명의 사람에게 분배된 두 개의 상황을 생각해보자. n명의 사람들이 사과 10개를 동등하게 나눠가진 상황을 '상황 1'이라 하고, n명의 사람들 중 1명은 9개의 사과를, 나머지 n−1명은 1/(n−1)개의 사과를 나눠가진 상황을 '상황 2'라 하자. 만일 이 사회에서 사람들 중 적어도 1명이 상황 1을 상황 2보다는 더 바람직한 것으로 판단하고, 그 1명을 제외한 다른 모든 사람들은 상황 1이 상황 2보다 덜 바람직하다고 판단하지 않는다면, n명의 사람들 모두는 상황 1이 상황 2보다 더 나은 것으로 판단한다고 말할 수 있다. 그러므로 이 경우엔 상황 1을 사회복지로 정의할 수 있다. 이러한 방법으로 사회복지를 정의하는 것은 파레토 원리Pareto Principle에 기초한 것이다.

하지만 문제는 복지에 대한 모든 사람들의 견해가 동일하지 않는 한, 윤리적이며 합리적인 기준을 충족하면서 모든 사람들이 만족하는 사회복지를 집합적으로 도출하는 것은 불가능하다는 데에 있다. 이것이 바로 애로우Arrow가 제시한 불가능성 정리Impossibility Theorem이다. 강요된 것이거나 독재적인 것이 아닌 한, 개인들의 선호에 기초해 사회복지를 도출하는 것이 불가능하다는 애로우의 주장은 개인복지의 총합으로서 사회복지를 정의하는 일이 불가능함을 의미한다.

그러나 중요한 사실은 현실에서는 그러한 일이 가능하며, 실제로도 그렇게 하고 있다는 점이다. 평등주의의 견해와 공리주의의 견해, 그리고 롤스의 견해를 생각해보자. 어떤 사회의 성원들이 가진 선호가 이 세 가지의 견해로 대표될 수 있고, 이러한 견해들을 모아 사회복지를 도출하는 과정에 사람들이 직면해 있다면, 어떤 방법이 사용될 수 있을까? 애로우는 강요된 것이거나 독재적인 것이 윤리적이거나 합리적이지 않기 때문에 배제했지만, 현실의 집합적 의사결정 과정에서는 그렇지 않다. 만일 모든 강압력을 배타적으로 소유한 한 명의 독재자가 평등주의의 견해가 사회복지임을 선언한다면, 그 결과 다른 사회성원들 모두가 거기에 대해 반대의 의사표명을 하지 않는다면, 평등주의의 견해가 이 사회의 사회복지이다. 이 사회는 어쨌든 사회성원들의 선호를 모아 사회복지를 도출한 것이기 때문이다. 독재자의 존재를 염두에 두지 않더라도, 현실에서는 집합적 의사결정이 흔하게 이루어진다. 세 가지 견해에 대해 사회성원들이 투표를 하고, 그 결과 가장 많은 표를 얻은 견해를 사회복지로 둘 수도 있다. 민주주의 사회에서 집합적 의사결정을 위해 흔히 사용하는 각종 투표방법은 사실 애로우가 말하는 윤리적이며 합리적인 기준을 모두 충족하지는 못한다. 민주주의 사회에서 최선의 집합적 의사결정 방법으로 여겨지는 다양한 투표 방법도 말하자면 불합리한 요소를 내포한다는 것인데, 그럼에도 우리는 현실에서 그러한 방법을 통해 집합적으로 의사결정을 한다. 또한 이 경우 각각의 사람들은 자신의 견해나 선호가 집합적으로 결정된 사회복지와는 다르더라도 거기에 복종해야 한다. 집합적 의사결정을 통해 도출한 사회복지는 '사회적 가치의 권위적 배분'이라는 정치에 대한 이스턴Easton의 개념 정의를 따른다면, 본질적으로 정치적 현상이라는 것이다.

2) 사회복지는 개인복지와는 별개의 것이다

사회실재론의 관점에 따르면, 사회복지는 개인복지와는 별개의 실체를 가진다. 이 경우 '복지'라는 단어 앞에 '사회'라는 형용 개념이 붙음으로써, 복지는 어떤 특정한 것으로 제한된다. 즉 물질적으로나 정신적으로 만족스럽거나 편안한 상태, 혹은 그러한 상태를 달성하기 위한 여러 활동 중에서 '사회'라는 개념에 들어맞는 일부의 것만이 사회복지가 된다. 여기에서 '사회'라는 개념은 수단과 목적, 그리고 동기라는 측면에서 다음과 같은 의미를 가진다 Forder, 1975. 첫째, 수단이라는 측면에서 '사회'는 개인적 차원과는 구분되는 집합적 차원을 의미한다. 즉, 사회복지는 사회 구성원들이 공동으로 하는 활동 혹은 집합적인 행동이거나, 그러한 활동과 행동을 통해 달성되는 만족스럽고 편안한 상태를 의미한다. 둘째, 목적이라는 측면에서 '사회'는 사회적 욕구social needs─기본적 욕구의 미충족이 개인적 차원의 문제가 아니라는 인식이 확산되면 그러한 기본적 욕구는 사회적 욕구가 된다─를 겨냥한다. 셋째, 동기라는 측면에서 '사회'는 이윤추구와 같은 경제적 동기가 아니라 상부상조 혹은 이타주의와 같은 사회적 동기를 의미한다. 이러한 관점에서 따르면 사회복지는 다음과 같이 이해될 수 있다.

1) 호혜와 재분배

폴라니Polayni, 1977; 1991는 인간의 생계the livelihood of man가 조직화되는 방식을
교환exchange, 재분배redistribution 및 호혜reciprocity로 구분한다. 현대사회에서
일반화된 생계조직화 방식은 물론 시장을 통해 이루어지는 교환이다. 하지
만 재분배나 호혜를 통한 생계의 조직화가 시장의 확대에 따라 소멸한 것은
아니라는 점을 폴라니는 강조한다. 그는 사회 구성원들을 노동력 상품으로
강제하려는 자본주의는 역설적이게도, 사회 구성원들을 탈상품화시키는 재
분배나 호혜를 자기 생존의 조건으로 요구하는 체제라고 주장한다. 풀어 말
하면, 사회복지는 시장원리의 확대에 반비례해 사라질 운명을 가진 낡은 것
이 아니라, 시장원리의 확대와 더불어 그 필요성이 끊임없이 요구되는 생계
조직화 방식인 것이다.

재분배라는 생계조직화 방식은 관습이나 법규 등에 기초한 위계적 권위
를 매개로 한다. 즉 생계의 조직화를 위한 자원이 위계적 권위를 가진 중앙
으로 이동해 들어갔다가 다시 특정한 원칙에 의해 중앙으로부터 사회 성원
에게로 이동해 나감을 말한다. 재분배를 통한 생계조직화를 우리는 쉽게 발
견할 수 있다. 사회보장제도를 포함해 오늘날 정부를 통해 제공되는 다양한
사회복지제도가 바로 그것이다.

호혜는 선물교환gift exchange이나 일반화된 교환generalized exchange이라는
개념으로 풀이될 수 있다. 선물교환은 두 사람 사이에서 이루어진다는 점에
서는 쌍방적 교환과 같지만, 그 교환이 물질적인 등가성보다는 상징적인 등
가성symbolic equivalence에 근거한다는 점에서 확연히 구분된다. 한편 쌍방적
교환은 두 사람 사이에 한정되지만, 일반화된 교환에서는 ① 정해진 순번에
의해 나머지 사람들이 한 사람에게 주거나 받는 과정이 반복되거나, ② 일련
의 순서에 따라 한 방향으로만 교환이 이루어진다. 과거 우리나라에서 사람

들 사이에 일상적으로 이루어졌던 혼상갑婚喪甲 계에서 혼인이나 상례, 혹은 회갑을 맞은 계원에서 원조를 제공하는 것이 ①의 예라면, 폴라니가 예시했던 쿨라Kula 교역은 ②의 전형적인 형태이다. 남서태평양의 트로브리안드 제도Trobriand Islands에서 성행하는 쿨라 교역에서 붉은 조개목걸이는 왼쪽 섬 사람들에게서 오른쪽 섬 사람들에게로 주어져서 시계바늘과 같은 방향으로 돌게 되며, 흰 조개목걸이는 그 반대방향으로 돌게 된다. 자녀에 의해 이루어지는 부모의 부양 역시 ②의 예인데, 이 경우 자녀가 부모에게 준 부양은 그 자녀의 자녀로부터 되돌려진다.

2) 원조의 동심원 모형a concentric model of help

호혜와 재분배는 시간에 따라, 공간에 따라 상이한 의도와 다양한 방법을 통해 이루어져왔다. 그렇기 때문에 어떤 일반화된 법칙을 통해 그것을 파악하기는 매우 어렵다. 하지만, 그 변화의 대략적인 추세는 원조의 동심원 모형을 통해 묘사할 수 있다. 이 모형의 핵심적인 내용은 원조를 필요로 하는 어떤 개인은 자신과 가장 가까운 사람부터 시작해 점점 거리가 먼 사람, 혹은 조직으로 도움을 구하는 범위를 확대해 나간다는 것이다김태성·성경룡, 2000.

따라서 이러한 모형에 따른다면, 사회의 분화 정도가 낮은 전통사회의 경우 원조를 필요로 하는 개인은 ①가족 ②친족 ③이웃이나 동료로 구성된 상호부조 조직 ④ 신분적 위계질서 내의 가부장 ⑤ 동업 조직조합과 길드 ⑥ 종교 및 자선단체 등의 순서로 원조를 요청할 것으로 예측해볼 수 있다. 그러므로 원조를 제공해줄 만한 가족도 종교단체로 찾지 못한 '집도 절도 없는 사람'은 참으로 불쌍한 사람이었다. 하지만, 자본주의와 근대 국민국가nation state의 발전과 함께 전통사회에서 나름의 기능을 수행했던 다양한 원조제공 주체들은 상당 부분 약화되거나 해체되었다. 그에 따라 ⑦노동조합과 기업 ⑧정부의 역할이 그것들을 대신하게 되었고, 현대적 의미의 사회복지가 출현하게 되었다.

2. 사회복지의 개념

사회복지에 대한 여러 학자들의 개념 정의를 살펴보면 대부분 사회실재론의 관점에 기초해 사회복지를 개인복지와는 다른 것으로 파악하고 있음을 알 수 있다. 하지만, 학자들마다 다양한 방식으로 개념 정의를 시도하고 있어, 이로부터 어떤 합의된 개념 정의를 도출하기는 매우 어렵다. 이하에서는 기능과 특성을 중심으로 한 사회복지의 개념 뿐 아니라 사회복지와 밀접한 관련을 가지는 관련 개념을 소개함으로서 사회복지에 대한 이해를 높이고자 한다.

1) 사회복지의 기능을 중심으로 한 개념화

1) 잔여적 개념과 제도적 개념

사회복지 개념에 대한 통상적인 접근 방법의 하나는 사회복지가 수행하는 기능을 중심으로 사회복지를 정의하는 것이다. 이러한 접근을 대표하는 것이 미국에서의 지배적인 사회복지 경향에 대한 서로 상이한 두 개의 관점을 잔여적residual 개념과 제도적institutional 개념으로 제시한 윌렌스키와 르보 Wilensky and Lebeaux, 1965이다.

잔여적 개념은 사회에는 개인의 욕구와 수요를 충족시키는 데 활용되어지는 정상적이고 자연스런 사회제도가 존재한다고 보는 관점과 밀접하게 연결되어 있다. 가족과 시장경제가 바로 정상적이고 자연스런 사회제도인데, 개인의 욕구와 수요는 우선적으로 이러한 사회제도를 통해 처리된다. 그러나 때때로 이러한 사회제도가 적절하게 기능하지 못하는 경우가 발생한다. 이러한 경우에 가족과 시장경제가 아닌 제3의 욕구 충족 기제가 필요하게 되는데, 그것이 바로 사회복지이다. 결국 사회복지는 가족과 시장경제가 적절한 기능을 수행하지 못할 때 응급조치의 기능을 수행하는 것으로, 정상적이고 자연스런 사회제도가 다시 적절하게 기능을 하게 되면 철수해야 한다는 것이다. 잔여적 개념에 따르면, 평상시의 사회는 가족이나 시장경제와 같은 사회제도들이 제대로 기능을 수행하기 때문에 사회복지는 필요 없다. 즉 사회복지는 일시적, 임시적, 보충적, 잔여적인 것으로 간주된다.

　한편 사회복지의 제도적 개념은 "개인과 집단이 만족스런 수준의 생활과 건강을 누리도록 돕는 사회서비스와 제도들의 조직된 체계"이다. 제도적 개념에 따르면, 사회복지는 가족이나 시장경제와 같은 사회제도와 마찬가지로 정상적이고 자연스런 것으로 사회 구성원 간의 상호부조를 기능으로 한다. 현대의 산업사회에서는 핵가족화가 불가피하고, 가족의 기능이 약화되기 때문에 아동의 양육과 노인의 부양 등을 가족이 전적으로 책임지기는 불가능하다. 또한 시장경제 역시 생산과 분배의 측면에서 여러 가지 실패를 초래할 수 있고, 그것이 예상치 못한 실직과 빈곤을 가져오기도 한다. 결국 가족과 시장경제는 평상시에도 온전히 운영되기 힘들기 때문에, 개인의 욕구와 수요를 충족시키기 위해서는 사회복지가 항상적으로, 또한 필수적으로 필요하다는 것이다.

2) 제도적 개념의 사회복지가 가진 특징

가. 공식 조직

제도적 개념의 사회복지는 공식적으로 조직된다. 가족이나 친구, 혹은 이웃들 사이에서 이루어지는 호혜가 사회복지인 것은 사실이지만 제도적 개념의 사회복지는 아니다. 제도적 개념의 사회복지는 사적인 인연을 가진 사람에 대한 원조가 아니라 낯선 타인stranger에 대한 원조로서, 원조를 주는 자와 받는 자 사이에 어느 정도의 사회적인 거리social distance에 기초한다.

나. 사회적 후원과 책임성 social sponsorship and accountability

공식적으로 조직된 사회복지는 사회적으로 인가를 받고, 사회복지를 제공하는 조직은 제공하는 서비스에 대한 책임성을 사회에 입증해야 한다. 세금의 납부나 기부금의 조성, 자원봉사 등과 같은 후원은 사회 성원들의 위임이 표현되는 한 방법이라고 할 수 있다. 사회 성원들의 이러한 후원에 대해 해당 조직은 책임 있는 서비스의 제공을 통해 그 책임을 다할 것을 요구받으며, 이는 계속적으로 입증되어야 한다. 가령 정부가 제공하는 사회복지는 의회라는 대의기구를 통해 그 책임성을 검증받게 된다.

다. 이윤동기의 부재

시장경제에 의해 생산되고, 시장경제에 대한 경쟁적인 참여를 통해서 획득한 화폐로 개인에 의해 구매되는 서비스와 상품은 사회복지가 아니다. 수수료를 받는 서비스 활동과 이윤을 추구하는 활동은 대부분 제도적 개념의 사회복지에서 제외된다.

라. 기능적 보편성

인간의 욕구는 다양하기 때문에 이를 충족시키기 위한 사회복지 또한 다양하다. 위탁가정에 아동의 양육을 위탁하는 것과 빈곤층에게 현금 급여를 제공하는 것, 초등학생들에게 학교 급식을 제공하는 것과 의료 서비스를 제공하는 것 등은 내용면에서 거의 공통점을 찾을 수는 없으나, 이러한 다양한 활동이 바로 사회복지의 특성을 잘 드러낸다. 사회복지의 전체적인 관점에서 본다면, 이러한 활동들은 모두 '기능적으로 보편성을 가진 것'이라고 할 수 있다. 사회복지는 '충족되지 않은 욕구'가 있는 곳이면, 어디든지, 즉 가정이든 교육기관이든, 회사이든 구분하지 않고 역할을 수행한다.

마. 소비욕구에 대한 직접적 관심

제도적 개념의 사회복지가 가지는 또 다른 특징은 소비욕구에 직접적으로 관심을 가진다는 것이다. 가령 정부가 제공하는 다양한 서비스를 생각해보자. 개인의 소비욕구에 대한 관련성의 정도에 따라 이러한 서비스들을 하나의 연속선 위에 나열해보면 국방, 법과 질서의 유지, 정의실현, 규제 기능의 행사 등은 개인의 소비욕구와 간접적으로 관련을 가지는 쪽에 위치 지울 수 있다. 가운데쯤에는 도로건설, 수해대책, 산림보호 등이 있을 것이며, 직접직인 서비스 쪽에는 도서관 등 문화시설, 학교, 보건의료시설, 주택 등이 있을 것이다. 사회복지는 이처럼 소비욕구에 직접적인 관심을 가지는 서비스이다.

2)사회복지의 특성을 중심으로 한 개념화

1) 시장체계 밖의 경제적 이전 기제

영국의 사회복지학자인 티트머스Titmuss, 1963; 1968는 사회복지와 사회서비스라는 개념을 거의 동의어로 사용한다. 그러면서 자원의 희소성이라는 조건 하에서 광범위한 사회적 욕구를 충족시킴으로써, 개인의 삶의 조건을 증진 시키는 것을 목적으로 하는 복잡한 체계를 사회서비스, 혹은 사회복지라고 정의한다. 그런데 이러한 복잡한 체계의 작동은 전적으로 비경제적 요소에 기초하고 있다고 본다. 그에 의하면, 등가교환의 원칙에 따른 '경제적' 시장과 호혜적 의무원칙에 기초한 선물膳物관계gift relationship로서의 '사회적' 시장은 엄밀하게 구분될 수 있다. 또한 개인은 이타적인 동기에 의해 이러한 '사회적' 시장에 참여한다고 주장한다. 길버트와 테렐Gilbert & Terrell, 1998은 이런 맥락에서 사회복지를 "경제적 시장 밖에서 이루어지는 급여의 배분기제"라고 정의한다.

2) 사회적 욕구 충족의 기제

사회복지가 욕구needs와 밀접한 관련을 가지고 있음을 통찰력 있는 독자들은 이미 알아챘을 것이다. 욕구는 어떤 목적을 달성하기 위한 도구적 의미를 가진 개념으로, 다음과 같은 영어 문장을 통해 보다 쉽게 이해할 수 있다.

"A needs(demands, wants) B for C"

즉 A는 C를 충족하기 위해 B에 대한 욕구를 가지는 것이다. 여기에서 욕구와 유사한 개념으로 수요demand나 필요want가 등장하기도 한다. 따라서 수요나 필요라는 개념이 욕구라는 개념과 어떻게 다른지를 통해 욕구를 좀 더 명확하게 이해할 수 있다. 먼저 수요는 구매력을 전제로 한다는 점에서 욕구와 구분된다. 가령 나(A)는 생명의 유지(C)를 위해 음식물(B)에 대한 욕구를 가진다고 하자. 음식물에 대한 욕구가 음식물에 대한 수요가 되기 위해서는 시장에서 상품으로 존재하는 음식물에 대해 가격을 지불할 수 있어야 한다. 즉, 구매력을 갖춘 욕구는 수요가 될 수 있다. 하지만 어떤 경우에는 음식물에 대한 욕구는 존재하되, 수요는 존재하지 않을 수도 있다. 음식물을 구입할 정도의 경제적 능력도 갖추지 못한 절대적 빈곤층이 바로 그러하다. 한편 필요와 욕구는 그것을 통해 달성하고자 하는 목적에 의해 구분된다. 즉, 달성하고자 하는 목적이 사회적으로 바람직하다는 규범성을 가지면 욕구라 하고, 그러한 규범성이 고려되지 않으면 필요라 한다. 앞에서 들었던 예와 같이 생명의 유지를 위한 음식물은 욕구로 인정되지만, 일정 수준의 알코올을 체내에 유지하기 위한 음주는 욕구로 인정되지 않는다. 술은 술꾼이 필요로 하는 것임에는 틀림없지만, 욕구로 인정되지는 않는다.

기본욕구basic needs란 욕구들 중에서 모든 인간이 가지는 공통의 욕구로, 그것이 충족되지 않으면 생존과 자율성이 훼손되는 최소한의 수준을 말한다. 첫째, 기본욕구는 모든 인간에게 공통적이다. 둘째, 기본욕구는 인간의 생존과 자율성에 필수적이다. 셋째, 기본욕구는 해결을 목적으로 하는 사회적 서비스의 양과 질에서 일정한 수준이 정해진다. 그러므로 기본욕구라는 말 속에는 인간이라면 누구나 그 수준 이하로 떨어져서 생활해서는 안 된다는 일종의 규범적 선언이 내포되어 있다.

수요라는 개념을 통해 설명한 바 있지만, 우리가 살고 있는 사회에서 개인들이 욕구를 충족시키는 일차적인 방법은 시장을 통해 재화와 서비스를 구매하는 것이다. 즉, 수요로 전환함으로써 욕구를 충족시킬 수 있다. 이것은 기본욕구의 경우에도 마찬가지이다. 모든 사람의 기본욕구가 수요로 전환되어 시장을 통해 해결될 수 있다면, 사실 사회복지의 범위나 존재의 정당성은 상당한 정도로 감소될 수 있다. 그러나 시장을 통해 기본욕구를 충족하지 못하는 경우는 지속적으로 발생한다. 또한 그러한 현상들의 발생이 주로 개인 당사자의 잘못보다는 현대 사회의 구조적 특성에서 비롯되는 경우—예컨대, 대량실업, 경기침체, 이혼증가, 가족해체, 노인빈곤—가 많아짐에 따라 기본욕구의 미충족이 사회 문제화되는 경우가 발생한다. 이처럼 기본욕구 미충족이 개인적인 차원의 문제가 아니라, 사회적 차원의 문제라는 인식이 확산되면 그러한 기본욕구는 사회적 욕구가 된다. 사회적 욕구의 충족을 위한 제도적 장치, 그것이 바로 사회복지이다.

(3) 사회복지의 관련 개념

사회복지와 밀접한 관련을 가지며, 때로는 혼용되는 몇 가지의 개념이 있다. 앞서 이미 소개한 바 있는 사회서비스라는 개념을 포함해 사회복지서비스, 소셜웍, 사회보장, 사회안전망 등이 그것들인데, 이러한 개념들에 대해 간략히 살펴보자.

1) 사회서비스 social service

사회서비스란 "개인과 집단의 안녕을 증진시키고, 곤경에 처한 사람들을 도와주는 사회의 대책"으로 영미권에서는 주로 ①보건 ②교육 ③주택 ④소득보장 ⑤협의의 사회서비스를 모두 포괄하는 것으로 이해된다.[Kahn, 1973] 즉,

사회서비스는 매우 광범위한 개념이다. 사회서비스에 대한 광범위한 정의는 우리나라에서도 마찬가지이다. 우리나라의 사회보장기본법에서는 사회서비스를 "국가·지방자치단체 및 민간부문의 도움이 필요한 모든 국민에게 복지, 보건의료, 교육, 고용, 주거, 문화, 환경 등의 분야에서 인간다운 생활을 보장하고 상담, 재활, 돌봄, 정보의 제공, 관련 시설의 이용, 역량 개발, 사회 참여 지원 등을 통해 국민의 삶의 질이 향상되도록 지원하는 제도"로 정의한다. 그러나 사회서비스는 앞서 개념 정의한 영역 중에서 ⑤협의의 사회서비스를 의미하는 개념으로도 사용된다.

2) 사회복지서비스 혹은 사회복지사업

사회서비스라는 용어가 우리나라에서 일반화되기 이전에 널리 사용하던 개념이 사회복지서비스 혹은 사회복지사업이다. 이러한 용어들은 사회적 취약계층에게 제공하는 사회서비스라고 이해할 수 있다. 우리나라에서 사회복지사업은 법률용어로 사회복지사업법에 다음과 같이 정의되어 있다. "사회복지사업이라 함은 다음 각목의 법률에 의한 보호·선도 또는 복지에 관한 사업과 사회복지상담·부랑인 및 노숙인보호·직업보도·무료숙박·지역사회복지·의료복지·재가복지·사회복지관운영·정신질환자 및 한센병력자 사회복지에 관한 사업 등 각종 복지사업과 이와 관련된 자원봉사활동 및 복지시설의 운영 또는 지원을 목적으로 하는 사업을 말한다".

3) 소셜웍social work

소셜웍은 개인이나 집단의 사회적 기능 수행social functioning 능력을 키우고 회복시키기 위해 사회복지사social worker가 제공하는 서비스를 말한다. 소셜웍은 사회적 기능 수행에 어려움을 겪는 사람이나 집단의 문제를 해결하기 위해서는 개인 수준에서의 개입뿐 아니라 그 개인을 둘러싼 환경 수준에서의 개입도 필요하다는 관점, 즉 개인과 환경에 대한 이중적 초점dual focus을 기초로 해 전문지식과 실천기술, 그리고 가치에 따라 다양한 서비스를 제공한다.

4) 사회보장 social security

사회보장은 미국의 은퇴자 이익집단인 미국노인보장협회AAOAS; American Association for Old Age Security가 조직의 명칭을 미국사회보장협회AASS; American Association for Social Security로 바꾸면서 처음 등장한 용어이다.이준영, 2008 이후 미국의 대공황 시기에 루스벨트Roosevelt, F. 대통령이 뉴딜New Deal 정책을 의회에서 설명하면서 사용했고, 사회보장법Social Security Act, 1935을 제정하면서 공식화되었다. 우리나라에서 사회보장은 법률용어로 사회보장기본법에 다음과 같이 정의되어 있다. "사회보장이란 출산, 양육, 실업, 노령, 장애, 질병, 빈곤 및 사망 등의 사회적 위험으로부터 모든 국민을 보호하고 국민 삶의 질을 향상시키는 데 필요한 소득·서비스를 보장하는 사회보험, 공공부조, 사회서비스를 말한다". 또한 사회보장의 구체적인 범위는 사회보험과 공공부조, 사회서비스 등 3개 부문으로 구성되며, 각각의 개념 또한 법률에 의해 정의되어 있다.

5) 사회안전망 social safety net

세계은행World Bank이나 국제통화기금IMF이 주로 사용하는 사회안전망이라는 개념이 우리나라에서 사용되기 시작한 것은 1997년 외환위기 이후이다.

외환위기 이후, 이들 국제기구의 구조조정 프로그램을 받아들이면서, 이 용어도 함께 소개된 것이다. 이들 국제기구에서는 사회안전망을 구조조정을 위한 경제개혁 조치가 사회의 취약계층에게 미치는 역효과를 최소화하기 위한 조치로 정의한다.Chu & Gupta, 1998 사회안전망은 정부에 의해 주도되는 공공 사회안전망과 민간에 의해 주도되는 민간 사회안전망으로 구분할 수 있는데, 구체적인 제도들이나 포괄하는 사회적 위험을 살펴보면, 대부분 사회보장의 개념으로도 충분히 포괄된다.

3. 사회복지학[1]

1) 사회과학과 사회복지학

과학적 연구방법을 통해 사회현상에 관한 지식체계를 산출하는 학문 영역을 사회과학이라고 한다면, 사회복지학은 어떤 사회현상에 관심을 가지는가? 사회복지학은 인간의 집합적 원조라는 사회현상에 관심을 가진다. 연구 대상의 성격에 따라 과학을 사회과학과 자연과학으로 구분할 수 있다면, 축적한 지식의 활용 목적에 따라 과학은 순수과학과 응용과학으로 구분된다. 즉 순수이론의 정립에 열중하면 순수과학이고 이론을 활용해 현실의 문제를 해결하려고 노력하면 응용과학이 된다. 사회복지학은 집합적 원조에 관한 지식을 직접 활용해 사회문제의 해결을 추구한다는 점에서, 동시에 사회복지 실천과정에서 활용할 수 있는 지식과 실천기술, 그리고 실천윤리를 체득하는 사회복지사를 직업인으로 양성한다는 목적으로 가진다는 점에서

---

1. 이 부분은 김상균 · 최일섭 · 최성재 · 조흥식 · 김혜란 · 이봉주 · 구인회 · 강상경 · 안상훈. 2011. 『사회복지개론』 파주: 나남출판사. 60~69쪽의 일부를 그대로 옮겼다.

응용과학이다.

다른 사회과학과의 차이점을 염두에 두면서, 그들과 비교해보면 다음과 같은 사회복지학의 네 가지 특징이 나타난다. 첫째, 사회복지학은 틈새과학niche science의 성격을 가진다. 사회복지학의 정립은 20세기에 들어와서야 비로소 가능했다. 출발이 늦었기 때문에 기성 학문 분과와 중복되지 않으면서 동시에 차별성을 유지해야 했다. 예를 들어, 자본주의의 발전에도 불구하고 왜 빈곤은 사라지지 않는가? 물질적 풍요에도 불구하고 왜 사회문제는 늘어만 가는가? 빈곤한 국가 국민의 생활만족도가 부자나라 국민보다 더 높은 현상은 왜 나타나는가? 이상의 질문은 기존의 사회과학 분과학문들이 가진 관점과 접근법으로는 충분히 해명되지 못한다. 물론 사회복지학이 그것을 모두 풀 수 있다는 것은 아니다. 다만 기성학문과는 다른 관점과 접근법이 요구되는 상황에서 사회복지학이 등장해 새로운 도전을 시도해본다는 뜻이다. 이러한 새로운 도전에서 사회복지학이 갖는 강점 중의 하나는 그것이 문제해결을 최우선으로 하는 실천과학이란 사실이다.

두 번째의 특징은 사회과학의 가치성과 관련된 것이다. 사회복지학의 주류는 개인주의와는 대비되는 집합주의collectivism의 전통을 가진다. 우리나라는 극단적 반공주의가 장기간 기승을 부린 역사를 가지고 있다. 그리하여 한때는 사회주의라는 용어조차 금기시되거나 적대시되었다. 그러나 유럽에서는 우리와 달리 사회주의가 공산주의와 대비되면서, 자본주의의 약점을 점진적으로 개선하는 개량주의reformism로 인식되며, 때로는 집합주의나 공동체주의communitarianism와 동일시되기도 한다. 그런 가운데 서구의 주류 사회복지학도들은 페이비언Fabian 사회주의 또는 민주적 사회주의democratic socialism 편에 서 있다. 이는 가치 중립적value-neutral 또는 탈가치적value-free 이론의 지향만이 과학이라는 표준과학관의 가치론적 전제에 대한 입장표명을 유보한 것이다. 따라서 사회복지학은 집합적 원조를 무차별적으로 취급하지 않는다. 더욱이 영리 목적의 상업적 원조로부터 일정 거리를 두고자 노력한다. 상품화보다는 탈상품화decommodification를 우선적인 연구주제로 삼을 뿐 아니라 피원조자의 존엄성, 자율성, 그리고 발전 가능의 잠재력을 강조한다. 이와 같이 특정 가치를 중시하는 이유는 사회복지의 존재 이유를 약자보호에서 찾기 때문이다.

세 번째의 특징은 절충주의eclecticism적 태도이다. 앞에서 주류 사회복지학의 관점은 집합주의에 가깝다고 말했지만, 그렇다고 해서 사회복지학이 개인주의 이념과 교리를 전적으로 배척한다는 뜻은 아니다. 특정 가치에 대한 확신이 강조되더라도, 그것이 문제해결의 실천성을 초월할 수 없기 때문이다. "꿩 잡는 것이 매다"라는 속담에서 연상할 수 있듯이 아무리 좋은 가치라도 사회문제를 해결하지 못하면 무용지물이 되고 만다. 따라서 사회복지학도들은 다른 사회과학도들에 비해 상대적으로 더 높은 수준의 평형감각을 요구받는다. 다시 말해 이상과 현실, 정신과 물질, 이기심과 이타심, 권리와 의무 등 상호충돌의 가능성이 높은 양극단의 어느 하나를 무조건 선택하지 않는다. 두 가지 이상의 가치를 조화시키려고 노력하는 태도는 이론의 활용 측면에서도 그대로 나타난다. 그리하여 여러 이론들의 장점을 함께 극대화하려는 것이다.

네 번째 특징은 다학문적multi-disciplinary이라는 점이다. 집합적 원조는 정부, 기업, 또는 자발조직voluntary organization 등이 주도하는 경우가 많다. 따라서 사회 내의 다양한 조직들에 대한 이해를 위해 사회복지학은 사회과학의 다른 분과학문이 개발한 지식과 이론을 적극적으로 활용한다. 더욱이 문제해결을 최우선의 가치로 삼기 때문에 여러 이론들을 절충해 활용하는 것이 더 유리한 경우도 많다. 왜냐하면, 인간의 문제가 복합적이거나 중층적인 경우가 많아서 전체적holistic 접근을 요구하기 때문이다. 사회복지학의 다학문적 성격은 사회복지학도들로 하여금 '종합사회과학'을 하고 있다는 자긍심을 갖게 만든다. 그러나 그에 못지않게 어려움도 준다. 다양한 지식의 습득과 함께 비판 능력을 겸비하는 것이 쉽지 않기 때문이다. 그리고 여러 학문 분야가 제시하는 이론들 간의 상호연계성을 파악하는 것도 어려운 과제이다.

2) 사회복지학의 전공 분야

서양의 경우, 사회복지학은 소셜웍socail work학과 사회정책학으로 구분될 수 있는데, 우리나라에는 전자가 후자보다 먼저 소개되었다². 영국에서는 오랜 기간 동안 많은 대학에서 소셜웍과 사회정책의 교육을 따로 구분하는 한편, 후자를 더 중시한 적이 있었다. 그러나 최근 들어 그러한 경향은 현저하게 줄어들고 있다. 미국은 자선조직협회C.O.S; Charity Organization Society3의 전통을 계승한 소셜웍 교육이 사회복지학의 중심을 형성했지만, 최근에는 사회정책 교육과의 통합경향을 보인다. 유럽의 경우 영국을 제외하면 대부분 사회복지사의 양성은 전문대학이 맡고 있고, 사회정책학은 4년제 대학의 사회학부나 경제학부, 혹은 법학부가 맡는 등으로 이원화되어 있다. 우리나라의 경우는 소셜웍학과 사회정책학을 한데 묶어서 이론 및 실천개념을 종합적으로 구축하려는 독특한 시도를 하고 있다. 우리나라에서 시도되고 있는

2. 이에 따라 한국의 대학에 설립된 사회복지학과의 초기 명칭은 사회사업학과였다. 유럽의 사회정책학이 체계적으로 소개되면서, 1979년 서울대학교 사회사업학과의 명칭이 사회복지학과로 변경되었고 그러한 개명작업이 사회전반으로 확산되었다. 그 결과 오늘날 사회사업학과라는 명칭은 한국에서 역사 속에만 남아 있다. 이러한 변화과정을 포함한 한국의 사회복지학에 대한 전반적인 고찰은 김상균 외, 2011의 2장을 참조하라.
3. 자산조직협회는 19세기 말 영국의 자유주의자들을 대표하는 빈민운동 단체이다. 이들은 정부개입 없이 빈곤문제를 해결할 수 있다고 믿었으며, 빈곤에 대한 중산층 여론을 형성하는 데 영향을 미쳤다. 빈민구제를 위한 다양한 형태의 조직과 무차별적인 자선의 효과성을 제고하기 위해 창설된 자선조직협회는 빈민에 대한 개별적 조사와 체계적 원조에 관한 교육 프로그램을 만들고, 이를 이수한 friendly visitor를 빈민에 대한 원조제공자로 파견했다. 이러한 교육 프로그램은 곧 미국에 전파되었고, 점차 대학에서의 정규 교육 프로그램으로 발전하게 된다.

독특한 사회복지학의 전공 분야를 조망하기 위해 소셜웍학과 사회정책학의 역사를 간단하게 살펴보자.

1) 소셜웍학

봉사활동, 혹은 돕는 일helping activity로서의 소셜웍은 그 역사가 매우 길지만, 전문적인 소셜웍은 미국에서 1917년 리치먼드Richmond가 『사회진단 Social Diagnosis』을 출간하면서 독립된 학문 분야로의 길을 가기 시작했다. 이 시기의 소셜웍학은 자선조직협회에서 얻은 오랫동안의 경험과 지식을 정리하고 체계화한 것에 기초를 두고 있다. 대상자가 가진 문제의 원인을 본인뿐만 아니라 그에게 영향을 주는 주위의 환경조건에서 탐구하고 이를 입증하려고 시도했다. 그러한 과정을 통해 여러 가지 증거와 정보자료를 객관적으로 분석, 검토하는 사회진단의 이론과 방법을 정립했고, 점차적으로 소셜웍 실천의 지식과 기술, 그리고 가치들을 체계화하면서 소셜웍학으로 발전하게 된다.

2) 사회정책학

사회정책학은 1873년 독일 아이제나흐Eisenach에서 창립된 사회정책학회 Verein für Sozialpolitik의 주장과 연구를 모태로 만들어졌다. 급격한 산업화의 과정에서 창출된 심각한 사회문제에 대한 자유주의자들의 처방은 덜 개입하는 정부가 더 좋은 정부라는 야경국가 처방이었다. 하지만 이들의 처방은 이 시기에 제기된 계급들 사이의 심각한 분열과 그러한 배경에서 전국적 규모로 확대되어 갔던 사회주의 운동에 대해 효과를 발휘할 수 없었다. 사회정책학회의 주도자들은 사회의 균열을 극복하기 위해서는 산업화 과정에서 창출된 사회문제들이 국가의 사회정책 개입을 통해 대응되어야 한다고 주장했다. 가령 바그너A. Wagner는 사회개혁 실현의 계기를 국가에 의한 대자본의 억제에서 찾았고, 슈몰러G. Schmoller는 사회문제 해결을 위한 국가의 책임을 강조하면서 자유주의 이론을 비판했다. 또한 브렌타노L. Brentano는 노동조합 결성의 권리 인정, 노동보험·공장법에 의한 노동보호 등의 필요성을 주장했다. 그러나 사회정책학이 독자적인 학문으로서 체계화된 것은 1950년 영국의 런던정경대학LSE에 사회행정학과Dpartment of Social Science and Social Administration—1999년 사회정책학과로 개명—가 창설된 것이 계기가 되었다.

2. 사회복지의 형태와 구성요소

1. 사회복지의 형태[4]

인류는 사회적 욕구를 충족하기 위해 여섯 가지의 서로 다른 형태의 사회적 대응양식을 발전시켜왔다. 따라서 한 사회의 사회복지는 이러한 여섯 가지 방식들의 다양한 조합으로 구성되어 있다고 할 수 있다.

1) 상부상조mutual aid

사회적 욕구를 충족하는 집합적 원조 방식들 중에서 가장 오래된 것은 상부상조이다. 앞서 살펴보았던 호혜의 또 다른 이름이기도 한 상부상조는 친

---

4. 이 부분은 백종만·최원규·최옥채·윤명숙·홍경준·이상록·박현선. 2001. 『사회와 복지』. 서울:나눔의 집. 46~51을 일부 수정해 옮겼다.

구와 이웃, 가까이 있어서 낯설지 않은 집단과 조직에 의해서 이루어진다. 상부상조는 전통사회에서 사회적 욕구를 충족하는 일반적인 방식이었지만, 오늘날에도 여전히 기능하고 있다. 상부상조는 사회성원들 사이의 자율성에 기초한 것이므로, 치욕감stigma이 발생하지 않고 비용이 많이 들지 않으며, 문화적으로 거부감이 적다는 장점을 가진다.

2) 자선과 박애

노블레스 오블리주noblesse oblige와 종교적 계명mission에 기초해 이루어지는 집합적 원조이다. 복종의 대가로 보호를 제공하는 가부장적 통제의 전통은 사회적 욕구에 대한 집합적 원조방식으로 자선을 발전시켰다. 또한 대부분의 종교는 박애를 핵심 교리로 상정하고 있는데, 이들의 역할이 매우 중요했던 전통사회에서는 자원 동원에서부터 분배에 이르는 대부분의 집합적 원조가 종교적 계명에 기초해 종교 조직을 통해 이루어졌다. 오늘날에는 정부와 민간의 역할 분담에 기초한 집합적 원조가 일반적이지만, 많은 종교단체가 그러한 역할 분담에서 민간의 주체로 참여하고 있다. 자선과 박애에 기초한 집합적 원조는 정부에 의해 조직화되는 집합적 원조에 비해 융통성이 있고 자율적이라는 장점을 가진다. 하지만 동시에 원조자와 피원조자 사이의 불균등한 관계를 강화하거나 피원조자에게 치욕감을 줄 수 있다. 또한 자원 동원 능력의 제한성으로 인해 사회적 욕구를 충족하는 데 제한적이며, 각각 독립적으로 기능하기 때문에 서비스의 조정이 어렵다.

3) 공공부조

공공부조는 정부 일반예산을 재원으로 원조가 필요한 자에게 각종 급여를 제공하는 것이다. 서구 사회의 경우, 공공부조는 중세시대부터 발전해 온 빈민법poor law을 기원으로 한다. 공공부조의 가장 중요한 특성은 도움이 필요한 자인지의 여부를 자산조사means test를 통해 판별한다는 데에 있다. 공공부조라는 집합적 원조가 가지는 특성을 간략하게 살펴보면 다음과 같다. 첫째, 정부에 의해 조직화되는 다른 집합적 원조 중에서 대상 효율성이 비교적 높은 편이다. 자산조사를 통해 원조를 필요로 하는 자를 골라내기 때문에 주어진 재원 내에서 욕구가 큰 사람에 대한 집중적 급여가 가능하기 때문이다. 둘째, 자산조사를 통해 원조를 필요로 하는 자를 골라내는 과정에서 피원조자에게 치욕감을 줄 수 있다. 셋째, 소득이 일정 수준 이상이 되면, 공공부조의 급여대상에서 배제되기 때문에 공공부조 수급자들의 근로의욕은 약화되고, 이것이 빈곤을 지속시키는 소위 빈곤덫poverty trap의 문제가 발생할 수 있다. 넷째, 자산조사 등 상대적으로 많은 행정비용을 수반하기 때문에 대상 효율성은 높지만 운영 효율성은 낮다.

4) 사회보험

사회보험은 보험 원리를 사회복지 취지에 맞게 활용한 제도이다. 사보험과 마찬가지로 사회보험 역시 '개인들이 직면하는 위험들을 공동 대응을 통해 분산시킴'으로써, 위험을 해소하고 생활안정을 도모하고자 한다. 그러나 사회보험은 첫째, 강제 가입을 특성으로 한다는 점, 둘째, 급여는 법으로 보장된 법정급여라는 점, 셋째, 보험재정의 관리는 수지상 등의 원칙에 의해 이윤추구가 불가능하다는 점에서 사보험과는 다르다. 아래의 〈표 1〉은 사회보

	사회보험	사보험
목적	국민들의 생활보장	영리 추구
운영 주체	정부(독점적 운영)	기업(경쟁적 운영)
적용	강제 적용(법률적 권리)	자유 계약(계약적 권리)
기여	소득비례적 기여	보상비례적 기여
급여	사회적 최저수준 보장	기여비례적 급여
재원부담	3자 부담(정부·기업·근로자)	수익자 부담

표 1. 사회보험과 사보험의 특성 비교

험과 사보험의 특성을 비교한 것이다.

5) 사회수당보편적 급여

사회수당은 특정 인구학적 범주예를 들면, 노령자, 아동보유 가구, 장애인 등를 만족하면 누구나 급여를 받을 수 있는 제도이다. 모든 사회 구성원들이 본인의 부담 능력에 맞게 비용을 부담하고, 특정한 생활상의 어려움에 처할 경우 모든 사회 구성원들이 제도적 지원을 받을 수 있다는 점에서 보편적 급여universal program로 불리기도 한다. 사회수당의 재원은 정부 일반예산에서 충당한다 는 점에서 공공부조와 유사하다. 그러나 적용 대상이 빈곤층에만 한정되지 않는다는 점, 즉, 모든 사회 구성원들이 경제적 수준과는 무관하게 특정한 인구학적 범주에 속하면 경제적 지원을 받을 수 있다는 점에서는 공공부조 와 다르다. 또한 사회수당은 보험료 기여에 상응해 급여에 대한 권리가 부여 되는 사회보험과는 달리, 재정적 기여와는 무관하게 모든 사회 구성원들에 게 급여에 대한 권리가 부여된다.

사회수당은 모든 사회 구성원들이 특정한 경제적 불안정의 위험에 처할 경우 조건 없이 경제적 지원을 받아 생활안정을 도모할 수 있다는 점에서, 가장 선진적인 집합적 원조체계로 평가된다. 특히 모든 사회 구성원이 인간답게 생활할 수 있도록 최소한의 소득을 보장받을 수 있는 권리를 국가가 부여하고 있다는 점에서, 사회적 위험에 대한 대응기제라는 사회복지의 취지를 가장 적극적으로 실현한 제도로 평가된다. 그러나 모든 국민을 대상으로 보편적인 지원을 하는 제도이기에 사회수당의 운영을 위해서는 엄청난 규모의 재원이 필요하며, 이는 높은 조세 부담을 필요로 한다.

6) 개별 사회서비스 personal social service

사회적 욕구의 충족에는 현금 혹은 현물 등의 경제적 지원뿐 아니라 관련 서비스의 지원이 요청되기도 한다. 특히 노인, 장애인, 아동, 여성 등과 같이 사회적 기능 수행에 취약성을 가진 사회적 취약집단들이 사회적 기능을 정상적으로 수행하면서 인간적 삶을 살아가기 위해서는 관련 서비스의 지원이 요청된다. 가령 장애인이 일반 사회 구성원과 동일하게 사회 구성원의 일원으로 삶을 영위하기 위해서는, 장애인의 특성을 감안한 교육 및 직업훈련, 그리고 취업알선 서비스 등이 필요한 것이다. 개별 사회서비스는 경제적 불안정 해소에만 주목하는 앞의 제도들과는 달리, 사회적으로 취약한 집단들이 인간다운 생활을 영위하는 데 필요한, 더 나아가서는 일반인들과 같은 사회적 기능을 담당하며 적극적으로 생활할 수 있는데 요구되는 서비스들을 말한다. 서비스는 단순히 법률적 장치 혹은 제도적 장치의 마련만으로는 지원될 수 없기 때문에 언제나 사회복지 시설 및 기관들이 서비스의 전달체계로 구성된다. 또한 이러한 전달체계에서 개별화된 서비스가 전문 인력의 활동을 통해 제공된다는 점에서 다른 제도와는 다른 특성을 지닌다. 대상자의 개별적인 상태와 욕구를 판단해 이에 적합한 서비스들을 지원해야 하기 때문에 개별 사회서비스에는 언제나 사회복지사를 비롯한 전문 인력의 개입이 필수적으로 요청된다는 것이다.

2. 사회복지의 구성요소[5]

모든 사회복지는 그 내용으로 다음과 같은 네 가지의 요소들을 가지고 있다. 첫째, 사회복지 급여의 대상, 즉 사회복지를 집합적 원조라 한다면 피원조자는 누구인가? 둘째, 사회복지 급여의 형태는 무엇인가? 즉 피원조자나 욕구를 가진 사람에게 무엇을 줄 것인가? 셋째, 어떠한 재원을 사용할 것인가? 넷째, 급여는 어떻게 전달할 것인가?

이러한 네 가지의 질문은 결국 '누구에게 무엇을 어떤 재원으로 어떻게 전달할 것인가?' 라는 문제로 요약된다. 모든 사회복지의 내용을 이루는 이러한 네 가지 요소를 사회복지의 구성요소라 한다. 각각의 구성요소들은 선택 가능한 여러 대안들의 집합으로 구성된다. 그러므로 앞서 살펴본 사회복지의 다양한 형태들이란, 결국 이러한 네 가지 구성요소들에 대한 선택들을 조합한 결과라고 이해할 수 있다.

---

5. 이 부분은 김태성 · 홍선미. 2006. 『사회복지개론』. 서울: 청목출판사. 161~207의 일부를 수정해 옮겼다.

1) 사회복지 급여의 대상

1) 급여 자격은 어디서 생기는가?

사회복지의 급여 대상은 누구인가?는 급여를 받을 만한 자격이 어디에서 생기는가?라는 질문과 직접적으로 관련되어 있다. 먼저 사회적 희생자social victim이기 때문에 급여를 받을 만한 자격이 생긴다는 견해가 있다. 앞서 살펴본 바와 같이 기본욕구 미충족이 개인적인 차원의 문제가 아니라는 인식이 확산되면서 사회 문제화되면 그러한 기본욕구는 사회적 욕구가 된다. 사회적 희생자는 사회적 욕구를 가진 사람들이며, 이러한 사람들이 가진 사회적 욕구는 충족되어야 하기에 급여를 받을 만한 자격을 가진다는 것이다. 이와는 달리 급여를 받을 만한 자격을 시민권과 연관짓는 견해도 있다. 마셜Marshall에 따르면, 시민권은 시기에 따라 각기 다른 권리들이 순차적으로 발전하는 과정을 통해 생성, 확대되었다. 즉, 18세기에는 공민권civil right이, 19세기에는 참정권political right, 그리고 20세기에는 사회권social right이 발전했다는 것이다. 사회권은 시민들이 최저수준의 생활을 보장받을 수 있는 권리를 말하는데, 우리나라의 헌법 34조 1항에서는 '인간다운 생활을 할 권리'로 구체화되어 있다. 모든 사람은 인간다운 생활을 할 권리를 가지고 있고, 사회복지 급여를 받을 자격은 그러한 권리로부터 부여받는다는 것이다.

2) 급여 대상 선택의 기준

급여를 받을 만한 자격을 사회권으로부터 찾으면 자연스럽게 급여 대상의 범위는 넓어지는데, 이러한 관점에 기초해 급여의 대상을 정하는 것을 보편주의universalism라 한다. 반면에 사회적 희생자이기 때문에 급여를 받을 자격

	보편주의	선별주의
원칙	•대상자는 권리의 주체임 •전 국민을 대상으로 •사회권에 기초 •복지의 수혜 자격과 기준을 균등화	•대상자는 사회적 희생자임 •희생자·피해자로 판명된 사람들을 대상으로 •소득·자산 조사에 기초
장점	•사회연대성을 강화 •심리적·사회적 치욕감이 없음 •행정적 절차가 단순함 •비용이 많이 듦	•필요한 사람에게로 자원을 집중할 수 있음 •비용이 적게 듦 •소득·자산 조사 등 행정 절차 복잡 •심리적·사회적 치욕감의 문제가 있음

표 2. 보편주의와 선별주의의 특징

을 가지게 된다는 견해에 따르면 급여 대상의 범위는 좁아지는데, 이를 선별주의selectivism라 한다. 아래의 〈표 2〉는 보편주의와 선별주의의 일반적인 특징을 나열한 것이다.

  그러나 사회복지의 급여 대상 선택의 기준으로서 보편주의–선별주의 이분법은 지나치게 단순하다. 왜냐하면 현실에서는 보다 복잡한 기준들이 활용되고 있기 때문이다. 보편주의를 한쪽의 끝 점으로 선별주의를 다른 한쪽의 끝 점으로 두고 이 두 점을 잇는 선상에 이러한 기준들을 보편주의 쪽에 가까운 것부터 나열하면 다음과 같다.

가. 거주

사회복지의 급여 대상 선택 기준들 중에서 가장 포괄적인 기준이 거주이다. 따라서 거주만을 사회복지 급여 대상을 판별하는 기준으로 사용하는 경우는 보편주의의 완전한 형태라고 볼 수 있다. 한편, 거주를 제외한 나머지 기준들은 모두 거주라는 기준을 전제로 한다는 점에서, 거주는 기본적인 기준이기도 하다.

나. 인구학적 속성

특정한 인구학적 속성을 가지느냐의 여부를 급여 대상의 선택 기준으로 사용하는 경우도 있다. 역시 보편주의에 기초한 기준으로 평가되는데 대표적인 예가 일부 국가들에서의 65세 혹은 70세 이상이면 모든 노인에게 급여가 주어지는 보편적 연금기초연금이다. 아동을 키우는 가구라면 다른 기준을 보지 않고 급여를 제공하는 아동수당가족수당이나 특정한 연령대의 학생들에게 제공하는무상급식이라고 잘못 알려진 학교 급식 또한 인구학적 조건만을 기준으로 급여 대상을 선택하는 사회복지이다.

다. 기여에 대한 보상

급여 대상을 선택하는 또 다른 중요한 기준은 기여에 대한 보상이다. 이것은 두 가지로 구분할 수 있는데, 하나는 사회보험에 대해 보험료의 납부라는 형태로 이루어지는 기여에 대한 보상이며, 다른 하나는 사회에 대한 포괄적 기여에 대한 보상이다. 앞서 사회복지의 6가지 형태 중에 하나로 소개한 사회보험은 오늘날 대부분의 사회에서 지출액이나 수혜자의 수에서 가장 중요한 사회복지이다. 그런데 이러한 사회보험 급여의 대상을 선택하는 일차적인 기준은 보험료의 납부라는 형태로 이루어지는 기여이다. 기여에 대한 보상이라는 기준의 또 다른 형태는 사회에 대한 포괄적인 기여와 관련된다. 보훈 유공자에 대해, 혹은 사회 발전에 중대한 기여를 한 사람들에게 급여 대상으로 특별한 자격을 부여하는 경우가 여기에 해당한다.

라. 소득/자산 조사means test의 조건

급여 대상을 선택하는 기준으로 가장 오랫동안 사용되어 왔던 것이 소득/자산조사의 조건이다. 소득이나 재산, 혹은 가족의 경제적 능력이 부족할 경우에만 사회복지의 급여를 제공하는 공공부조의 경우 대상자는 소득/자산조사의 조건을 충족해야만 한다. 이러한 소득/자산조사의 조건은 역사적으로 가장 오래된 것이지만, 일반적으로 사회복지 중에서는 선별주의에 가장 가까운 것으로 평가된다.

마. 전문적 판단

어떤 경우에는 전문가의 전문적 판단이 급여 대상을 선택하는 기준으로 사용되기도 한다. 신체적 혹은 정신적 손상을 입은 사람에 대한 급여의 경우, 전문가의 분류나 심사를 통해 급여 대상이 결정된다. 이러한 경우 급여 대상을 선택하는 기준은 전문적 판단이다.

2) 사회복지 급여의 형태

사회복지가 제공하는 급여의 형태는 다양한데, 크게 보면 현금, 현물, 바우처, 기회, 무형의 서비스, 참여 등이 있다. 가장 간편한 형태인 현금으로 급여를 제공하지 않고, 이처럼 다양한 형태로 급여를 제공하는 이유는, 각각의 급여 형태들이 서로 다른 장점과 단점을 가지기 때문이다.

1) 현금

오늘날 사회복지의 다양한 급여 형태들 중에서 가장 일반화된 것은 현금이다. 이처럼 현금 급여가 일반화한 배경에는 현금으로 급여할 때 수급자의 만족이 극대화된다는 판단이 있다. 수급자는 현금으로 자신이 원하는 다양한 재화와 서비스를 구입할 수 있어 만족을 극대화할 수 있고, 이를 통해 사회전체적으로는 자원을 가장 효율적으로 사용하게 된다. 현금 급여의 또 다른 장점은 현물급여에 비해 치욕감을 덜 발생시킨다는 것이다. 가령 영구임대주택에 살게 하는 것보다는 임대료를 지원하는 것이 수급자의 치욕감을 줄일 수 있다. 현금 급여의 세 번째 장점은 선택의 자유, 즉 소비자 주권을 높일 수 있다는 점이다. 마지막으로 현금 급여는 급여 과정이 단순하기 때문에 운영비용이 적게 든다.

2) 현물

현물 급여의 가장 큰 장점은 목표 효율성이 높다는 데에 있다. 모든 사회복지는 저마다의 세부적인 목표 혹은 효과를 가진다. 따라서 그러한 목표나 효과가 얼마나 효율적으로 이루어졌는가의 문제가 중요하다. 현물 급여는 현금 급여에 비해 소비단위에서의 통제력이 더 크기 때문에 목표에 맞게, 혹은 의도한 효과가 나타나도록 소비를 강제화할 수 있다. 즉, 선택의 자유를 제한함으로써 남용이나 오용의 가능성을 줄일 수 있다는 것이다. 현물 급여는 대량생산과 분배를 통해 규모의 경제를 누릴 수 있다는 장점도 가진다.

3) 바우처증서

장점과 단점이라는 측면에서 평가하면 현금 급여와 현물 급여는 대조적이다. 현금 급여의 단점은 현물 급여를 통해 보완될 수 있는 반면, 현물 급여의 단점은 현금 급여를 통해 수정될 수 있다. 바우처는 현금 급여와 현물 급여의 장점을 살리면서 단점을 피할 수 있는 제3의 급여 형태이다. 바우처는 교환가치만을 가지는 급여로서 정해진 영역 안에서만 현금처럼 사용할 수 있다. 예컨대 보육 바우처는 보육 서비스만을 구입하는 데 사용할 수 있고, 식품교환권food stamp은 여러 식료품과 교환된다. 바우처는 그것이 사용되는 영역 안에서는 소비자 주권을 보장하는 동시에 해당 영역 안에서만 사용이 제한되어 있어 소비단위에서의 통제력도 확보할 수 있다. 바우처는 또한 공급자들 사이의 경쟁을 유발해 서비스의 질을 높일 수도 있다. 수급자들에게 바우처를 주어 공급자를 선택하게 하면, 공급자들 사이의 경쟁을 유발할 수 있고 이는 서비스의 질을 높이는 결과를 가져올 수도 있기 때문이다.

4) 기회

사회적 약자 집단—예를 들면 소수인종, 장애인, 여성, 노인, 빈곤층 등—에게 진학, 취업, 진급 등에서 더 많은 기회를 주는 것도 급여의 한 형태이다. 기회라는 형태의 급여를 제공하는 근거는 이러한 집단에 속하는 사람들은 사회에서 차별을 받고 있기 때문에 이것을 시정하기 위해서는 긍정적 차별 positive discrimination을 해야 한다는 것이다.

5) 무형의 서비스

사회적 욕구는 구체적이고 다양하기 때문에, 이에 대응하는 급여의 형태 또한 다양해야 한다. 비물질적인 무형의 서비스는 일반적으로 사회복지사의 개입을 통해 구체화되는데 상담, 직업훈련, 위탁, 간호, 가정방문 등이 그 예이다.

6) 참여

지금까지 살펴본 급여 행태들은 제3자가 결정해 수급자에게 주는 것이다. 반면에 참여는 사회복지의 결정과정에 직접 참여해 사회복지의 내용, 즉 '누구에게 무엇을 어떤 재원으로 어떻게 전달할 것인가?'를 직접 결정하는 것이다. 구체적인 형태를 갖추지 않은 간접적인 급여이지만, 그 효과는 강력한 것으로 알려져 있다.

3) 사회복지의 재원

모든 사회복지는 재원을 필요로 한다. 사회복지에 사용하는 재원은 크게 보면 공공부문 재원과 민간부문 재원으로 구분할 수 있다.

1) 공공부문 재원

공공부문 재원은 다시 두 가지로 구분할 수 있다. 첫째는 조세를 원천으로 하는 정부의 일반예산이다. 많은 사회복지는 그 재원을 정부의 일반예산에 의존한다. 둘째는 사회보험을 위해 사용자와 피용자가 부담하는 기여금사회보장성 조세; pay-roll tax이다. 이것이 공공부문 재원인 이유는 기여금을 정부가 강제로 부과하고, 관리 및 운영에도 정부가 상당부분 관여하기 때문이다.

가. 일반예산

사회복지의 재원으로 정부의 일반예산이 활용되는 이유는 다양하게 살펴볼 수 있지만, 특히 다음과 같은 세 가지가 중요하다. 첫째, 급여의 보편성 확보에 유리하다. 정부의 일반예산은 일반 국민들의 조세로 이루어졌기 때문에 이것을 재원으로 한 사회복지는 급여대상을 전 국민으로 넓힐 수 있고 급여의 내용 또한 동일성을 유지할 수 있다. 둘째, 재원의 안정성이 높고 지속성이 크다. 정부 일반예산의 원천인 조세수입은 공권력에 의해 징수되기 때문에 일반적으로 재원의 확보가 안정적이며 지속적이다. 셋째, 정부일반예산은 소득재분배의 목표 달성을 이루기가 다른 재원보다 용이하다.

나. 기여금 사회보장성 조세

일반예산과는 별도로 기여금을 사회복지의 재원으로 하는 핵심적인 이유는 다음과 같다. 첫째, 사회보험의 핵심적 목표는 위험의 분산이다. 위험의 분산이란 노령, 실업, 질병, 장애 등이 발생해 소득이 중단되거나 감소되더라도 이전의 소득 수준을 가능하면 유지하게 하는 것을 말한다. 이러한 목표를 달성하기 위해서는 소득 수준에 비례하는 급여 소득비례급여가 필요하지만, 일반예산을 통해서 소득비례 급여를 하는 것은 불가능하다. 일반 국민들이 낸 세금을 재원으로 고소득층에게 더 많은 급여를 제공하는 것은 쉽게 수용되지 않기 때문이다. 둘째, 기여금도 일반조세처럼 강제로 부과하기 때문에 세금의 성격을 가지고 있지만, 일반조세와는 달리 미래에 받을 수 있는 사회보험 급여에 대한 일종의 '권리'를 가지는 것으로 생각할 수 있다. 따라서 조세저항이 일반조세에 비해 상대적으로 적다.

2) 민간부문 재원

오늘날 대부분의 복지국가에서는 사회복지에 사용되는 재원 중에서 공공부문 재원이 민간부문 재원보다 훨씬 크다. 그럼에도 불구하고 민간부문의 재원은 여전히 사회복지에서 중요한 역할을 한다. 민간부문의 재원도 크게 보면 두 가지로 구분할 수 있다.

가. 자발적 기여 voluntary contribution

자발적 기여는 개인이나 기업, 혹은 민간조직 등이 사회복지를 위해 자발적으로 기여한 재원을 말한다. 이러한 재원은 공공부문의 사회복지가 발전하기 이전에는 중요한 역할을 했고, 오늘날에도 어떤 국가에서는 여전히 중요한 기능을 한다.

나. 이용자 부담

사회복지의 급여를 받는 대상이 제공된 급여의 비용에 대해 일부, 혹은 전부를 지불하는 것을 이용자 부담이라고 한다. 이용자 부담은 복지급여의 낭비를 예방하고, 과도한 정부 부담을 보완한다는 장점을 가진다. 또한 비용을 부담함으로서, 제공된 급여에 대해 관심을 제고할 수 있고 그것은 급여의 질을 향상하는 데 도움이 될 수도 있다. 급여에 대해 비용을 지불하는 것은 치욕감을 줄이는 효과를 가지기도 한다.

4) 사회복지의 전달체계

재원을 통해 마련한 급여가 선택한 급여대상의 사회적 욕구를 충족하기 위해서는 전달체계를 통해 전달되어야 한다. 사회복지의 급여를 대상자에게 전달하는 체계는 사실상 매우 다양해서 사회복지의 여러 형태별로 다를 뿐아니라, 같은 형태 내에서도 구체적인 프로그램별로 다르다.

1) 공공부문 전달체계

가. 중앙정부

사회복지의 일부 프로그램은 그 대상자와 재원, 급여 형태와 크기 등을 모두 중앙정부에서 결정하고 중앙정부의 행정기구를 통해 전달하기도 한다. 중앙정부가 이렇듯 단독으로 사회복지를 전달하는 데에는 몇 가지의 이유가 있다. 첫째, 중앙정부 단독의 전달체계를 사용하는 사회복지 급여는 일반적으로 공공재적 속성이 강하다. 그러므로 모든 국민들에게 일괄적으로 제공할 때 편익이 크다. 둘째, 어떤 사회복지는 전 국민을 대상으로 보편적으로 급여가 제공될 때, 기술적으로 더 유리할 수 있다. 셋째, 소득재분배와 사회적 적절성의 가치를 구현하는 데 중앙정부가 유리할 수 있다. 가령, 조세에 기초한 정부 일반예산을 재원으로 하는 급여가 저소득층을 대상으로 하면, 소득재분배의 효과를 극대화할 수 있다. 넷째, 중앙정부는 다양한 사회적 욕구를 체계화해 다양한 사회복지 형태들을 통합 조정하거나, 지속적으로 유지하는 데 유리하다.

나. 지방정부

사회복지의 어떤 프로그램들은 지방정부 차원에서 전달체계가 마련될 때 더 적합할 수 있다. 지방정부 전달체계가 가지는 첫 번째의 장점은 그것이 지역주민들의 사회적 욕구에 더 적합하다는 데에 있다. 지방정부는 지역주민들의 욕구에 대한 정보 획득이 중앙정부에 비해 더 용이하기 때문이다. 둘째로 지방정부 전달체계는 지방정부들 사이의 경쟁에 노출되어 있기 때문에 급여의 질과 가격의 측면에서 대상자들에게 더 유리할 수 있다. 셋째, 지방정부 전달체계에서는 대상자들이 정책결정에 참여할 수 있는 기회를 더 많이 가질 수 있고, 이는 대상자들의 입장이 더 잘 반영되는 결과를 가져오기도 한다.

다. 중앙정부와 지방정부의 혼합 전달체계

여러 전달체계의 장점과 단점을 서로 보완하게 되면, 보다 나은 전달체계가 될 수 있을 것이다. 그래서 대부분의 나라에서는 중앙정부와 지방정부의 혼합체계를 사회복지의 전달체계로 많이 사용한다. 혼합 전달체계는 중앙정부가 지방정부에 재원을 일부 보조하는 대신 지방정부의 전달체계에 일정한 규제를 가하는 방식으로 만들어진다.

2) 민간부문 전달체계

순수 민간부문 전달체계는 정부의 규제나 지원 없이 재원과 운영 모두를 민간부문에서 책임지는 형태이다. 그러나 실제로 이러한 형태의 전달체계는 거의 없다. 순수 민간부문 전달체계로 보일지라도 실제로는 어떤 형태로든 정부의 재정지원이나 규제는 존재하기 때문이다.

3) 공공-민간 혼합 전달체계

사회복지 전달체계는 정부와 민간의 혼합체계를 통해 구체화되기도 한다. 이러한 전달체계의 세부 형태는 다양할 수 있는데, 기본적으로는 앞서 살펴본 중앙정부와 지방정부의 혼합 전달체계의 형태들과 유사하다. 즉, 사회복지 프로그램의 운영은 민간부문이 하도록 하되, 정부가 민간부문에 재정지원을 하면서 일정한 조건을 붙여 여러 가지의 규제를 한다.

참고문헌

김상균·최일섭·최성재·조흥식·김혜란·이봉주·구인회·강상경·안상훈. 2011. 『사회복지개론』. 파주: 나남출판사.

김태성·성경륭. 2000. 『복지국가론』. 서울: 나남출판사.

김태성·홍선미. 2006. 『사회복지개론』. 서울: 청목출판사.

백종만·최원규·최옥채·윤명숙·홍경준·이상록·박현선. 2001. 『사회와 복지』. 서울:나눔의 집.

이준영. 2008. 『사회보장론; 원리와 실제』. 서울: 학지사.

조흥식. 2008. 『인간생활과 사회복지』. 서울: 학지사.

Chu, K. Y. and Gupta, S. 1998. *Social Safety Nets: Issues and recent Experiences*. Washington: International Monetary Fund.

Forder, A. 1974. *Concepts in Social Administration; a framework for analysis*, London: Routledge & Kegan Paul.

Gilbert, N. and P. Terrell. 1998. Dimensions of Social Welfare Policy, Englewood Cliff: Prentice Hall.

Kahn, A. 1973. *Social Policy and Social Services*, New York: Random House.

Polanyi, K. 1977. *The Livelihood of Man*, New York: Academic Press.

_____. 1991. 박현수 역. 『거대한 변환: 우리시대의 정치적, 경제적 기원』. 서울: 민음사.

Titmuss, R. 1963. *Essays on the Welfare State*. London: George Allen & Unwin.

_____. 1968. *Commitment to Welfare*. London: George Allen & Unwin.

Wilensky, H., and Lebeaux, C. 1965. *Industrial Society and Social Welfare*. New York: Free Press.

사회과학입문

초판 1쇄 발행 2015년 8월 31일
초판 5쇄 발행 2020년 8월 31일

지은이 성균관대학교 사회과학대학
펴낸이 신동렬
펴낸곳 성균관대학교 출판부

등록 1975년 5월 21일 제1975-9호
주소 03063 서울특별시 종로구 성균관로 25-2
대표전화 (02)760-1253~4
팩시밀리 (02)762-7452
홈페이지 http://press.skku.edu

ⓒ 2015, 성균관대학교 사회과학대학

ISBN 979-11-5550-128-3 03300

잘못된 책은 구입한 곳에서 교환해 드립니다.